Andreas Pröve

Erleuchtung
gibt's im nächsten Leben

Andreas Pröve

Erleuchtung
gibt's im nächsten Leben

Eine verrückte Reise
durch Indien

Mit einem Vorwort
von Andreas Altmann

Mit 30 farbigen Fotos
und einer Karte

Mehr Bäume.
Weniger CO$_2$.
www.cpibooks.de/klimaneutral

Mehr über unsere Autoren und Bücher:
www.malik.de

Fotos: Archiv Andreas Pröve.
Die Bilder 1, 2, 7, 11, 12, 13, 14, 15, 17, 18, 23, 24, 26, 28 und 30 wurden
von Nagender Chhikara aufgenommen.

Bibliografische Information der Deutschen Nationalbibliothek
Die Deutsche Nationalbibliothek verzeichnet diese Publikation in der
Deutschen Nationalbibliografie; detaillierte bibliografische Daten
sind im Internet über http://dnb.d-nb.de abrufbar.

MALIK NATIONAL GEOGRAPHIC

Ungekürzte Taschenbuchausgabe
Juli 2012
© Piper Verlag GmbH, München 2010
Umschlaggestaltung: Dorkenwald Grafik-Design, München
Umschlagfotos: Nagender Chhikara (vorne, hinten links, Autorenfoto);
Andreas Pröve (hinten rechts), Petra Dorkenwald (vorne Hintergrund)
Litho: Lorenz & Zeller, Inning am Ammersee
Satz: seitenweise, Tübingen
Papier: Naturoffset ECF
Druck und Bindung: CPI – Clausen & Bosse, Leck
Printed in Germany   ISBN 978-3-492-40448-8

Das Papier wurde aus chlorfrei gebleichtem Zellstoff hergestellt.

*Für Angelika, die meiner chronischen Fernsucht
so viel Verständnis entgegenbringt*

Inhalt

Vorwort von Andreas Altmann

Andreas Pröve hatte Glück. An einem sonnigen Apriltag 1981 fliegt er mit seinem Motorrad aus einer Autobahnkurve und bleibt querschnittsgelähmt liegen. Als 23-Jähriger. Ein Hubschrauber bringt den Schwerverletzten in ein Krankenhaus. Dort wird er acht Monate bleiben und jeden Tag wissen, dass vieles nicht mehr so ist, wie es war. Sein halber Körper ist tot. Nur wenn er schläft, kann er die Aussichtslosigkeit vergessen. Seine Yamaha wird verkauft, seine Wohnung aufgelöst, sein Arbeitsvertrag als Tischler beendet. Ist das Glück? – Ja. Wenn einer Pröve heißt und ein Herz hat wie er. Und Herzkammern entdeckt, die sich ohne das Unglück wohl nie geöffnet hätten.

Wie viele haben zwei tadellose Beine und benutzen sie zu nichts anderem, als damit durch ein fades Leben zu schlurfen? Ob ihnen ein Desaster auf die Sprünge helfen könnte? Auf dass sie aufschrecken und begreifen, dass auch sie vergehen?

Andreas Pröves Buch tut not. Als Gegengift. Damit wir nicht ersaufen im Seichtgebiet der Verblödung, mit der wir täglich bombardiert werden. Pröve versus den grassierenden Idiotismus. Er stiehlt uns nicht die Zeit, er verzaubert sie. Weil er uns etwas erzählt, das unser Leben reicher macht. Indem er von seinem Leben berichtet. Und vom Leben der Inder. Und von ihrem gemeinsamen Leben: den tausendeinhundert Millionen und ihm, dem pfiffigen Rollstuhlfahrer.

So viele Gemütsbewegungen und Irritationen hat er aufgeschrieben, so viele Gedanken und Hintergedanken, so viele Ernüchterungen und Jubelschreie, so viele Herausforderungen und Antworten, so viele Rätsel und so viel Staunen, so viel Fassungslosigkeit und wunderliches Glück. Andreas Pröve weiß, warum er sich seit dreißig Jahren in Indien herumtreibt. Der Subkontinent ist kein anderes Land, er ist ein anderer Planet, ist der brausende Wahnsinn, der jeden, der irgendwann die Spielregeln verstanden hat, mit Geschenken überhäuft. Ich kenne Leute, die schreiend auf und davon sind. Und andere, die nie wieder loskommen. Pröve ist so einer.

Er hat ein männliches Buch geschrieben, ein viriles. Im alten, im besten Sinne des Wortes. Kein Säusler wimmert hier, kein mürber Buchhalter, der uns die Boshaftigkeit der Welt vorrechnet, keine Schmerzensmutter aus dem Fernen Westen auf Betroffenheitstour durch das asiatische Elend, kein blindwütiger Gutmensch, der nur an edlen und herrlichen Indern vorbeizieht. Pröve traf auch die indischen Hundesöhne, weiß auch vom Hundeleben, dem Scheißleben, dem so viele nicht entrinnen. Er war also vor Ort, Augen und Hirn und Herz weit offen. Bisweilen quälend weit offen.

Wie ein (geistiges) Aphrodisiakum wirken seine Bilder, wie ein Herzschrittmacher, der unser Innerstes antreibt, ja es zwingt, Stellung zu nehmen, hinzuschauen, zuzuhören uns selbst: Wie hätten wir reagiert? Wie standgehalten? Wie aufgegeben? Pröve macht es uns vor. Er ist listig, er fährt durch die Gegend wie ein gerissener Eulenspiegel. Schlau der Mann, so oft so klug. Kein Wunder, bei der Neugier.

Bei mancher Szene habe ich geheult. Weil ich sie anders nicht ausgehalten hätte. So nah ging sie, so innig stand sie da. Irgendwann fand ich das lustig, auch bizarr: Ich verliere die Nerven, und er, der Mann im Rollstuhl, muss mich trösten. Ich werde nicht der Einzige bleiben, dem es so ergeht.

Diesmal sucht Andreas Pröve das »spirituelle Indien«, sucht die Krishna-Verzückten, die Auf-einem-Bein-Steher, die Hungerkünstler, die Hanuman-Eiferer, die Shiva-Pilger. Trifft sogar die Jaina-Jünger, die mit dem Staubwedel über den Subkontinent wandern. Auf dass keine Mikrobe unter ihren Sandalen zuschanden geht. Und Pröve rollt die Augen, fasst es jeden Tag weniger, ist begeistert, erschüttert, gerührt. Und – noch ein dickes Plus für den Verfasser – glaubt nichts, glaubt an nichts. So wenig wie an die göttlichen Jungfrauen seiner Kindheit, die in den Himmel abhoben. Der Indienfahrer nervt nicht mit religiösem Ergriffenheitsdusel, reist nicht als Reporter an, um als schwadronierender Wallfahrer wieder heimzukehren. Er schaut überall hin, berichtet mit heißer Feder über den schillernden Irrsinn und: bleibt bravourös vernunftbegabt.

Das letzte Lob. Es gehört Pröves Sprache. In Reisebüchern ist sie meist die erste Schwachstelle. Als armes Luder tritt sie oft auf, brav und redlich unbegabt. Bisweilen weiß man, woran es liegt. Weil der Autor zu viel Zeit mit seinen zwölf Eseln verbringt, mit denen er vom Nordpol zum Südpol zieht. Oder Pläne schmiedet, wie er den langen Trott – ohne Sonnenbrille! – zur Rettung der Menschheit nutzen könnte. Statt das eselige Dutzend (und sein erhabenes Ansinnen) zuzeiten links liegen zu lassen und über den Swing, das Seufzen, die Lichterketten nachzudenken, die Sprache in uns Lesern auslösen kann. Pröves Wortwahl macht Freude, sie überrascht.

Antoine de Saint-Exupéry, Erfinder des *Kleinen Prinzen,* notierte einmal: »Wenn du ein Schiff bauen willst, so trommle nicht die Menschen zusammen, um Holz zu beschaffen, Aufgaben zu vergeben und die Arbeit einzuteilen, sondern lehre sie die Sehnsucht nach dem weiten, endlosen Meer.« Andreas Pröve ist kein Seefahrer, er fährt über Land, er lehrt uns die Sehnsucht nach der weiten, endlosen Erde.

Andreas Altmann

Metropole, Moloch, Sumpf und Slum: Ankunft in Mumbai

Der Marmorboden, die Ledersessel, die angenehme Kühle in der VIP-Lounge mit der bildhübschen Hostess, all der Luxus liegt nun hinter mir. Nur noch ein Meter trennt mich von Indien, nur eine Handbewegung würde genügen, um die Lichtschranke der Glastür zu unterbrechen.

Dahinter, ich spüre es, brodelt das Leben. Gleich wird Indien mich empfangen, jäh und heftig, innerhalb des Bruchteils einer Sekunde. Ich werde wie ein Astronaut, der auf einem anderen Stern seine Raumkapsel verlässt, eine neue Welt betreten.

Mit geschlossenen Augen rolle ich vor. Die Tür öffnet sich, und allen Sinnen voran steigt Indien mir zuerst in die Nase. Ausdünstungen der Menschen, vereint mit Abgasen, einer Spur Zimt, dem Rauch verbrannten Kuhdungs, diversen Currymischungen, aufgeheizt von einer wabernden Hitze, bilden das typisch indische Masala der Gerüche. Ja, Indien hat sein eigenes Aroma.

Nur Augenblicke später werde ich vom visuellen Eindruck fast erschlagen. An die dreihundert erwartungsvolle Augenpaare starren mich an, als käme ich nicht aus Frankfurt, sondern direkt vom Mond. Ihre Rufe gelten den Ankommenden hinter mir. Mich holt niemand ab.

Nur die Taxifahrer haben es auf mich abgesehen und unterbieten sich bereits gegenseitig im Preis. Alles nur Show, am Ende würden sie mich gnadenlos übers Ohr hauen. Der Polizist am Ausgang prügelt mit seinem Lathi, dem gefürchteten indischen Holzknüppel, eine Gasse für mich frei, als gelte es eine Rinderherde ins Gatter zu treiben. Welch ein Empfang. Nun schauen nur noch die Chauffeure der großen Hotels und internationalen Konzerne mit ihren Namensschildern fragend auf mich herunter.

Soll ich mich als Mister Müller ausgeben und einen luxuriösen Lift in die Stadt abstauben?

Nein, ich nehme meine Ankunft in Mumbai in die eigenen Hände. Nach acht Stunden Regungslosigkeit im Flugzeug brauche ich Bewegung. Jetzt, mitten in der Nacht, sind die Straßen noch frei, die Luft wird tagsüber auch nicht besser, und ein Hochgefühl im Herzen, endlich wieder in Indien zu sein, treibt mich voran. Ich könnte die Welt umarmen. Dabei war meine Stimmung eben noch von tiefer Trübseligkeit geprägt.

Mein Anblick in der Ankunftshalle muss jämmerlich gewesen sein – und so fühlte ich mich auch in diesem hässlichen Toilettenstuhl. Den hatte das Flughafenpersonal vom First Aid Room abgezogen, weil mein eigener Rolli verschwunden war. Es wäre nicht das erste Mal gewesen, dass er verbogen oder zerbrochen wurde oder sogar am anderen Ende des Erdballs landete. Einmal mehr spürte ich, dass er längst zu einem Körperteil geworden war, ohne den ich hilflos, wie ein zappelnder Maikäfer auf dem Rücken, keinen Meter vorankam. Schlimmer noch, als hätte man meinen Ferrari mit einer Seifenkiste vertauscht, fühlte ich mich den mitleidigen Blicken der übrigen Passagiere ausgesetzt. Klar, alles nur Einbildung, denn für die meisten Menschen ist Rollstuhl gleich Rollstuhl. Aber eben nicht für mich. Obwohl ich innerlich kochte, wusste ich doch genau, dass mich nichts tiefer in den Schlamassel hätte hineinreißen können, als mich lauthals aufzuregen. Denn ich befand mich nun in Indien, und dort – das ist die erste Verhaltensregel – bewahrt die Contenance, wer nicht sein Gesicht verlieren will. Aus diesem Grund brach ich auch nicht in Freudengeschrei aus, als mir in der VIP-Lounge mein Rolli und das Handbike ausgehändigt wurden, ich blieb cool. Schnell unterzog ich alles einer Kontrolle und prüfte, ob die Motorenteile noch vorhanden waren. Mit dem Motor nämlich wollte ich später die großen Überlandstrecken bewältigen.

Mein indischer Freund Nagender hatte mir die Adresse einer entfernten Verwandten gegeben, die in ihrer großen Wohnung im Stadtzentrum freundlicherweise ein Zimmer für mich frei geräumt hat. »Nimm dir ein Taxi«, meinte er am Telefon, »und zahl auf keinen Fall mehr als tausend Rupien.« Nagender ist hin und wieder etwas überbesorgt um mich. Wahrscheinlich hat seine Mutter ihm gesagt, pass auf, dass dem Jungen nichts geschieht. Deshalb habe ich ihm am Telefon verschwiegen, dass ich auf das Vergnügen, mit dem Rolli in die Stadt zu fahren, sicher nicht verzichten werde. Um eines bat er mich noch. »Weck sie nicht vor sechs Uhr, da ist sie unausstehlich!« Notfalls sollte ich noch ein paar Stunden am Flughafen warten. Nun, das passt genau in meinen Plan und gibt mir Zeit, diese Stadt mit der aufgehenden Sonne zu begrüßen.

Die Taxifahrer rufen mir noch hinterher: »Tu es nicht, fahr nicht mit dem Rollstuhl auf der Straße, es ist gefährlich!« Aber ich bin überzeugt, in ihrer Besorgnis drückt sich nur die Enttäuschung über die entgangene Fahrt aus und die Hoffnung, mich noch umzustimmen. »No problem«, rufe ich ihnen gut gelaunt zurück und steuere der Schnellstraße entgegen.

Fünf Spuren führen in die Stadt, fünf hinaus. Mir reicht der Standstreifen, auf dem ich jetzt, drei Stunden nach Mitternacht, gut aufgehoben bin. Ich gebe zu, es ist nicht idyllisch hier auf der Autobahn, zwischen dem Nato-Draht, der das Flughafengelände abriegelt, und schmutzig-grauen Betonhochhäusern. Landschaftlich eher uninteressant und sicher kein Traumstart einer Indienreise. Aber die triste

Umgebung im Zwielicht der Straßenbeleuchtung tut meiner Laune keinen Abbruch, im Gegenteil, ich platze vor Tatendrang.

Wie sehr habe ich Indien vermisst. Dieses riesige Land, in dem die Welt kopfsteht. Wo Götter einen Elefantenrüssel tragen, wo Ratten und Kühe heilig sind, wo Gurus mit ihrem Penis Ziegelsteine anheben und Vegetarier die Kartoffel vor dem Verzehr um Verzeihung bitten. Dieses Land, das ständig Fernweh in mir auslöst und mich magisch anzieht, dem ich aber nach drei Monaten ebenso gern wieder den Rücken kehre, weil es mich auslaugt, fertigmacht und mir alles abverlangt. Dieses Land, das nicht rollstuhlgerecht ist und eher einer riesigen unüberwindlichen Barriere gleicht, in dem ich nie eine Toilette finde, wenn ich sie brauche. Dieses Land meiner Träume, das mich zu einem Duell herausfordert, dem ich mich nicht entziehen kann.

Nun hat Indien mich wieder, um, wie mit jeder Reise, mehr Fragen aufzuwerfen, als es beantworten kann. Aber dieses Mal will ich mir Klarheit verschaffen, will das spirituelle Indien entdecken.

Meine erste Reise auf den Subkontinent, im Jahr 1980, als ich noch laufen konnte, war wie ein Blind Date. Ich hatte überhaupt keine Ahnung, was mich erwartet und was ich tun muss, wenn etwas schiefgeht. Ich ließ es einfach auf mich zukommen. Damals, es war unweit von Kalkutta, traf ich am Ganges einen alten Sadhu, der in seiner orangefarbenen Kutte reglos auf einem Stein am Ufer hockte und mich nur ansah – nein, eigentlich sah er mich nicht an, er sah durch mich hindurch.

Jeden Tag saß er da. In meiner jugendlichen Naivität sprach ich ihn an und fragte, ob ihm nicht der Po wehtue und die Beine einschliefen und was er da überhaupt mache. Natürlich hat er dem dahergelaufenen Schnösel nicht geantwortet. Ich dachte, der Mann ist nicht von dieser Welt. Oder befand *ich* mich am falschen Platz? In einem jedoch war ich mir sicher: Sein Bewusstseinszustand lag jenseits meiner Vorstellungskraft. Er sah Dinge, von denen ich keine Ahnung hatte. Allein sein bloßes Nichtstun warf tausend Fragen auf.

Seitdem versuche ich, Indien zu begreifen. Jetzt habe ich mir erneut vorgenommen herauszufinden, was den Sadhu auf dem Stein so geheimnisvoll machte. Ich will sie aufspüren und befragen, die Gurus und Sadhus, Babas und Heiligen, Asketen und auch die Quacksalber in ihren Ashrams und Einsiedeleien. Dabei sollen mir die Pilger als Spürhunde dienen, sozusagen als Navigator in das spirituelle Leben. Weil man Menschen an keinem Ort besser kennenlernen kann als bei ihrer Lieblingsbeschäftigung, bei dem, was sie mit Inbrunst und ganzem Herzen tun, ihrer Wallfahrt. Ihnen will ich folgen, mit Bussen und Bahnen und, wenn es sein muss, auch in Handarbeit. Nagender, mit dem mich seit unserer gemeinsamen Reise zur Gangesquelle eine tiefe Freundschaft verbindet, wird dabei sein. Ich hole ihn zu Hause in Neu-Delhi ab, und dann starten wir gen Süden. Er wird mein Fährtenleser ins Herz der Inder sein.

Pilgern gleicht in Indien einem Volkssport, der keine Regeln kennt. Alles ist erlaubt. Wer sich ungern verausgabt, wählt die Lightversion und fährt im AC Luxury Coach bei Ganesh und Shiva vor. Damit kann man natürlich keinen Eindruck schinden. Wer dagegen seinem Gott zeigen will, wie lieb er ihn hat, gibt alles: Zeit, Geld, Schmerzen, die Gesundheit, und nicht selten geht dabei auch das eigene Leben drauf. Pilgern ist gefährlich. Der religiöse Kollateralschaden bezifferte sich in den letzten fünf Jahren auf über tausend Opfer. Dabei spielen die sonst so häufigen Verkehrsunfälle eine nachgeordnete Rolle. Bei religiös motivierten Terroranschlägen verbrennen Pilger oder werden zerfetzt. Häufig sind es nur Gerüchte, etwa von einem Feuer oder einer Blockade, die in großen Menschenmengen rasch zu einer Massenpanik führen. Dann stirbt es sich besonders schnell. Die Pilger werden zertreten, zerquetscht, sie ersticken. Nicht gerade rosige Aussichten für mein Vorhaben.

Jetzt, in den frühen Morgenstunden auf dem Highway, erregt etwas anderes meine Aufmerksamkeit. Schon zum zweiten Mal überholt mich dieser Ambassador mit den verdächtigen Typen darin. Etwas merkwürdig auf der Autobahn, wo man nicht mal eben wenden kann. Vorhin, als sie an mir vorüberschlichen, so langsam, dass ich ihre Gesichter gut erkennen konnte, hatte ich ihnen noch freundlich zugewinkt und mich gewundert, dass keine Reaktion kam. Nun werde ich skeptisch. Wer sich auf der Autobahn verfährt, verlässt sie, um eine andere Richtung einzuschlagen, aber er begeht den Fehler nicht erneut, es sei denn, absichtlich. Ahnen die Typen, dass ich meine ganze Reisekasse im Gepäck habe? War es das, wovor die Taxifahrer mich am Flughafen hatten warnen wollen? Vernebelt mir die Euphorie den Blick auf die Gefahren? Ich sehe noch, wie der Wagen die nächste Ausfahrt nimmt. Auch ich müsste hier auf den Western Express Highway wechseln, um Richtung Stadtzentrum zu gelangen. Zum Glück ist die Betonbarriere, die verhindern soll, dass Kühe aus den Wohngebieten auf die Autobahn geraten, hin und wieder unterbrochen, was es mir ermöglicht, an einer Stelle hindurchzuschlüpfen und in einer schmalen Gasse zu verschwinden. Von hier aus kann ich unbeobachtet die Schnellstraße im Auge behalten. Ich nutze die Pause für ein zweites Frühstück und vertilge die Reste aus dem Flieger. Und tatsächlich: Nach zehn Minuten fährt der mysteriöse Ambassador erneut mit gedrosselter Geschwindigkeit vorüber. Alle Warnglocken in mir beginnen zu läuten, um mich darauf hinzuweisen, dass Inder nicht nur Gutmenschen sind.

Von nun an werde ich nur noch Schleichwege benutzen, egal, wie groß der Umweg auch ist. Laut Stadtplan befinde ich mich in Gandhi Nagar, einem modernen Wohnviertel, das, getrennt durch ein Sumpfgebiet, an Dharavi grenzt, den größten Slum Asiens. Mein Weg führt geradewegs durch diesen Moloch. Auch nicht gerade eine verlockende Alternative. Ich weiß zwar genau, dass Armut nicht gleichzeitig kriminell macht, aber mit Taschen voller Geld, Kreditkarten und einer teuren Kameraausrüstung nachts um vier durch einen Millionenslum zu fahren, und das als Rollifahrer, der kinderleicht auszurauben ist, wäre vermutlich etwas leichtsinnig. So werde ich also einen Bogen über das Air Force Quarter und den Stadtteil Tom's Colony machen, um nach Kamathipura zu gelangen. Das erscheint mir der sicherste Weg.

Frau Sharma, Nagenders Verwandte, entstammt einer wohlhabenden Ärztefamilie aus Bophal, und ich freue mich schon auf eine mondäne Unterkunft mit Familienanschluss. Darauf, nicht wie sonst auf meinen Reisen zu überteuerten Preisen in irgendwelchen Hinterhofklitschen übernachten zu müssen. Sie wohnt in der S.V.P. Road, und das Haus hat sogar einen Namen: Sundara Bhavan, »Schönes Haus«. Wer so zentral zwischen der Chowpatty Beach und dem Hauptbahnhof wohnt, besitzt Geld, denn die Mieten in Mumbai sind die höchsten im Land. Welche Auswirkungen das auf die arme Bevölkerung hat, wird mir auf meinem Weg in die Stadt brutal vor Augen geführt. Es kommt mir vor, als rolle ich durch einen schlechten Science-Fiction-Film, in dem die Erde durch heillose Überbevölkerung aus den Fugen geraten ist. Aber hier ist das alles bereits Realität. Es gelingt mir kaum, die Slums zu umfahren, denn die Stadt ist durchsetzt davon. Die Bürgersteige sind gepackt voller Menschen, sie schlafen auf Bahndämmen, auf den Mittelstreifen der Schnellstraßen und zwischen parkenden Autos. Ich höre sie schnarchen, grunzen und furzen und im Schlaf reden. Die ersten Kilometer in Indien sind eine harte Prüfung, und ich frage mich, ob ich das Geld für die Reise nicht besser hätte spenden sollen.

Über Mumbai zieht die Dämmerung herauf, und zwanzig Millionen Menschen, die Hälfte davon wohnen in Slums, machen sich auf, ihr tägliches Brot zu verdienen. Die Obdachlosen hat noch keiner gezählt. Sie sammeln sich an den Hydranten zur Morgentoilette. Vielerorts hat die Stadtverwaltung Wasserhähne installiert. Eine Privatsphäre gibt es für diese Menschen nicht. Alles, was unsereins gewohnt ist, hinter verschlossenen Badezimmertüren zu tun, geschieht hier in der Öffentlichkeit. Die Menschen duschen ausgiebig, putzen sich die Zähne und schneiden sich die Fußnägel, ohne den Eindruck zu erwecken, als störe es sie, wenn alle Welt zuschaut. Faktisch aber ist die Menschenwürde hier auf dem untersten Niveau angekommen, und viele der Obdachlosen haben noch nie ein anderes Leben kennengelernt. Dem immer stärker werdenden Verkehr, der mich an den Straßenrand zu drängen droht, kann ich nur mit mutiger Hartnäckigkeit entgegentreten. Auf keinen Fall darf ich mich mit dem Rolli der Gosse nähern, die ist nämlich übersät mit den Exkrementen der Obdachlosen. Manche Spätaufsteher hocken immer noch da, mit dem Po zum Verkehr, und entleeren sich.

Die armen guten Geister der Nanny

In der S.V.P. Road angelangt, frage ich mich beim Anblick der Gebäude, ob ich hier wirklich richtig bin, denn Häuser reicher Leute hatte ich mir anders vorgestellt. Hier eine Fassade mit Farbe zu bepinseln wäre ein ziemlich sinnloses Unterfangen, denn von innen herauswachsender Schimmel sprengt jeden Anstrich im Nu ab. Manch unermüdlicher Hausbesitzer hat es dennoch versucht und sein Haus damit nur noch mehr verunstaltet. Die hohe Luftfeuchtigkeit setzt den Gebäuden sichtbar zu. In allen Fugen grünt und blüht es. Das hat zwar seinen eigenen Charme, aber den gilt es zunächst noch zu entdecken. Dazu kommen undichte, an der Außenmauer verlaufende Abflussrohre, die genau darauf hinweisen, wo in welcher Wohnung die Toiletten und Waschräume liegen und wann gespült wird.

Wie auf der Shiloh Ranch prangt über dem verrammelten Hoftor ein blechernes Schild mit der Aufschrift »Sundara Bhavan«. Ein kurzes Rütteln am Tor verursacht einen Höllenlärm, der den Nachtwächter augenblicklich hochschrecken lässt. Sein Bett sind die Treppenstufen vor dem Hauseingang. Verschlafen öffnet er das riesige Vorhängeschloss und lässt mich ein, er hat mich schon erwartet. Ohne ein Wort zu sagen, zerrt er mich umständlich die drei Stufen hinauf und weist auf den geöffneten Lift im Hausflur. Vor jeder Wohnungstür liegt jemand auf dem Fußabtreter, und auch der Aufzug wird als Nachtlager zweckentfremdet. Es ist der Liftboy, der hier schnarchend seinen Arbeitsplatz sichert. Vermutlich wäre für ihn die andere Alternative die Straße. Auf meine Entschuldigung, ihn geweckt zu haben, sagt er nur »no problem« und bringt mich in den dritten Stock. Doch verlassen kann ich den Lift nicht, am Ausgang schläft ein Mann ohne jegliche Zudecke auf dem blanken Steinboden. Hauspersonal zu haben ist in Indien ein Statussymbol, doch übernachten muss es vor der Tür.

Mit einem strahlenden Lächeln öffnet Frau Sharma mir im Morgenmantel die Tür: »Hallo, Andreas, komm rein, du bist früh dran, ich habe dich erst um sieben Uhr erwartet.«

»Ja, ich bin selbst überrascht«, lüge ich, »manchmal ist der Rollstuhl schneller als ein Taxi. Vielleicht sollte ich ihn Rennstuhl nennen«, klopfe grinsend auf die Räder und signalisiere ihr damit: Der Rollstuhl ist kein Tabuthema. Als sei sie erleichtert über diese Botschaft, entgegnet sie freudig erregt: »Nagender hat schon erzählt, wie geschickt du damit umgehst.« Mit Nachdruck fügt sie an: »Du kannst ›Nanny‹ zu mir sagen, all meine Enkelkinder nennen mich so, und du gehörst ja jetzt auch zur Familie.«

»Oh, welch eine Ehre für mich«, antworte ich herzlich.

Sie führt mich durch alle Räume, zeigt mir, wo in der Küche der Toaster, die Butter und die Marmelade stehen, erklärt, dass Besteck unverzüglich abzuwaschen ist, wegen der Ungeziefer, und dass ich das Leitungswasser getrost trinken könne, es sei sauber. Ich lächle freundlich und denke: Ich werde mich davor hüten. Das mit dem Wasser sagen sie nämlich alle. Lichtscheues Gesindel wie Kolibakterien und Konsorten schwimmen immer nur im Wasser der anderen. Nanny, die gute Seele, macht sich keine Vorstellung von den Wutausbrüchen meines Magen-Darm-Traktes, wenn man mit ihm experimentiert. Sollte ihr Leitungswasser tatsächlich frei von allen Bösewichten sein, muss es sich um eine verheerende Chlorbrühe handeln. Nein, bitte keine zweifelhaften Abenteuer. Ich will Indien erleben, aber doch nicht daran erkranken.

Nach ihrer Einweisung steigt Nanny ohne Umschweife

wieder ins Bett, widmet sich dem Frühstücksfernsehen und würdigt mich keines weiteren Blickes mehr. Indische Gastfreundschaft ist manchmal merkwürdig.

Auch sie hat einen *servant,* ihre Dienerin. Allerdings muss sie nicht auf dem Flur übernachten, wie die der Nachbarsfamilien, sondern auf Nannys Bettvorleger. Als Leibeigene immer verfügbar. Gleichwohl noch besser als draußen, denke ich. Aber der Anblick bleibt schmählich für Nanny und entwürdigend für die arme Frau.

Sie ist das Mädchen für alles, was unterhalb der Tischkante liegt, macht mein Bett, räumt auf, wäscht die Wäsche, fegt, schrubbt den Boden und putzt das Klo. Ihr Sari ist so unansehnlich grau wie der Putzlappen, mit dem sie in gebückter Haltung, fast unterwürfig, überall herumwuselt. Was mich aber völlig irritiert, ist ihre Fähigkeit, sich unsichtbar zu machen. Manchmal komme ich in einen Raum und registriere sie erst Minuten später, als könne sie sich meiner Wahrnehmung entziehen – geradezu geisterhaft.

Mittags kommt eine zweite Frau, die aber im Kastenstand weit höher angesiedelt ist, was deutlich spürbar wird am wohlwollenden Ton, in dem Nanny mit ihr spricht. Die Köchin bringt Tüten voller Lebensmittel mit und bereitet für uns südindisches Thali, verschiedene vegetarische Gerichte in kleinen Schalen, zu. Kurz darauf ist sie wieder verschwunden.

Während wir die reichhaltige Auswahl verschiedener Soßen mit eingelegtem Gemüse mischen, hockt die Magd – mir kommt sie eher wie eine Sklavin vor – auf dem Boden und löffelt mithilfe eines zerfledderten Chapatis, dem indischen Fladenbrot, dünne Brühe aus ihrer Blechschale. Einem Haustier ähnlich. Ich finde die Situation höchst peinlich. Fast bleibt mir das Essen im Halse stecken. Ich bin vermutlich der Einzige, der sich hier unwohl fühlt. Nanny wäre sicher not amused, würde ich ihre Dienerin an den Tisch bitten. Widerwillig füge ich mich in meine Rolle als Gast und mache gute Miene zu bösem Spiel. Nanny ist mir nicht unsympathisch, doch ihr elitärer Habitus spiegelt eine Feudalgesellschaft aus dem letzten Jahrhundert wider. Im krassen Gegensatz dazu stehen ihre Essgewohnheiten. Sie schmatzt, rülpst, kleckert den Tisch voll und hinterlässt ihrer Dienerin ein Schlachtfeld.

In meinen Vorträgen stelle ich gewöhnlich die Behauptung auf, das Kastensystem verwässere sich in den Großstädten Indiens und verliere an Bedeutung. Hier, hinter den Kulissen, werde ich eines Besseren belehrt. Gerade erwäge ich zu fragen, wer das Essen zubereitet hat, da erklärt sie mir, wie wichtig reine Lebensmittel sind, als hätte sie meine Gedanken lesen können. Doch was sie mit » rein « meint, begreife ich erst im zweiten Moment: » Weißt du, Andreas, wir Inder schauen genau hin, wer unser Essen zubereitet. « Ich will es genauer wissen: » Ja, wer war denn die Frau, die das Essen gebracht hat? «

» Sie gehört zu der Religionsgemeinschaft der Jain und kommt von Olga, von Olgas Tiffin Service, hier um die Ecke. «

Dabei könnte ich es bewenden lassen und meinen Bauch zum Verdauen der Pritsche anvertrauen. Aber ich spüre schon, daraus wird nichts. Nanny hat mit den drei Sätzen eine alte Nervensäge in mir wachgerüttelt – die Neugier. Eine üble Plage, der schon vor vierzig Jahren das Kofferradio meiner Eltern zum Opfer fiel, weil ich dem Gnom darin ins Antlitz sehen wollte. Zum Glück hat sich die Nervensäge als produktiv, ja sogar lebensnotwendig entpuppt.

Frau Olga lehrt mich das Essen

Nun stürze ich mich neugierig ins Verkehrsgewühl von Mumbai und gehe auf die Suche nach Frau Olga. Den Solex-Motor hatte ich am Morgen gleich zusammengesetzt und im Hof einer Testfahrt unterzogen. Doch für meine Reise in den kommenden Wochen gen Norden will ich ihn nicht einsetzen. Nach Delhi werde ich mit öffentlichen Verkehrsmitteln fahren, um auch diese Perspektive zu erleben. Der Motor soll dann seine Fähigkeiten auf den großen Distanzen Richtung Süden beweisen. Im Stadtverkehr von Mumbai, der regelmäßig zum Erliegen kommt, wäre der Motor sogar hinderlich. Mit der Handkurbel bin ich hier erheblich wendiger und schneller, kann im Zickzack durch den Stau an die Ampel heranfahren und bei Grün als Erster starten.

Bürgersteige meide ich in Indien wie der Teufel das Weihwasser. Sie sind extrem hoch, nirgends abgesenkt, werden als Toilette benutzt oder sind nichts weiter als eine Aneinanderreihung von Schlaglöchern. Nanny hatte mir, nachdem ich ihr Angebot, mir ein Taxi zu rufen, abgelehnt hatte, widerwillig erklärt, wie ich Olga finden kann. Aber vermutlich ist sie noch nie in ihrem Leben den Weg dorthin gegangen, denn ihre Beschreibung führt mich in ein Labyrinth von Gassen, in denen niemand Olga kennt. Entnervt stehe ich kurz davor, doch ein Taxi zu rufen, da sehe ich einen Radfahrer auf mich zukommen, beladen mit Henkeltöpfen, die denen ähneln, worin das Essen in Nannys Wohnung geliefert wurde. »Wo ist Olgas Tiffin Service?«, frage ich ihn. Er kennt sich aus und bombardiert mich mit einer Wegbeschreibung, die mein Gedächtnis deutlich überfordert. Am Ende stehe ich vor einer unscheinbaren Tür in einer Nebenstraße der S. V. P. Road, Nannys Wohnung liegt um die Ecke. Nichts weist darauf hin, dass hier reine Lebensmittel zubereitet werden. Im Gegenteil: Um Türklinken und Lichtschalter, am Handlauf des Treppenaufgangs und an den Wänden, überall sind die Rückstände Tausender Fettfinger sichtbar.

» Bitte warten Sie hier, Frau Olga wird Sie gleich in ihrem Büro empfangen. « Ein Mitarbeiter hat mich durch einen dunklen, engen Flur begleitet und klopft nun vorsichtig an eine Tür mit der Aufschrift » Olgas Tiffin Service – Office «. Ich werde hereingebeten und stehe zum ersten Mal in meinem Leben in einem Büro ohne jegliches Mobiliar. Alle Angestellten hocken im Schneidersitz auf dem Boden, eingekreist von Ordnern und losen Blättern. Frau Olga, beleibt, Mitte vierzig, begrüßt mich mit aneinandergelegten Handflächen, einem » Namaste «, und gibt bereitwillig Auskunft über ihr Geschäft: » Wir bereiten jeden Tag zweihundert Mahlzeiten zu, und dabei verwenden wir ausschließlich Lebensmittel, die über der Erde wachsen. « Ich bin überrascht und frage nach: » Das bedeutet, Sie sind nicht nur Vegetarier, auch den Verzehr von Wurzeln lehnen Sie ab? « » Ja «, bestätigt sie, » wir sind Jains und beschützen alles Leben. Pflanzen, die herausgerissen werden, müssen sterben. Das vermeiden wir, denn Tiere und Pflanzen sind genauso beseelt wie wir Menschen. Unsere Kunden schätzen das und bestellen das Mittagessen gern bei uns. « Fasziniert erfahre ich von ihr, dass durch den Fleischverzehr, der ja das Töten von Tieren voraussetzt, die Gewalt und das Leiden, das den Tieren angetan wird, in den Konsumenten übergeht. Das betrifft auch den Verzehr von Wurzeln.

Nahrungsaufnahme hat etwas mit Bewusstseinsbildung zu tun, meint sie und behauptet, dass auch die Seele des Kochs von immenser Bedeutung für den Verbraucher sei. Mit der Reinheit der Nahrungsmittel und des Kochs erhöhe sich der Bewusstseinszustand des Konsumenten.« Wer sich von ehrlosen Menschen Lebensmittel zubereiten lässt, wird selbst ehrlos«, stellt sie kategorisch fest.

Ohne darüber nachzudenken, wie phantasielos ihr meine Frage erscheinen muss, entgegne ich:» Aber was bleibt übrig, wenn die Palette der Nahrungsmittel so eingeschränkt ist? « Als hätte sie auf eine solche Äußerung nur gewartet, ruft sie einen ihrer Mitarbeiter herbei, der mir ein Tablett mit Thali, dem südindischen Gericht, auf dem Schoß serviert.» Bitte, probieren Sie selbst. « Im festen Glauben daran, dass der Koch nicht nur eine makellose Seele hatte, sondern auch saubere Finger, greife ich zu und bin von der geschmacklichen Vielfalt der Soßen und den vielen Gemüsesorten begeistert.» Sind Sie Vegetarier? «, fragt sie fast beiläufig. Jetzt hat sie mich kalt erwischt. Soll ich ehrlich oder diplomatisch antworten? Vielleicht folgt meiner Antwort eine Lehrstunde in Mystik. Auf Inder kann nämlich auch eine Hölle warten. Es ist eine Zwischenwelt vor der Wiedergeburt, in der der Fleischesser allen Tieren noch einmal begegnet, an denen er sich vergangen hat und die sich nun ihrerseits an seinem Fleisch gütlich tun. Ein Grund, warum vegetarische Kost in Indien so verbreitet ist. Ich beschließe, ehrlich zu bleiben:» Nein «, lautet meine Antwort,» aber ich esse wenig Fleisch. «

Ich ahne, wen Frau Olga mit mir in einen Topf wirft: die Moslems und alle, die tote Tiere essen. Wie denkt sie wohl über mich?

Die Frage, ob sie mich als unreinen Fleischesser verabscheut, stelle ich ihr lieber nicht. Ich will sie nicht in Verlegenheit bringen. Und doch erhalte ich darauf eine Antwort, als ich sie bitte, in der Küche fotografieren zu dürfen. Sie lehnt ab, bietet mir aber an, selbst die Fotos zu machen. Mir könne sie das nicht erlauben, ich würde die Küche beschmutzen. Klar, dass damit nicht nur meine Rolliräder gemeint sind, auch mein unreines Bewusstsein könnte die Lebensmittel kontaminieren.

Wieder auf der Straße, komme ich mir plötzlich befleckt vor, als hätte mir gerade jemand einen Spiegel vorgehalten, in dem ein Stigma sichtbar wird, das sich nicht abschütteln lässt. Ich muss schwer schlucken und gehe in die nächste Garküche auf einen Chai, dem mit Milch aufgebrühten Tee, um über die Sache nachzudenken.

Ich reise nach Indien, um Land und Leute besser kennenzulernen – zu verstehen, wie die Inder ticken, sozusagen –, muss mir aber erst einmal darüber klar werden, mit welchen Augen *ich* eigentlich betrachtet werde. Halten die Hindus mich für ein Monster, weil sie wissen, dass ich, ohne mit der Wimper zu zucken, ein blutiges Steak vertilgen könnte? Ekeln sich die Moslems vor mir bei dem Gedanken, jemandem gegenüberzustehen, der Schwein isst? Verachten mich die Jains, weil ich Kartoffeln und Möhren verspeise? Was halten die Sikhs, Parsen und Buddhisten von Leuten wie mir? Warum massakrieren sie sich nicht gegenseitig, weil der eine etwas tut, was der andere despektierlich findet?

Ich bin nicht in das Kastensystem integriert, also ein Kastenloser. Erschwerend kommt hinzu, dass ich im Rollstuhl sitze, also durch das Ansammeln von schlechtem Karma in meinem vorigen Leben heruntergestuft wurde. Auch physisch bewege ich mich auf einer niederen Ebene, nah dem schmutzigen Boden. Tatsächlich, wenn ich meine Hände betrachte, sind sie durch die Art meiner Fortbewegung immer dreckig. Indische Rollstuhlfahrer treten in der Regel als verstümmelte, bemitleidenswerte Bettler auf, denen man Almosen gibt, um sein eigenes Karma günstig zu beeinflussen. Die Reichen unter ihnen lassen sich von ihrem Chauffeur hinter getönten Scheiben durch die Stadt kutschieren und treten in der Öffentlichkeit kaum auf.

So oft haben mir indische Mitreisende im Zug ihr tiefes Bedauern ausgesprochen, weil ich allein reise und nur aus einem kleinen Rucksack lebe. Inder reisen ungern allein, und oft scheint es so, als hätten sie den halben Hausstand dabei.

Angesichts dieser Tatsachen frage ich mich, warum die Inder noch immer so zuvorkommend sind und mich nicht wie einen Aussätzigen behandeln. Meine Situation scheint gänzlich hoffnungslos. Oder besitzen sie einfach eine große Toleranz, die sie alles akzeptieren lässt, selbst ihrem eigenen Glauben diametral gegenüberstehende Weltanschauungen und religiöse Rituale? Eher glaube ich, dass es unter der friedlichen Oberfläche heftig brodelt.

Das Einzige, was mich rettet, sind meine Hellhäutigkeit und zweihundert Jahre englische Kolonialherrschaft, in der die weiße Haut zu einem Synonym für die Schönen und Reichen geworden ist. Sie überstrahlt alle negativen Attribute. Die Engländer sind zwar längst vertrieben, und der Konzern TATA dreht langsam den Spieß um, kauft in einem Akt postkolonialer Vergeltung scheinbar aus der Portokasse die englischen Traditionsmarken Jaguar und Landrover, doch die riesigen Werbeplakate verkünden noch immer die Botschaft: helle Haut gleich edle Herkunft, Wohlstand und Schönheit. So habe ich bei den Indern vielleicht noch eine Chance, wenn ich mich nicht zu lange in die Sonne lege und dunkelhäutig werde.

Vom Klappern der Henkeltöpfe an den vorbeifahrenden Rädern werde ich aus meinen Gedanken gerissen. Wo fahren die eigentlich hin? Ich zahle den Tee und folge einem von ihnen. Akrobatisch laviert der Radler zwischen den Fahrzeugen, touchiert hier und da mit einer der Kannen das Blech einiger Autos, dass ich Mühe habe, ihm zu folgen, und endet schließlich an der Churchgate Station, unweit des zweiten großen Bahnhofs, der Victoria Terminus Station. Hier wird er bereits von Dabba Wallas erwartet, einer Gruppe weiß gekleideter Männer.

Wallas erleichtern den Menschen das Leben. Jedes Büro hat einen. Sie bringen Tee und erledigen Botengänge. Sie schleppen den Einkauf nach Hause, waschen das Auto oder führen die Hunde aus. Dienstleistungen sind ihr Job. Des Dabba Wallas Markenzeichen ist seine zu einem Schiffchen geformte Kappe. Emsig sind sie damit beschäftigt, Hunderte Tiffins zu sortieren, von Fahrrädern auf Handkarren umzuladen und abzutransportieren. Ich versuche das System dahinter zu begreifen, denn jede Kanne ist mit geheimen Runen, Buchstaben und Zahlen in unterschiedlichen Farben beschriftet. Aber es bleibt mir ein Rätsel. Ich ahne, dass ich gerade Zeuge einer logistischen Meisterleistung ohnegleichen bin, denn jede Mahlzeit hat in dieser Zwanzig-Millionen-Metropole eine bestimmte Herkunft und ein genaues Ziel. Und wehe, ein Tiffin wird vertauscht, schließlich geht es hier um nichts Geringeres als die Reinheit von Körper und Seele der Kunden. Die sitzen in ihren Büros und erwarten in einer halben Stunde die Hausmannskost ihrer Ehefrauen oder Olgas Delikatessen, individuell gewürzt und in jeder Hinsicht rein. Ich suche mir eine Kanne aus, um ihr zu folgen. Für wen mag die Mahlzeit darin gedacht sein? Auf dem Deckel prangt die Swastika, das seitenverkehrte Hakenkreuz, ein indisches Glückssymbol. Das kann ich mir gut merken. » Mein « Henkeltopf wird mit zwanzig anderen auf ein Fahrrad verladen, und schon geht's ins Verkehrsgewühl. Weit muss ich dem Dabba Walla zum Glück nicht folgen, bereits eine Straße weiter, vor dem Gebäude der » Southern Railways «, ist das Ziel erreicht. Der Aufzug bringt uns in ein Großraumbüro im ersten Stock. Schreibtisch an Schreibtisch steht hier aneinander, es herrscht emsige Betriebsamkeit, und die Luft ist erfüllt vom Geruch angespitzter Bleistifte. Wie ein Briefträger verteilt der Bote die Henkelmänner auf den Tischen und liefert die letzte Kanne ins Büro von »Superintendent Dr. Gupta«.

»Ich möchte Sie nicht stören«, beginne ich vorsichtig, nachdem er sein Mittagessen in Empfang genommen hat, »aber ich hätte Sie gern etwas gefragt.«

»Nur zu«, antwortet er mit ausgesuchter Höflichkeit und bietet mir einen Stuhl an. Dankend lehne ich ab, einer reicht mir. Sein Fingerschnipp aktiviert den Teewalla in der Ecke – wieder so ein Mensch, der sich unsichtbar machen kann –, und schon habe ich einen heißen Chai zwischen den Fingern.

Bevor ich jedoch meinen Wissensdurst stillen kann, werde ich von ihm in einen typisch indischen Smalltalk verwickelt, in dem er mir unmissverständlich mitteilt, dass er wenig Zeit und Lust hat, sich mit mir zu unterhalten. Er stellt Fragen, deren Antwort er nicht abwartet, greift im Gespräch zu Akten, die er sich ansieht, und unterbricht mich mitten im Satz, um erneut Tee anzubieten. Erst als ich ihn nach dem faszinierenden Verteilsystem der Dabba Wallas frage, beginnen seine Augen wach zu werden. Wie ein Springbrunnen sprudeln plötzlich die Lobeshymnen auf den Durchhaltewillen der Inder, ihren Optimismus, ihren Fleiß und ihre Fähigkeit, selbst aus kleinsten Marktlücken noch ein lukratives Geschäft zu machen.

Eigentlich wollte ich von ihm wissen, was seine Frau ihm heute gekocht hat, aber mit seinem Enthusiasmus bringt er mich auf eine Idee: »Wie würden Sie Mumbai charakterisieren?«, frage ich ihn. Sarkastisch ruft er aus, als solle es jeder im Büro hören: »Mumbai ist die Stadt der Hoffnung. Selbst wer im letzten Dreckloch lebt, findet immer jemanden, dem es noch schlechter geht. Das baut auf und spornt an, sich hochzuarbeiten. Die Portugiesen haben Bom Bahia auf sieben Mangroveninseln errichtet. Bis heute strampeln seine Bewohner, um sich aus dem Sumpf zu befreien. « Er fordert mich auf, aus dem Fenster zu schauen, und fragt, was meiner Ansicht nach wohl der Mann dort unten mit dem roten Kopftuch tue. » Keine Ahnung, der steht da nur «, antworte ich ratlos. » Ja, der wartet auf Kunden, denen er die Ohren putzen kann. « Während er zurück zum Schreibtisch geht und sein Tiffin öffnet, fügt er hinzu: » Er ist ein Beispiel für den Überlebenswillen der Menschen hier. «

Ich spüre, dass für ihn die Unterhaltung damit beendet ist, denn er wendet sich nun seiner Mahlzeit zu und lässt mich links liegen. Ich will ihm nicht mit weiteren Fragen den Appetit verderben und verabschiede mich.

Nur die Geier verweigern den Service

Service wird in Mumbai großgeschrieben. Es gibt keine Dienstleistung, für die sich nicht jemand finden lässt. Da sind die Ohrenschmalzentferner, die mit einer Nadel und Fingerspitzengefühl zusätzlich Sand und kleine Steinchen aus den Gehörgängen ihrer Kunden zaubern – man will schließlich etwas sehen für sein Geld. Da gibt es Sitzplatzbesorger, beauftragt von Fahrgästen der Bahn ohne Platzreservierung, Teleskophalter warten am Gate of India mit selbst gemachten Ferngläsern auf Kunden, denen sie in achtzig Sekunden vorplappern, wie Bom Bahia über Bombay zu dem Namen Mumbai kam.

Sollte einem der Überblick über das Hauspersonal verloren gehen, bedient man sich eines Butlers, der für die gute Kommunikation zwischen den Hierarchien sorgt.

Auch das spirituelle Wohlbefinden der Bürger ist Lebensgrundlage einer ganzen Armee von Helfern. Wer seinem

Karma auf die Sprünge helfen will, kann bei den Geldwechslern günstig Papiergeld in Münzen tauschen, um es unter den Bettlern zu verteilen. Die wiederum tragen es am Abend zurück, um sich Noten auszahlen zu lassen. Natürlich nur gegen Gebühr. Anderen Gutes tun entspringt hier egoistischem Denken und weniger der Nächstenliebe.

Mumbai lehrt mich auch, dass sich das Füttern von Tauben und Kühen positiv auf das zukünftige Leben auswirken kann. Diese lukrative Einnahmequelle haben Bauern und Futterverkäufer für sich entdeckt. Der Bäuerin an der Straßenecke das Gras abkaufen und es ihrer eigenen Kuh zum Fraß vorwerfen gehört zu den Diensten am eigenen Seelenheil, für das man auch gern etwas mehr Geld ausgibt. Die Bäuerin freut es und die Kuh allemal.

Tauben füttern ist für viele Bewohner Mumbais zu einem Ritual geworden, das vor dem Tempelbesuch durchzuführen ist. Über die ganze Stadt verteilt liegen die Taubenfütterungsstellen, an denen der Gutmensch erstklassiges Getreide kauft, um es über dem Vogelschwarm zu verstreuen. Damit wird die Saat gelegt für ein blühendes zukünftiges Leben. Dass es besser wäre, die Lebensmittel unter den Obdachlosen der Stadt zu verteilen, finden die Tierfreunde nicht, schließlich sei Taubenfüttern die effektivste Art, das Karma zu beeinflussen. So leidet Mumbai unter Millionen Tauben, die alles – mit Verlaub – zuscheißen.

Ich stehe am Apollo Bunder, am Gate of India, und werde von ungezogenen Kindern belagert. Es ist ein historisch bedeutender Ort, denn durch das Tor verließ 1948 das letzte britische Bataillon Indien und beendete damit eine fast zweihundertjährige Kolonialherrschaft. Gegenüber steht drohend das Reiterstandbild Shivajis, des berühmten Marathenführers, als wolle er dem letzten Engländer noch einen Tritt in den Hintern geben. Keiner der verhassten Imperialisten sollte im Land zurückbleiben. Er ist Held der Hindu-

Nationalisten, die es durchgesetzt haben, dass von den Briten geänderte oder gar verballhornte Ortsnamen wieder indisch klingen. Wenn aber die VT-Station, der Hauptbahnhof, plötzlich in Chatrapati Shivaji Terminus umbenannt wird, ist die Toleranz Mumbaier Zungen überstrapaziert. Sie ignorieren das.

Ich frage mich, was wohl aus Indien geworden wäre ohne die britische Okkupation. Vielleicht hätte es das Hotel Tadsch Mahal, dessen riesiger Bettenturm einen Schatten auf die Stadt wirft, nicht gegeben. Es hält sich hartnäckig das Gerücht, der Großindustrielle Tata, ein Parse, habe es 1903 errichten lassen, weil er ein von Engländern betriebenes Hotel nicht betreten durfte. Bis heute bilden die Nachfahren eingewanderter Perser eine einflussreiche, sehr wohlhabende Schicht. Und noch immer pflegen sie ihre Tradition der Verehrung des Feuers, des geflügelten Gottes Ahura Mazdas und ihres Propheten Zarathustras.

Ob sie mich hineinlassen? Ich fahre schließlich nicht in einer Limousine vor, sondern im Rollstuhl.

Der Ausblick von den oberen Stockwerken muss atemberaubend sein, da könnte ich einmal über den eingeschränkten Horizont meiner Froschperspektive hinausschauen. Ich bin überzeugt, einem Inder mit meinem Outfit wäre hier der Zutritt verwehrt. Doch das Empfangspersonal, kostümiert wie Aladin mit der Wunderlampe, schiebt mich eigenhändig die Rampe hinauf. Als wäre ich ein Gast, rolle ich quer durch die Eingangshalle den Aufzügen zu. Ein halbes Jahr später, Ende 2008, richten Terroristen hier ein Blutbad an, bei dem dreiunddreißig Hotelgäste sterben. Als gäbe es bereits jetzt dunkle Vorahnungen, scheinen die Sicherheitsvorkehrungen verschärft zu sein. An strategisch wichtigen Punkten stehen Rambos, die aussehen, als würden ihnen beim nächsten Atemzug die Knöpfe vom Revers fliegen. Auffällig unauffällig haben sie das Geschehen im Blick.

Weil Rollstuhlfahrer per se harmlos sind, beachtet mich niemand. Etwas Glück brauche ich trotzdem, denn der Lift lässt sich nur mit einer Chipkarte bedienen. Im letzten Moment husche ich schnell durch die Tür und fahre mit den anderen Gästen ins oberste Stockwerk. Jetzt, in den späten Vormittagsstunden, steht der Room Service unter Hochspannung, viele Zimmertüren stehen offen, und niemand hindert mich am Betreten der Suite. Drei Nächte in diesem Luxus würden meine komplette Reisekasse ruinieren. Wie erwartet, steht der » Floor Observer « in der Tür und fragt, ob er helfen kann. Ohne ihn besonders zu beachten, wühle ich unter Bettdecken, in Schubladen und Schränken herum und sage beiläufig, dass ich nur etwas vergessen hätte. Seine Arglosigkeit verschafft mir zehn unbeobachtete Minuten, um durch das Fenster herrliche Fotos von der Skyline Mumbais zu machen. Aber ich sehe auch die Obdachlosen in den Straßen, deren Lebensraum Lichtjahre von einem Hotelzimmer wie diesem entfernt ist.

Beim Verlassen gehe ich noch einmal luxuriös pinkeln, greife das Betthupferl ab und verschwinde unauffällig.

Draußen an der Kaimauer werde ich wieder von Kindern umkreist, die mir vergilbte Bücher wie » Werde reich und glücklich « oder » Das Google-Imperium « andrehen wollen. » Hello, Uncle, cheap price only for you. « Als ich auch ihr Haschisch in » best quality « ablehne, verlieren sie endlich das Interesse an mir. Direkt vor meinen Augen rauscht plötzlich eine verdunkelte Limousine heran, der Chauffeur sprintet um das Auto und öffnet die Beifahrertür. Nach allen Regeln gängiger Klischees müsste jetzt ein gut gekleideter Schauspieler oder Politiker erscheinen. Doch es ist eine in weißes Tuch gehüllte alte Dame, die mit einer Plastikflasche schnurstracks die Piertreppe hinuntersteigt. Mit der Hand schiebt sie den abscheulichen Teppich von Tang, in dem sich Müllreste, tote Ratten und Fische verfangen haben, etwas beiseite, bis das von Ölresten in allen Regenbogenfarben schimmernde Wasser des Hafenbeckens sichtbar wird. Nun schöpft sie es mit ihrer Flasche, lässt es zurücklaufen und murmelt dabei Gebete. Als sie die Treppe wieder heraufkommt, rolle ich auf sie zu und frage, was sie da gerade getan hat. Abgeklärt und jovial, wie wohlhabende Inder sich gerne geben, erklärt sie mir, dass es heiliges Wasser sei und sie, wie alle Parsen, die Elemente Feuer, Erde, Luft und Wasser verehrt. Ich frage mich, wie man eine solche Giftbrühe anhimmeln kann. » Aber das Wasser hier ist doch vollkommen verdreckt «, ermahne ich sie, wohl wissend, dass ihr das nicht entgangen ist. » Ja «, stimmt sie zu, » früher war auch die Luft in Mumbai besser, aber das ändert doch nichts am spirituellen Wert der Elemente! « Die Heiterkeit in ihrer Stimme trübt sich ein, als ich auf die Lebensverhältnisse in Mumbai zu sprechen komme. » Es hat sich vieles verändert «, beginnt sie und schaut sorgenvoll auf die historische Hotelfassade, » die Reichen werden immer reicher, die Armen ärmer. Der Boom erreicht nur wenige. « So redet sie, als seien die Probleme unabwendbar und gottgegeben. Dann aber wird sie energisch: » Das Schlimmste ist «, sagt sie verächtlich, » es gibt keine Geier mehr. Wenn ich einmal sterbe, werden sich Milane und Krähen über mich hermachen. « Mit einer wegwerfenden Bewegung verabschiedet sie sich von mir. Ich überlege, ob es einen großen Unterschied macht, wenn die sterbliche Hülle von Milanen und Krähen statt Geiern ausgeweidet wird. Mir wäre das egal.

Wie man einen Touristen übers Ohr haut

Am nächsten Morgen lasse ich Nanny und ihre Dienerin allein frühstücken. Noch vor dem Aufstehen schleiche ich mich aus der Wohnung. Im ganzen Haus riecht es nach einer Mischung aus Bettmief und Maschinenöl. Dieses Mal muss ich den Diener auf dem Flur nicht wecken, ich kann gerade so zwischen seinem Kopf und dem Treppenabsatz hindurchrollen. Trotzdem ist die Nacht für ihn vorbei, als der Liftboy mit einem Scheppern die Gittertüren öffnet und den altersschwachen Aufzug mit Getöse in Betrieb setzt. Auf der Straße atme ich einmal kräftig durch und mache mich auf zur Churchgate Station. Nanny hatte mir von einem alten, weisen Guru erzählt, der nördlich von Mumbai in den Kanheri-Höhlen lebt. Voller Begeisterung schwärmte sie vom Kadeswari Baba, den sie damals mit ihrem Mann oft aufgesucht hatte, um seinen Segen zu erbitten. Seit acht Jahren stehe er bereits auf einem Bein, um auf diese Weise seiner spirituellen Stärke Ausdruck zu verleihen. » Ein wirklich beeindruckender Mann. « So machte sie mir den Mund wässerig und verdarb dann alles wieder mit dem Schlusssatz: » Im Rollstuhl kommst du da unmöglich hinauf. « Ich bin ja immer froh, wenn man ehrlich zu mir ist, aber manchmal wünsche ich mir mehr Optimismus von meinen Mitmenschen. Den muss ich aus mir selbst beziehen und entgegnete ihr: » Das werde ich morgen sehen. «

Mumbai ist das Land's End im Westen Indiens. Alle Verkehrswege enden hier, und Züge müssen rückwärts aus dem Bahnhof wieder heraus. Etwas verträumt starre ich auf die Gleise und meine einen Augenblick lang schwindlig zu sein, denn alles vor mir ist in Bewegung. Grau und gut getarnt, mit einer Patina von Staub überzogen, sind dort die Gleise, der Schotter, der Müll – und die vielen Ratten. In den zwei Minuten bis zur Ankunft des Vorortzuges zähle ich dreißig fette Exemplare im Gleisbett, und ich möchte nicht wissen, wie es darunter in ihren Katakomben aussieht. Der Bahnsteig dagegen ist blitzblank gefegt, es herrscht striktes Rauchverbot, und wer Müll wegwirft, muss damit rechnen, vom Personal angemault zu werden.

Mit Menschentrauben an den Türen läuft der Zug ein. Schon lange bevor er zum Stehen kommt, ergießt sich seine Fracht auf den Bahnsteig. Mein Adrenalinspiegel steigt, ich werde nervös. Plötzlich ist es so, als stürzten alle zwanzig Millionen Einwohner Mumbais auf mich zu. Ich sehe schon den Crash und meinen Untergang kommen, doch wie ein biblisches Wunder teilt sich die Masse vor mir, um sich unmittelbar hinter mir wieder zu schließen. Meine Nervosität wird unbegründet sein: Hier, inmitten so vieler Menschen, werde ich sicher jemanden finden, der mir in den Zug hilft. Falsch gedacht, im Nu ist der Bahnsteig wieder entvölkert, und ich stehe allein auf weiter Flur. Nur noch ein paar Straßenjungs suchen in den Abteilen nach alten Zeitungen. Der Lokführer muss her, und der zeigt mir voller Enthusiasmus das neu eingerichtete Abteil für »handicapped passengers«. Doch das Leuchten in seinen Augen verblasst, als er feststellen muss, dass ein Fahrgast schon sehr schmal sein muss, wenn er nicht in der engen Tür stecken bleiben möchte.

So gern ich ihm auch den Gefallen getan hätte, mein Rollstuhl passt beim besten Willen nicht hinein. Enttäuscht über die Fehlplanung, hievt er mich zusammen mit den ersten eintreffenden Fahrgästen in einen Waggon.

Vom Zug aus sieht man selten die Schokoladenseite einer Stadt, das ist in Mumbai nicht anders. Hier, wo niemand wohnen will, wuchern Slums schlimmster Sorte bis an die Bahngleise heran.

Am Fuß des Felsens, wo ein schmaler Kletterpfad ins Gebirge führt, stehe ich nun und begreife, was Nanny mit ihrer düsteren Prognose meinte. Aber meine Strategie geht auf: Im Nu werde ich von neugierigen Bewohnern der Gegend umzingelt, befingert und befragt. Bevor sie das Interesse an mir verlieren, mache ich mir den Menschenauflauf zunutze, suche die Kräftigsten unter ihnen heraus und biete ihnen einen Job an: »Ich zahle jedem dreihundert Rupien, der hilft, mich zum Kadeswari Baba zu tragen.« Damit habe ich eine wilde Diskussion losgetreten, an deren Ende ich für den doppelten Preis in einem extra gezimmerten Tragstuhl hocke und wie ein kleiner Maharadscha auf Trekkingtour gehe. Ein teurer Spaß, denn außer meinen vier Teilzeitsherpas muss ich noch zwei weitere für den Rollstuhl und meinen Fotokoffer engagieren.

Der Stuhl ächzt und knarrt bei jedem Schritt, es wird immer steiler. Lauthals stöhnen die Träger unter ihrer Last, gerade so, als wollten sie mich schon einmal darauf hinweisen, dass am Ende noch eine kräftige Nachzahlung fällig wird. Was habe ich da jetzt wieder gemacht, ich fühle mich unwohl. Ist es nicht die Spitze der Dekadenz, sich als Europäer in einem Drittweltland von Einheimischen durch die Gegend tragen zu lassen? Wie kann ich mich über Nannys Verhalten beschweren und gleichzeitig die Balken vor meinen eigenen Augen übersehen? Und wenn die Männer gar nicht so nett sind, wie sie tun?, schießt es mir durch den Kopf. Ich habe mich ihnen auf Gedeih und Verderb ausgeliefert. Die könnten mir jetzt eins über den Schädel ziehen, mich in einer Höhle verscharren und sich mit meinem Geld den Lebensabend versüßen. Nicht einmal das wäre nötig, sie müssten mich nur absetzen, und ich würde jämmerlich verhungern. Nein, rede ich mir ein, so verschlagen sind sie nicht. Mit meiner Vorfreude auf den Besuch bei dem Einsiedler, dem Guru, der schon so lange auf einem Bein steht, lenke ich mich ab, überlege, was ich ihn alles fragen werde. Ich bin mir sicher, er ist der Schlüssel, um eine weitere Tür ins Innere Indiens zu öffnen.

Weit kann es nicht mehr sein, und wirklich, mein Rollstuhl wird in einer geräumigen Höhle abgesetzt. Sie stellen mich daneben, und Mohan, der ein wenig Englisch spricht, meint: » Wir sind da. « Ich schaue mich suchend um, aber außer einem kleinen Schrein in einem dunklen Winkel der Höhle ist nichts zu sehen. Ich frage meinen Träger: » Wo ist der Kadeswari Baba? « Die Antwort ist kurz und macht mir klar, dass ich auf sechs Schlitzohren hereingefallen bin: » Tot, vor sechs Jahren gestorben, das hier war seine Höhle. «

Jetzt bloß nicht ausrasten, das Gesicht wahren heißt die Devise, ich versuche ruhig zu bleiben. Als hätte ich nichts anderes erwartet, schaue ich mich interessiert um und blase zum Rückzug. Selbst schuld, sage ich mir. Hätten sie mir schon am Anfang reinen Wein eingeschenkt, wäre aus diesem lukrativen Job schließlich nichts geworden. Zur Strafe gibt es keinen Nachschlag, egal, wie groß das Gejammer wird. Am Ende muss ich meiner Enttäuschung doch noch Luft machen: » Schade, dass der stehende Guru gestorben ist, ich hätte ihn gern kennengelernt «, sage ich zum Abschied zu Mohan. Er zuckt nur mit den Achseln und meint: » Sorry, aber wenn es dir nicht zu weit ist, kannst du ja nach Ayodhya fahren, da lebt ein Kadeswari Baba. «

» Meinst du den Geburtsort Ramas in Nordindien? «

» Ja, richtig, du kennst dich aus. «

» Mal sehen, good bye. «

Ich nehme mir fest vor, auf seinen Tipp keinen Wert zu legen, schließlich hat er mich schon einmal für dumm verkauft. Gleichzeitig weiß ich genau, dass er mir damit einen Floh ins Ohr gesetzt hat, den ich nicht mehr loswerde, bis ich in Ayodhya gewesen bin.

» Er lebt nicht mehr «, kläre ich Nanny auf. » Oh, das tut mir leid «, versichert sie. Ich erspare es mir nachzufragen, ob es ihr um meinen fehlgeschlagenen Ausflug leidtut oder um den verstorbenen Guru. Stattdessen frage ich sie nach Ayodhya, und in der Tat bestätigt sie die Aussage Mohans.

17. April 1981, 13 Uhr 10, Autobahnkreuz Limburg/Lahn

Wie war ich stolz auf mein neues Motorrad, so elegant, so leicht und wendig, kraftvoll und kaum zu bändigen, wie ein wildes Pferd. Es sollte eine Spritztour über die Ostertage zum Nürburgring werden. Eine Runde auf dem berühmten Asphalt für fünf Mark. Eine Spritztour in der für Motorradfahrer gefährlichsten Zeit des Jahres, zumal für einen Unerfahrenen wie mich. Wenn Frühlingsgefühle eine verhängnisvolle Mischung aus Euphorie und Selbstüberschätzung hervorbringen, dann, in den ersten warmen Tagen des Jahres, steigt die Zahl der Unfallopfer auf zwei Rädern extrem an. Auf den Intensivstationen ist dieses Phänomen bekannt.

Ich hätte auf Alfred hören sollen, der sich beschwert hatte, weil er mit seiner etwas langsameren Maschine immer am Limit fahren musste, um uns nicht zu verlieren. Diesen Autobahnzubringer noch, dachte ich mir, eine herrliche Kurve, und dann werde ich auf ihn warten. Eben noch berauscht von der ungeheuerlichen Schräglage, vom Wechselspiel zwischen Geschwindigkeit und den Fliehkräften, fühlte ich nichts als blankes Entsetzen beim Anblick des feinen Sandes in der Kurve. Ohnmächtig, darauf noch reagieren zu können, wusste ich doch genau, was kommt, und war geradezu überrascht, wie sanft ich vom Motorrad glitt und sich die Trennung von der Maschine vollzog. Wie auf dem Eis rutschte ich neben meiner Yamaha auf die Leitplanke zu, empfand sogar für einen Moment das gleiche Entzücken wie in meiner Kindheit, wenn wir Jungs im Winter mit einem Stück Pappe den Schlossberg heruntergerutscht waren. Alle Ereignisse, die mein Leben verändert haben, sitzen im Gehirn fest wie ein Brandmal und lassen sich, wie unter einer Lupe vergrößert, abrufen, doch einen Aufprall gibt es in meiner Erinnerung nicht. Nur der Blick in den blauen Himmel. Ich lag im Gras hinter der Leitplanke, Autos rauschten vorüber, und für einen kurzen Augenblick war ich erleichtert über den glimpflichen Verlauf des Sturzes. Doch dass ich unterhalb meiner Brustwarzen nichts mehr spürte, mein Körper scheinbar zweigeteilt war, ich mich beim besten Willen nicht aufrichten konnte, ja sogar das Gefühl hatte, wie festgebunden zu sein, passte zum entsetzten Gesicht meines Freundes Andreas, der im Gras kniete und mich ansah. In meinem Inneren keimte die Gewissheit: Hier ist etwas passiert, das kein Medikament, keine Operation oder Schiene richten wird, etwas, das sich nicht rückgängig machen lässt. Etwas in meinem Leben ist unwiederbringlich verloren gegangen. Vollkommen klar im Kopf, beantwortete ich die Fragen des Notarztes, akzeptierte widerwillig, dass meine schöne, teure Lederjacke aufgeschnitten wurde, und ließ mich in den Rettungshubschrauber verladen. Nach einem letzten Blick auf die Unfallstelle, die Autobahn und den Westerwald, viel zu schön für diesen furchtbaren Moment, schwand mir das Bewusstsein.

Gar nicht glücklich im
» Ever Happy Guest House «

Es wird Zeit, Mumbai zu verlassen. Meine Wunschliste in der Stadt ist zwar noch nicht abgearbeitet, aber wenn ich mit Nagender zurückkomme, um nach Südindien weiterzureisen, habe ich mit ihm einen kundigen Begleiter, der meine Recherchen effektiver macht. Ich werde eine Runde durch Rajasthan drehen und dann auf meinem Weg nach Delhi, wo ich Nagender abholen will, in Ayodhya aussteigen. Sollte auch der dortige Guru nicht mehr am Leben sein, wäre der Zeitverlust gering.

Ich entscheide mich für den Nachtbus nach Vadodara, weil ich darauf spekuliere, dort umsteigen zu können und gleich morgen mit der nächsten Verbindung in Rajasthan zu sein. Den größten Teil meines Gepäcks, das Handbike, den Solex-Motor und eine Ersatzkamera deponiere ich bei Nanny und reise abgespeckt mit öffentlichen Verkehrsmitteln.

Obwohl mein Reisebudget knapp bemessen ist, gehe ich bei der Wahl des Fahrzeuges keine Kompromisse ein. Es muss schon der Super Deluxe AC Video Coach sein, denn alles, was darunter liegt, kann zur Tortur werden. Das Gefährt ist beeindruckend, ja Furcht einflößend und erinnert mich mit seinen monströsen Außenspiegeln, aus denen das Glas längst herausgebrochen ist, an einen riesigen Steinbock. Sofort fällt mir auch einer der Fahrgäste auf, der sich vor dem Bus von seiner Frau verabschiedet. Er ist muskulös wie Arnold und für mich der richtige Mann. Ich werde ihm ein wenig Honig ums Maul schmieren, und dann kann er den praktischen Nutzen seines Bizepses unter Beweis stellen. Mein schmeichelhaftes Lächeln wird ihn überzeugen: » Hallo, Ihre Muskeln sind wirklich beeindruckend, können Sie mich damit in den Bus tragen? « Damit habe ich ihn bei der Ehre gepackt, außerdem wird er vor den Augen seiner Frau meinen Wunsch sicher nicht ablehnen. Ich gebe ihm Anweisung, sich rückwärts vor mich hinzuknien, damit ich mich auf seinen Rücken schwingen kann, denn der Aufgang in den Bus ist extrem schmal. Er ist verblüfft über so viel Körperkontakt, trägt mich aber ohne Murren hinauf und setzt mich auf meinem Platz ab, während seine Frau auf den Rolli und das Gepäck aufpasst. Weil die unteren Gepäckräume bereits gefüllt sind, muss mein Rolli auf das Dach. Ich bitte den Mann, das auch noch zu übernehmen. Er soll den Rolli genau über mir platzieren und ein Seil daran befestigen, das durch mein Fenster ins Businnere führt. Das Seil binde ich mir ums Handgelenk und hoffe, so ruhiger schlafen zu können.

Wäre doch Einsteigen immer so reibungslos. Leider fährt mein freundlicher Helfer nur bis Surat, und im Kontingent der übrigen Gäste entdecke ich niemanden seines Kalibers. Da werde ich wohl oder übel auf dem Hintern wieder herausrutschen müssen, ein Kraftakt, vor dem es mir jetzt schon graut.

Alle Hoffnungen auf eine interessante Unterhaltung mit meinem Sitznachbarn schwinden mit dem Starten des Motors, er ist eingeschlafen. Ihm tun es alle übrigen Fahrgäste gleich, und nach zehn Kilometern wackeln sämtliche Köpfe synchron mit der Kurvenfahrt des Busses. Nur ich und hoffentlich der Busfahrer sind hellwach. Inder besitzen die beneidenswerte Gabe, Zeit, die sich nicht anders nutzen lässt, zu verschlafen. Mir ist das nicht gegeben. Obwohl ich das Geplärre aus den Lautsprechern mit meinen Ohrstöpseln dämpfe und das grelle Licht mit einem Buff-Tuch eliminiere, finde ich keine Ruhe. Mein Kopf sackt immer wieder auf die stark vibrierende Scheibe, die mich mit ihren Hammerschlägen aus jedem Sekundenschlaf holt. Ein merkwürdiges Grummeln in meinem Darm tut ein Übriges, und ich frage mich, was wohl zu tun wäre, wenn ich jetzt eine Toilette bräuchte. Es gibt nämlich keine.

»Entschuldigung, ich hoffe, ich habe Sie nicht geweckt, ich wollte mich von Ihnen verabschieden und steige hier aus. Viel Glück noch in Vadodara.« Mein Muskelmann verlässt mich. Auch viele andere Fahrgäste steigen aus und nutzen die Pause zum Pinkeln. Ich muss noch drei Stunden durchhalten, in denen mir klar wird, dass eine direkte Weiterreise in Vadodara unmöglich wird, erst muss ich meinen Schlaf nachholen.

Kurz vor dem Ziel, in den frühen Morgenstunden, beginne ich eine Strategie zu entwickeln, wie ich am besten den Bus verlasse. Über den Sitzen sind Haltestangen angebracht, an denen ich mich bis zur Tür hangeln könnte, aber sie sind extrem hoch. Würde ich fallen, könnte ich mir alle Knochen brechen. Ich werde wohl besser auf dem Hintern zur Tür rutschen. Bei der Ankunft lasse ich zunächst alle Passagiere aussteigen, ich möchte mir die betretenen Gesichter ersparen, wenn ich über den Boden krabbele. Der Fahrer hat inzwischen gewechselt und weiß offensichtlich nicht, dass ich nicht laufen kann. Fragend steht er vor mir, als wolle er mir sagen, dass der Bus hier endet. Doch seine Gesichtszüge entgleisen gänzlich, als ich beginne, mich auf den Boden zu setzen, um Meter für Meter zur Tür zu kriechen. Ich bitte ihn, den Rollstuhl vom Dach zu holen, und da beginnt er zu begreifen.

Verdreckt, müde und erschöpft gehe ich auf die Suche nach einem Hotel. In der Nähe der Busbahnhöfe sind Hotels in Indien meist von zweifelhafter Qualität, doch ich bin nicht wählerisch, will nur noch schlafen. Ohne mir das Zimmer vorher anzusehen, buche ich mich im »Ever Happy Guest House« ein. Ein Fehler, wie sich herausstellt, denn die Toilettentür ist so schmal, dass ich sie selbst mit meinen pfiffigsten Tricks nicht passieren kann. Da sehe ich die Kloschüssel zum Greifen nah vor mir und kann sie doch nicht erreichen. Dabei muss ich doch so dringend. Jetzt bleibt nur noch eine Chance, die VIP-Lounge im Hauptbahnhof. Mit dem richtigen Ticket darf ich den First Class Waiting Room betreten, in dem die Toiletten meiner Erfahrung nach geräumiger sind. Dem Rikschafahrer vor dem Hotel mache ich unmissverständlich klar, dass ich ganz nötig zur Railwaystation muss und keine Souvenirläden abklappern will. Er ist enttäuscht über die entgangenen Provisionen.

Einerseits erleichtert, andererseits aber belastet mit düsteren Vorahnungen, liege ich Stunden später auf dem schmierigen Bett in meiner Absteige und frage mich, wie das weitergehen soll, wenn bereits die Befriedigung elementarster Bedürfnisse einen solchen Aufwand erfordert. Vielleicht sollte ich, zumal am Anfang der Reise, bei der Hotelauswahl nicht so knickerig sein und mich langsamer an das spartanische Lebensniveau der Pilger gewöhnen. Ich werde zwar nicht umhinkommen, ihre Strapazen bis zu einem gewissen Punkt zu teilen, denn das wahre Gesicht Indiens offenbart sich nicht durch getönte Scheiben oder hinter abgeschotteten Hotelfassaden, aber einen kleinen Einblick in das Leben der Reichen will ich mir dennoch gönnen.

Am Morgen reißt mich ein ohrenbetäubendes Ächzen und Keuchen aus dem Schlaf. Ich sitze senkrecht im Bett, um den Raum mit den Augen abzusuchen, denn ich bin sicher, es ist jemand hier. Aber die Würgegeräusche kommen vom Nachbarn. Inder sind geradezu besessen davon, den Tag mit einer gereinigten Speiseröhre zu beginnen. Lauthals und höchst dramatisch wird der Schlund leer gehustet. Die Geräuschkulisse dazu steht der in einem Horrorfilm in nichts nach. Ich falle erleichtert in die Kissen, aber mein Nachbar lässt keinen Schlaf mehr zu. Er übertreibt es wirklich etwas. Als hätte er den Finger im Hals oder schlimmer. Es hat keinen Sinn, ich stehe auf. Eine Weile dauert es immer, bis ich angezogen bin, aber selbst als ich auf dem Flur bin, würgt es nebenan noch immer. Ich überlege, vielleicht droht er an etwas zu ersticken und braucht Hilfe. Seine Tür ist nur angelehnt. Vorsichtig klopfe ich und erhalte umgehend, wenn auch ächzend, eine Aufforderung einzutreten. In der Tat erscheint ein großer, dicker Inder im Pyjama in der Tür, der sich gerade einen Holzstock, der am Ende zerfasert ist, aus dem Mund zieht. Als ich ihn fragte, was das zu bedeuten habe, meinte er, das sei sein Karavira, sein Zungenschaber, ein aromatischer Ast vom Oleanderbusch, mit dem er regelmäßig den hinteren Bereich seiner Zunge von Belägen reinigt. Die seien ursächlich für Mundgeruch verantwortlich. Inder sind sehr reinliche Menschen.

Die dürftige Qualität des Frühstücks in diesem Hotel, in dem nur der Boss » ever happy « ist, gleicht dem der Betten wie auch der Ausbildung des Rezeptionisten. Er macht ein Gesicht, als stünde auf seiner Stirn: Nicht ansprechen. Meine Frage nach dem nächsten Maharadscha-Palasthotel beantwortet er mit » Jambughoda « und versinkt unverzüglich hinter seinem Tresen.

Besuch beim Landadel

Das Angebot des Rikschafahrers, mich dorthin zu bringen, muss ich ablehnen, es gilt stilecht vorzufahren. Ein Ambassador muss es sein, der Lizenzbau des englischen Morris. So weich wie die Rundungen des » Schwangeren Büffels « sind auch die Sitze: Als hätte ich auf einem alten Sperrmüllsofa Platz genommen, werde ich von ihnen verschluckt. Kopfstützen, Sicherheitsgurte oder gar Airbags sind für die Straßenschaukel überflüssiger Firlefanz. Morbid wie das Auto ist auch der Palast, den ich zwei Stunden später erreiche – stilecht eben, es passt alles zusammen. Ein Diener öffnet mir die Tür, einer kümmert sich ums Gepäck, und vier von ihnen schleppen mich das Portal hoch. Die mondäne Empfangshalle mit Holzfußboden, antikem Mobiliar und einer reich verzierten Stuckdecke bringt mich zum Staunen, ganz anders, als das Äußere es erwarten ließ. Auch der Hausherr, Maharana Vikram Singh, ist wie ein europäischer Geschäftsmann gekleidet und äußerlich von seinem Personal kaum zu unterscheiden, doch seine Manieren sind gar fürstlich. Er schaut nicht auf den Rolli, sondern mir geradewegs in die Augen und heißt mich willkommen. Im Guest House war ich noch der Bestgekleidete, doch hier stellt mich die Noblesse meiner Umgebung in den Schatten. Dazu gehört auch, dass sich niemand wegen meiner abgewetzten Jeans etwas anmerken lässt. Ohne Umschweife werden mir verschiedene ebenerdige Zimmer angeboten, gerade so, als würden Rollstuhlfahrer hier ein- und ausgehen. Keine akrobatischen Übungen sind nötig, um aufs Klo zu gehen, ich muss nicht auf dem Boden herumkriechen, um in die Dusche zu gelangen, und selbst im Spiegel kann ich mich sehen. Kein Dreck liegt auf dem Boden herum, der Kakerlaken ernähren könnte, und dass in den Betten keine ungebetenen Gäste leben, sehe ich ihnen von Weitem an.

Immer ist jemand da, der sich um mein Wohlbefinden müht, mich angrinst und mir alles hinterherträgt. Paradiesische Zustände – für den, der das braucht. Für mich ist klar, nach einem Tag habe ich diesen inflationären Service satt. Er macht faul, träge und birgt die Gefahr, sich viel zu schnell daran zu gewöhnen. Außerdem bin ich nicht hier, um Urlaub zu machen. Meine stillen Hoffnungen, mit Maharana Vikram ins Gespräch zu kommen, erfüllen sich nach dem Abendessen. Ich verkneife mir die Frage, ob er wirklich ein richtiger Maharadscha ist, das will sicher jeder von ihm wissen. Stattdessen interessiert es mich, wie man abseits aller touristischen Traumziele ein solches Hotel wirtschaftlich betreiben kann. Er lacht: »Ja, das ist eine echte Herausforderung, aber wir können ja nicht einfach umziehen. So müssen wir zufrieden sein mit dem, was wir haben. «

»Ich glaube, ich bin heute der einzige Gast, stimmt das? «

»Ja, Sie haben recht, aber für morgen ist eine Gruppe gebucht. «

»Sie sollten einen Freizeitpark bauen, dann wäre Ihr Palast immer ausgebucht«, sage ich scherzhaft.

Als hätte ich gar nicht so sehr danebengelegen, geht er darauf ein: »Na ja, wir hoffen auf mehr Publikum, wenn die GQ fertig ist. «

»Die GQ? Was ist das? «

»Die Golden Quadrilateral, eine Autobahn rund um Indien, über fünftausend Kilometer lang, und die führt nur zehn Kilometer an uns vorbei. «

»Ah ich erinnere mich, die Baustelle habe ich gesehen. «

Vikram ist gebildet und versteht es, den Verlauf der Konversation persönlicher werden zu lassen. Ich durchschaue seine Strategie, mit der er geschickt das Gespräch in die von ihm gewünschte Richtung lenkt, denn schließlich ist er auch nur ein ganz normaler Inder, und die brennen darauf zu erfahren, warum ich im Rollstuhl sitze. Ich könnte ihm jetzt entgegenkommen und seine Neugier vorauseilend befriedigen, aber er soll seine Courage ruhig unter Beweis stellen. Es ist ein wenig wie auf dem Basar: Gebe ich etwas von mir preis, musst auch du mir entgegenkommen. So fordere ich Tribut, nachdem ich ihm mit der nötigen Dramaturgie meine Unfallgeschichte geschildert habe: »Haben Sie Ihre Frau aus Liebe geheiratet, oder ist es eine arrangierte Ehe?« Als akzeptiere er den Handel, grinst er mich an und antwortet zweifelsfrei: »Wissen Sie, wir waren erst achtzehn, und in diesem Alter hat niemand genug Lebenserfahrung, um zu beurteilen, welcher Partner der richtige ist. Wir vertrauen da voll und ganz unseren Eltern. Die Liebe kommt dann automatisch.«

»Da ist es wohl unsinnig zu fragen, ob Sie einer Kaste angehören?«

»Natürlich spielen der Kastenstand und die Ausbildung eine Rolle, aber trotz allem muss jeder Ehepartner einverstanden sein.«

»Und wenn Ihre Frau Sie abgelehnt hätte?« Kaum ist die Frage heraus, wird mir bewusst, wie heikel es war, sie zu stellen. Aber er bleibt ungerührt: »Kein Problem, meine Eltern hätten sich neu umsehen müssen. Das ist wie bei einem Puzzlespiel, erst mit dem passenden Gegenstück entsteht eine harmonische Einheit.« Doch jetzt bietet er mir Paroli: »Schauen Sie sich doch in Europa um, da, wo aus Liebe geheiratet wird, lassen sich nahezu fünfzig Prozent der Partner wieder scheiden. Ist das nicht der beste Beweis für den falschen Weg?« Mein Gefühl sagt mir, es lieber dabei zu belassen. Sonst hätte ich ihn gern noch auf das Stigma hingewiesen, das geschiedenen Frauen in Indien anhaftet und das bei den Frauen dazu führt, sich lieber einem erhöhten Leidensdruck in der Ehe auszusetzen, als sich scheiden zu lassen.

Das gefährliche Brodeln
zwischen Hindus und Moslems

Längst liegt Ahmedabad hinter mir, und ich reise mit der Bahn durch die trostlose, von Dornengestrüpp bewachsene Steppe Rajasthans. Das Abteil ist voller uriger Gestalten in Pluderhosen, die einmal weiß waren. Weil alle eingeschlafen sind, kann ich mir ihre Gesichter ungeniert anschauen. Beim Anblick der riesigen gewickelten Turbane, der interessanten Bärte und des archaischen Silberschmucks muss ich an das Gespräch mit dem Fahrer denken, der mich von Jambughoda nach Vadodara brachte. Nachdem ich mein Vorhaben, den Kadeshwari Baba in Ayodhya besuchen zu wollen, erwähnt hatte, berichtete er mir von dem furchtbaren Brandanschlag auf den Zug in dem Ort Godhra 2002. Es war ein Zug wie dieser. Ein muslimischer Mob griff damals mit Brandsätzen eine Gruppe Hindu-Nationalisten an, die, aus Ayodhya kommend, auf dem Heimweg waren. Dort, wo sich bereits 1998 bei der Zerstörung einer Moschee über zweitausend Moslems und Hindus massakriert hatten, sollte nun ein höchst umstrittener Tempel errichtet werden. Da indische Züge generell keine Notausgänge haben, verbrannten mehr als sechzig Hindus, Frauen, Kinder und Männer, elendig vor den Augen des Pöbels. Wie bei einem drohenden Vulkanausbruch, fast unmerklich, veränderte sich daraufhin das Miteinander der Religionsgemeinschaften in dem Bundesstaat Gujarat.

Unterschiede zwischen Moslems und Hindus, die bis dahin im nachbarschaftlichen Leben keine große Rolle gespielt hatten, rückten plötzlich in den Vordergrund und dienten als Motor für die Anstachelung feindlicher Ressentiments. Erste Gerüchte von Hindus, die mit einem Schweinekadaver eine Moschee besudelt hätten, machten die Runde. Im Gegenzug sollen sich angeblich Moslems über eine Kuh hergemacht haben. Mit Aufrufen, nicht mehr beim feindlichen Lager zu kaufen, separierten sich die Religionsgruppen zunehmend voneinander, und dann bedurfte es nur noch einer für normale Zeiten folgenlosen Zeitungsmeldung über eine von Moslems vergewaltigte Hindufrau, die den Topf zum Überkochen brachte. In ganz Gujarat fielen sie enthemmt übereinander her und metzelten sich, sogar in der Überzeugung, im Sinne und für die Festigung der eigenen Religionsgemeinschaft zu handeln, grausam nieder. Am Ende von vier Wochen Ausgangssperre, kriegsähnlichen Zuständen, Morden, Plünderungen und Vergewaltigungen waren über tausend Tote zu beklagen, und es gab ein weiter schwelendes Misstrauen den » anderen « gegenüber. Der Fahrer endete mit der düsteren Diagnose, dass Moslems und Hindus nicht zueinanderpassen und Mahatma Gandhis Traum von einem innigen Zusammenleben der Religionsgemeinschaften eine unerfüllbare Illusion war. Die friedlich schlafenden Gujarathis in meinem Abteil machen einen ganz anderen Eindruck, doch mir wird klar, was Toleranz angeht, bewegen sich Hindus wie Moslems auf dünnem Eis.

18. April 1981, Intensivstation Evangelisches Stift St. Martin, Koblenz

Wenn es mir gelang, den Kopf nach links zu drehen, fiel mein Blick auf einen Turm von Geräten mit Schaltern und Kabeln, die in mir immer wieder die Frage aufwarfen, wie schwer ich verletzt sein muss, wenn das alles nötig ist, mich am Leben zu halten. Auch rechts zeigten Displays unverständliche Kurven, Blut lief durch Schläuche, und es piepte ständig. Selbst oberhalb meines Lagers vernahm ich das Summen lebenserhaltender Maschinen, aber sehen konnte ich sie nicht. Ich wollte es auch gar nicht wissen, es hat mich einfach nicht interessiert, wozu das alles gut war. Und nichts lag mir ferner, als die Schwester danach zu fragen. Ich wollte es nicht wissen, weil ich wusste, dass etwas Entsetzliches passiert sein musste. Wenn sie kam, um den Blutdruck zu messen, blieb ich wortkarg und hoffte, dass sie bloß nicht damit anfing, mir meine Situation zu erklären. Einen Tag lang gelang es mir, meine Gedanken von der Umgebung abzukoppeln und durch Welten zu wandern, die der Vergangenheit angehörten und die – das ahnte ich – mir nie wieder offenstehen würden. Erst kam mir mein neues Motorrad in den Sinn, aber das verursachte nur schlechte Stimmung. Wie einfach war es, die Augen zu schließen und positive Erinnerungen abzurufen. Ich musste nur zwei Monate zurückwandern und fand mich an diesem paradiesischen Fluss wieder, in dem die Elefanten so genüsslich badeten, lag dann am Strand von Goa und staunte über geheimnisvolle Pagoden im Dschungel. Diese Reise durch Indien war etwas so Großes, so Überwältigendes und Prägendes, sie ließ mich nicht mehr los.

Aber da waren Dinge, die mich zunehmend störten. Ein Druckgefühl unter den Rippen, die Schwester, die ständig an mir herumfummelte, und eine Reduktion des Betäubungsmittels machten es mir am zweiten Tag auf der Intensivstation immer schwerer, mich imaginär auszuklinken. Dann, als mein Bewusstsein voll da war, kam der Chefarzt Dr. Lang an mein Bett, um mir einen medizinischen Vortrag über Rückenmarksverletzungen zu halten. Ohne Emotionen, als diagnostiziere er mir einen Schnupfen, bestätigte er, was ich bisher erfolgreich verdrängen konnte: Ich bin querschnittsgelähmt, und wenn in den nächsten Tagen keine spürbare Besserung eintritt, wird es auch so bleiben. Um das zu testen, werde er mir jetzt in den Zeh pieksen. Und wenn ich etwas spüren würde, solle ich mich melden. Doch da war nichts. Die Frage, ob ich je wieder laufen werde, konnte ich mir nach ein paar Tagen und etlichen nicht spürbaren Stichen selbst beantworten.

Was sollte bloß aus mir werden? Ich war doch erst dreiundzwanzig Jahre alt, eben noch voller Energie und Tatendrang, hatte Pläne, ein weiteres Mal nach Indien zu reisen, und wollte das Leben in vollen Zügen genießen. Da lag ich nun, regungslos, hatte nur noch meine Arme und den Kopf. Der Rest existierte nicht mehr. Ich kam mir vor wie in einer billigen Krankenhausserie – mit dem Unterschied, dass ich nicht umschalten konnte.

Besuch kündigte sich an, Vater, Fritz und der kleine Sebastian, nur zwei Brüder von sechs Geschwistern, für alle wäre nicht genug Platz gewesen, die übrige Familie musste auf später vertröstet werden. Sie hielten meine Hand, schauten mit ihren tränenerfüllten Augen auf mich herab, wollten etwas Tröstliches sagen und brauchten doch selbst Trost.

Ein Schwall von widersprüchlichen Empfindungen, Selbstmitleid, Schuldgefühlen und Zukunftsängsten überrumpelte mich. Sie verursachten mir zudem ein schlechtes Gewissen wegen der vielen Sorgen, die ich meiner Familie bereitet hatte. Es waren die Tränen in den Augen meines Vaters, die mich tief in das Krankenbett drückten. Nichts hätte die Tragweite meiner Verletzung, den tiefen Einschnitt in meinem Lebenslauf treffender symbolisieren können als diese Tränen. Sie rissen mich runter, machten mich noch trauriger, ich wollte sie einfach nicht mehr sehen. Mein Vater sollte stolz auf mich sein, aber doch nicht auf mich herabweinen.

Irgendetwas musste ich sagen, und es fiel mir nichts Besseres ein, als mich nach dem Befinden meines Motorrades zu erkundigen: »Was ist mit der RD, ist viel kaputtgegangen?« In den Augen meines Vaters sah ich, wie sehr er die Maschine hasste, für ihn war sie schuld an dem Unglück. Fritz gab die Antwort: »Ist schon wieder repariert, wir haben sie gleich verkauft.« Wieso verkauft? Ich wollte protestieren. Für einen kurzen Moment lehnte sich in mir etwas dagegen auf, das aber sogleich wieder verschwand. Es war der erste Schritt, mich von meinem vorigen Leben zu trennen.

Betreten für Rollstühle verboten

Seit ich mir mit meinem Bruder Fritz Syrien und in Nagenders Begleitung Iran erkurbelt hatte, sind Wüsten für mich nicht mehr nur rollstuhlfeindliche Gegenden, die es zu meiden gilt. Im Gegenteil, die Faszination der Landschaft, die Herausforderung, Grenzen zu überschreiten und etwas zu tun, das völlig unmöglich erscheint, übt einen Reiz auf mich aus, dem ich mich nicht entziehen kann. Die Wüste Thar in Rajasthan liegt fast auf meiner Route nach Delhi. So schiebe ich einen Abstecher nach Jaisalmer ein. Da ich weiß, dass kein Bus in Indien eine Strecke von sechshundert Kilometern unter fünfzehn Stunden schafft, splitte ich die Tour und lege in Mount Abu einen Zwischenstopp ein. Es bleiben dann immer noch elf Stunden bis Jaisalmer.

Mit jedem Meter, den sich der klapprige Bus die Serpentinen hinaufwindet, wird es spürbar kühler. Auf tausendzweihundert Metern ist der höchste Punkt Rajasthans erreicht. Schon beim Durchfahren des Ortes versuche ich vom Bus aus Unterkünfte auszumachen, die wenig Stufen haben. Ein schwieriges Unterfangen in einem Bergdorf. Es geht entweder steil hinauf oder gnadenlos bergab. Ich werde wohl am Busbahnhof die Dienste der Schlepper in Anspruch nehmen und dann später die Provision zahlen. Es ist immer die gleiche Prozedur: Kaum steht der Bus, wird er von einer Meute junger Männer bestürmt, die den Fahrgästen Visitenkarten der schönsten Hotels vor die Nase halten und genau wissen, dass alle anderen Hotel bereits gänzlich ausgebucht sind. Dabei geben sie sich alle Mühe, nicht nur ausgesprochen freundlich auf die Passagiere einzureden, sondern sie sind auch auf den ersten Blick erstaunlich gut gekleidet. Schaue ich jedoch genauer hin, fällt von ihren blank geputzten Schuhen, denen die Schnürsenkel längst entzogen wurden, die Sohle ab. Aufgeplatzte Nähte an ihren ehemals weißen Hosen sind mit schwarzem Garn geflickt, und ihre Jacketts sind an den Ärmeln bis aufs Futter durchgewetzt. Aber sie geben sich hilfsbereit und wissen vor allem, welches der Hotels meiner Preisklasse ebenerdig ist. Dafür zahle ich gern eine kleine Provision. Ganz nebenbei habe ich jemanden, der mich aus dem Bus trägt.

Ziel ist der Dilwara-Tempel oberhalb meiner Unterkunft, den Frau Olga in Mumbai mir hier in Mount Abu empfohlen hat. »In diesem Jain-Tempel wirst du die feinsten Marmorarbeiten Indiens entdecken«, schwärmte sie. Um ihn zu erreichen, muss ich voll in die Räder greifen. Nur gut, dass es hier so kühl ist, sonst wäre ich oben durchgeschwitzt und nicht mehr würdig, den bedeutenden Tempel zu betreten. Doch ich ahne, dass es auch ohne das Versagen meines Deodorants Probleme gibt. Links und rechts des Tempeltors sitzen zwei grimmig dreinschauende Wächter, die mich bereits genau in Augenschein genommen haben, obwohl es auf dem Vorplatz wie am Schiefen Turm von Pisa zugeht. Pulks von Touristengruppen und Pilgern ergießen sich aus Reisebussen, scharen sich um ihre Führer und werden davon unterrichtet, wie man sich andächtig verhält.

Ich rolle schnurstracks auf den netter dreinschauenden der beiden Tempelwächter zu und habe bereits mein Sprüchlein auf der Zunge. Doch dazu komme ich gar nicht. Brüsk werde ich abgewiesen: »No entry.« Dabei weist er auf meinen Rollstuhl. Vielleicht sind auch meine Beine oder die Schuhe gemeint. Am *cloak room,* wo alles Lederne für hundert Rupien das Stück hinterlegt werden kann, gebe ich meine Schuhe, meine Kamera und alles, was sonst noch Anstoß erregen könnte, ab. Ich stelle mich vor die beiden Wachmänner und sage stolz: »Na, was sagen Sie jetzt!« Aber sie bleiben unversöhnlich: »No cycle.« Ich dachte es mir, es ist der Rollstuhl, den sie nicht mögen, er würde den Tempel beschmutzen, wie laut Hinweis über dem Eingang auch menstruierende Frauen. Ich gehe über zu Plan B und werde unterwürfig: »Nun bin ich um die halbe Welt gereist, nur um Ihren Tempel zu sehen, Sie können mich doch jetzt nicht abweisen, bitte.« Keine Chance, sie bleiben hart. Einen Trick habe ich noch auf Lager. Ich könnte mir jemanden suchen, der mich auf dem Arm, ohne Rollstuhl, hineinträgt, wie ich es vor allem in Moscheen mache. Aber dieser Tempel ist sehr weitläufig, mit unterschiedlichen Ebenen und Trakten. Es wäre nicht praktikabel. So schwer es mir fällt, ich muss die religiösen Gefühle der Jains respektieren und Verzicht üben. Resigniert rolle ich davon zur nächsten Garküche, bestelle eine Limca und überlege, ob ich meinen Frust mit einem zweiten Frühstück lindern sollte. Als mein Tisch, bekleckert mit den Essensresten meiner Vorgänger, mit einem solch fettigen Lappen abgefeudelt wird, dass ich den Eindruck bekomme, er sei schmutziger als zuvor, verzichte ich auch auf das Frühstück. Doch der Lappen bringt mich auf eine Idee. Ich bitte den Imbissbesitzer, mir einen Eimer Wasser, Seife, einen sauberen Lappen sowie den Jugendlichen zur Verfügung zu stellen, der hier die Tische abwischt. Nachdem ich ihm mein Vorhaben erklärt habe, grinst er und gibt mir gegen einen kleinen Obolus bereitwillig, was ich benötige. Mit Sunil an meiner Seite steuere ich erneut den Tempel an und sage: »Jetzt passen Sie auf, was ich mache:« Vor den Augen der Tempelwächter beginne ich, mit Wasser und Seife meine Rollstuhlräder zu putzen, schrubbe den Rahmen ab und reinige die Fußstütze. Meine Akrobatik zieht nicht nur neugierige Passanten an, auch aus dem Tempelbüro kommt jemand, der offensichtlich Befehlsgewalt besitzt. Er fragt die Wächter, was ich da tue, aber ich falle ihnen ins Wort und bitte um Einlass. Generös und in perfektem Englisch sagt er: »Selbstverständlich dürfen Sie in den Tempel, bitte, herzlich willkommen.« Strafend schaut er einen der Wächter an und verdonnert ihn dazu, mir als Fremdenführer zur Seite zu stehen.

Sunil, der kräftige Jugendliche aus der Garküche, hilft mir über die vielen Stufen hinweg.

Frau Olga hatte nicht untertrieben. Reich verzierte Säulen, Decken, Wände und Böden sind aus feinstem Marmor. So rein, dass ich glaube hindurchschauen zu können. Der Tempel ist überladen mit Figuren und Fabelwesen, mit Tieren und Pflanzen, die nichts weniger darstellen als den idealen Bewusstseinszustand. In diesem Tempel wird kein Gott angebetet, es gibt keine Rituale, und kein Gläubiger kommt mit Erwartungen oder Wünschen hierher. Es ist ein Ort, an dem Reinheit und Perfektion auf die Spitze getrieben werden. Jains streben durch vorbildliche Lebensweise eine heile Welt an. Diesen Idealzustand, das Heilsziel oder Nirwana, also den Austritt aus dem Samsara, dem immer wiederkehrenden Kreislauf der Wiedergeburten, haben die vierundzwanzig Tirthankaras erreicht. Ihnen sind Jain-Tempel gewidmet, sie dienen als Vorbild, ohne göttliche Attribute zu besitzen. Sie sind sozusagen die Verkörperung des Reinen. Nun verstehe ich, warum hier Ledernes, Schuhe und Rollstühle nicht gern gesehen sind. Gäbe es eine Religion für mich, der Jainismus käme meinem Denken am nächsten.

Andächtiges Meditieren, etwas, das Jains hierherführt, ist allerdings nur zu bestimmten Zeiten möglich. Wie der Kölner Dom und die Blaue Moschee in Istanbul leidet auch der Dilwara-Tempel unter den Massen von Touristen, die hindurchgeschleust werden. Kopfschüttelnd registriere ich, wie den indischen Urlaubern von selbst ernannten Experten hanebüchene Märchen über die Tirthankaras erzählt werden. Und wer weiß, sollten die Fremdenführer ihre Märchen nur oft genug erzählen, werden sie vielleicht eines Tages Wahrheit und gehen in die Geschichtsbücher ein.

Indien ist riesiger, als die Landkarten zeigen

Indien ist riesig, das zeigt jede Landkarte. Dass Indien aber für Reisende um ein Vielfaches größer ist, als es erscheint, bekomme ich immer dann zu spüren, wenn ich in einem klapprigen Bus über Land fahre. Seit acht Stunden schaukele ich durch die eintönige Steppenlandschaft Rajasthans, und es liegen erst ganze dreihundert Kilometer hinter mir. Rechne ich hoch, verlängert sich die geplante Fahrzeit auf über fünfzehn Stunden. Da bläht sich Indien plötzlich zu einem gigantischen Kontinent auf, natürlich nur, weil ich meine europäischen Maßstäbe von Geschwindigkeit anlege. Wie sehr wünsche ich mir den Gleichmut und das Sitzfleisch meiner Mitreisenden, denen es egal zu sein scheint, ob sie heute oder morgen ankommen. Wäre doch dieser Bus nicht eine solch elendige Klapperkiste, dann könnte ich etwas lesen oder mich einem anderen Zeitvertreib hingeben. Doch ich benötige beide Hände, um mich am Vordersitz festzuhalten, damit ich nicht bei jedem Überholmanöver (tatsächlich gibt es Fahrzeuge, die noch langsamer sind als wir) meinem Nachbarn in den Schoß falle. Damit ist auch Schlaf keine Option für mich. Das sieht mein Nachbar ganz anders, er nutzt meine Schulter als warmes Kopfkissen. Erst als seine Muskeln so erschlafft sind, dass er vom Sitz zu rutschen droht, wacht er auf. Verwundert schaut er mich trübe an, als wolle er fragen, wer ich denn sei, und nickt ein paar Minuten später wieder ein. Ein Vorgang, der sich in schöner Regelmäßigkeit wiederholt.

Mir wird klar, ohne Unterbrechung werde ich diese Busfahrt nicht heil überstehen. Die Sitze, die alles andere als ergonomisch geformt sind, verursachen mir starke Rückenschmerzen, und selbst dort, wo ich nichts mehr spüre, am Sitzbein, kribbelt und brennt es, als würde ich auf glühenden Kohlen sitzen. Weil die Nerven im Rückenmark durchtrennt sind, entsteht dieser Phantomschmerz in meinem Kopf, davon bin ich überzeugt. Wie ein Selbstschutz spüre ich dieses unangenehme Gefühl immer dann verstärkt, wenn ich zu lange auf – für meinen empfindlichen Po – ungesunden Untergründen sitze, und es bessert sich erst, wenn ich ihn, auf der Seite liegend, entlaste. So kann ich den Phantomschmerzen, aus welchen Gründen sie auch immer entstehen, eine Ursache andichten und sie in meine Schublade für positive, der Gesundheit dienliche Alarmglocken stecken. Medikamente dagegen, deren Nebenwirkungen die Wachsamkeit eintrüben, habe ich immer als kontraproduktiv abgelehnt.

Obwohl ich mein Spezialkissen untergelegt habe, sind die Stöße und Schläge, das ständige Hin- und Herrutschen Gift für die Sitzhaut. Es ist die höllische Angst vor einem Dekubitus, die mich davor warnt und bewahrt, meinen Körper zu sehr zu strapazieren, denn eine solche Druckstelle würde meiner Reise sofort ein Ende machen und mich für Monate ins Bett zwingen. So fällt es mir leicht, meiner Vorfreude auf Jaisalmer einen Tag Zeit zu geben und in Barmer zu übernachten.

»Desert Lodge«, das passt bestens zu meinem Äußeren. Der Wüstenstaub ist während der Fahrt durch alle Ritzen gedrungen und hat sich wie ein Schleier auf die Fahrgäste gelegt. Nun stehe ich leicht paniert auf der Straße mitten in Barmer, sehe dem Bus nach, wie er in einer Staubwolke verschwindet, und fühle mich wie John Wayne in einem seiner Westernfilme. Nur brauche ich jetzt keinen Whisky, sondern ein Bett, und es ist mir egal, ob es im ersten Stock steht. Mit dem Selbstvertrauen des Hotelmanagers ist es nicht weit her: »Dies ist nur eine kleine Lodge, die Zimmer sind nicht sehr komfortabel, wir haben auch keinen Aufzug, und schauen Sie mich an, ich kann Sie nicht hochtragen.« In der Tat würde ich mich seiner schmächtigen Statur ungern anvertrauen. Aber ich mache ihm Mut und klopfe ihm auf die Schulter, sodass eine Staubwolke aufwirbelt: »Keine Angst, das schaffen Sie schon. Wir brauchen nur noch drei Helfer.« Dabei rolle ich zur Tür und bitte drei junge Leute von der Straße, mich in den ersten Stock zu tragen. Das ist mitunter so praktisch an Indien, es ist dermaßen überbevölkert, dass immer jemand da ist, der mit anfassen kann. Aber selbst meine Eigeninitiative baut den Chef des Hauses nicht wirklich auf: »Vielleicht ist es besser, wenn Sie ein anderes Hotel nehmen.« Jetzt platzt mir gleich der Kragen: »In ganz Barmer gibt es kein einziges ebenerdiges Hotel. Also vier Mann, vier Ecken, und *tschalo*!« Ich erkläre jedem, wo er zupacken muss, und im Nu bin ich oben. Beim Betreten des Zimmers begreife ich sofort den Grund für das Zaudern des Chefs. Es ist ein jämmerliches Loch, das zu vermieten seinem Gewissen wohl schwer zu schaffen macht. Recht so, soll er sich nur grämen. Aber der Preis erlaubt keine Beschwerden: Die Latrine wimmelt vor Kakerlaken, ist aber immerhin breit genug und stufenlos. Dagegen verzichte ich darauf, das Bett nach Wanzen zu untersuchen, das Ergebnis hätte keine Konsequenz. Verlassen kann ich dieses Zimmer heute ohnehin nicht mehr.

Die kleinen Quälgeister haben mir in dieser Nacht einen hohen Blutzoll abverlangt.

So weit es geht, lehne ich mich am Morgen aus dem Fenster und warte, bis auf der Straße drei potenzielle Träger vorüberkommen. » Hallo, Sie da unten, ich bin Rollstuhlfahrer, können Sie mich bitte heruntertragen. « Dass es nicht leicht werden würde, habe ich geahnt, doch nur ausgelacht zu werden überrascht mich absolut. Klar, sie sehen den Rollstuhl nicht, denken, der da oben will sie verspotten, und reagieren entsprechend. Auch der Chef, dem ich über das Treppenhaus zurufe, antwortet nicht. Vielleicht hat er keine Lust auf die Schlepperei, oder ist er gar nicht anwesend? Bis zur Abfahrt des Busses nach Jaisalmer bleibt noch eine Stunde. Die Zeit drängt. Ich könnte die Treppe rückwärts nehmen, langsam, mich am Geländer festhalten und Stufe für Stufe herunterlassen, wie ich es in der Klinik damals gelernt hatte. Aber das Geländer ist zu marode, zerbricht es dabei, stürze ich rückwärts hinunter, würde womöglich schwere Kopfverletzungen davontragen, es vielleicht nicht einmal überleben. Mehr als eine Tagesreise von einem adäquaten Krankenhaus entfernt, sollte man keine unnötigen Risiken eingehen, und daher wähle ich die sichere Variante. Ich setze mich im Treppenhaus auf den Boden, binde das Gepäck im Rollstuhlsitz fest und seile den Rolli bis zum Zwischengeschoss ab. Dann krabbele ich, Stufe für Stufe, hinterher. Mich auf den harten Fliesen zu verletzen ist die größte Gefahr dabei, schließlich liegt zwischen meinem Steißknochen und der harten Stufe nur pergamentdünne Haut. Verhindern kann ich das mit den beiden Kopfkissen aus dem Bett, die ich immer im Wechsel zur nächsten Stufe verwende. Natürlich werden sie dabei nicht sauberer, aber schmutziger auch nicht.

Da sitzt der Chef in der Empfangshalle seiner Lodge auf einem abgewetzten Sofa und stellt sich schlafend, ich hatte es ja geahnt. Als er dann aus Neugierde doch die Augen öffnet und mich verdutzt ansieht, grüße ich freundlich. Augenblicke später stehe ich wieder auf der Straße.

Nach einem Vierstundenritt holpere ich auf der Sitzbank eines Busses, die dem Komfort eines Rüttlers gleicht, in Jaisalmer ein, der Perle im Wüstensand. Was dazwischen liegt, sind Geröll, Wüste, Steppe, Einöde, das unterentwickelte und lebensfeindliche Westend Indiens und ein Zaun, der sich vom Arabischen Meer über zweitausendfünfhundert Kilometer lang bis hinauf in den Himalaya zieht: Die Barriere zum Erzfeind Pakistan.

Menschen, die hier überleben wollen, und es gibt sie, müssen hart im Nehmen sein. Es ist das kriegerische Volk der Rajputen, denen »heldenhafte« Taten nachgesagt werden, etwa das Verbrennen ihrer Ehefrauen, um sie nicht in die Hände des Feindes fallen zu lassen, bevor sie selbst den Märtyrertod starben. Auch von den – freilich längst verbotenen – Sati, den Witwenverbrennungen, hört man immer wieder aus Rajasthan. Legte sich eine Frau zu ihrem verstorbenen Mann auf den Scheiterhaufen, errang sie damit für ihre Familie höchste Anerkennung und sogar einen göttlichen Stellenwert. Dass solche Handlungen nicht immer freiwillig geschahen, sondern der gesellschaftliche Druck vielen Frauen keine Wahl ließ, versteht sich von selbst.

Mit zwei skrupellosen Rajputen
auf der Suche nach der Wüste

Der Name Jaisalmer klingt so sanft wie durch die Hand rinnender Wüstensand und steht doch im krassen Kontrast zu dem bedrohlichen Fort mit seinen neunundneunzig Bollwerken, an dessen Mauern so viel Blut vergossen wurde. Einst Knotenpunkt inmitten wichtiger orientalischer Handelsrouten, verlor die Stadt mit dem Emporkommen Mumbais ihre Bedeutung und wurde mit der Teilung Indiens gänzlich an den Rand gedrängt.

Kaum der Klapperkiste von Bus entronnen, umlagert von Schleppern, die mir die tollsten Hotels und abenteuerlichsten Kamelsafaris aufschwatzen wollen, gelingt mir zwischen den Visitenkarten, die mir vor die Nase gehalten werden, ein Blick hinauf zu den kanonenbewehrten Bastionen. Und dieser Blick ist wie ein Versprechen: Diese Waffen konnten nur über schiefe Ebenen hinauftransportiert werden. Rampen und Rollstuhl, das passt gut zusammen, der Sonnenuntergang über der Stadt ist meiner.

So mittelalterlich wie das Innere der Festung ist auch der Weg hinein. Ausgefahrene Wagenspuren im Fels, grobes Kopfsteinpflaster und eine extreme Steigung verlangen geschicktes Umgehen mit dem Rollstuhl. Ganz ohne die Hilfe stürmischer Schuljungen, die riesigen Spaß am Schieben entwickeln, schaffe ich es nicht. Doch dann bin ich im Innern der Festung, umgeben von Lehmhäusern, die sich, wie aus Teig gebacken, harmonisch aneinanderschmiegen. Die Stadt liegt mir zu Füßen, und jenseits davon erstreckt sich die Wüste Thar. Morgen wird mich mein Weg dorthin führen.

Schaut man in die Reisekataloge für Indien, wird sofort klar: Im Himalaja geht man zum Trekking, in Kerala zur

Ayurveda-Behandlung, in Agra ins Tadsch Mahal und in Jaisalmer auf Kamelsafari. Touristen ausgetretene Pfade als Individualtour zu verkaufen ist höchst effektiv: Die Kamele kennen den Weg, Lagerplätze werden im Voraus präpariert, und welches das schönste Fotomotiv auf welcher Düne bei Sonnenuntergang bringt, zeigt einem der Führer, weil es sein Job ist.

Wie ausgetretene Pfade sind auch die Gedankengänge des Tour Operators, in dessen Büro ich seit zwei Stunden versuche, etwas zu organisieren, das nicht in sein vorgefertigtes Schema passt. Er will es nicht verstehen, dass ich nicht vier Tage auf einem Kamel sitzen möchte, sondern einen Jeep brauche, der mich hundertfünfzig Kilometer östlich von Jaisalmer zu einem Dünenfeld bringen soll. Desillusioniert und bereit, auch auf das fragwürdigste Angebot einzugehen, stehe ich vor seinem Büro wie ein Opferlamm, das nur darauf wartet, geschlachtet zu werden. Der Scharfrichter in Person eines äußerst zuvorkommenden Herrn, der mich mit seinem Jeep, wo immer ich hinmöchte, fahren wird, lässt nicht lange auf sich warten. Inder besitzen die Begabung, einem Europäer an der Nasenspitze anzusehen, was sie ihm verkaufen können, auch mir. Ich kaufe und bezahle mein Lehrgeld, die Hälfte jetzt, den Rest bei Rückkehr in drei Tagen. Hätte ich misstrauisch werden sollen, weil er unrasiert und sein Jackett von Motten zerfressen war? Weil er streng roch und ohne Socken in seinen Lackschuhen steckte? Weil wir den Deal auf der Straße, ohne Vertrag, nur mit Handschlag abmachten? Nein, im Gegenteil, ich bin stolz darauf, mein Geld im Sinne des fairen Handels auszugeben. Einzig sein Name Sudarshan, der Gutaussehende, hätte mich argwöhnisch machen können, wie auch sein wortkarger Freund Pradeep, mit dem er mich eine Stunde später vom Hotel abholt. Nach drei Stunden Fahrt, in einer Entfernung von Jaisalmer, die Sudarshan groß genug erscheint, mir die Wahrheit zu sagen, eröffnet er mir, dass wir einen kleinen Umweg in sein Dorf machen, weil er seine Eltern besuchen möchte. Einerseits bin ich verblüfft über diese eigenwillige Änderung des Plans, und erste Skepsis über die Seriosität der beiden keimt auf, andererseits erfreut es mich, Einblick ins Familienleben zu bekommen.

Jenseits von Sam, das aufgrund seiner beachtlichen Dünen als Abenteuertrip von den Reiseagenturen angepriesen wird und inzwischen so überlaufen ist, dass Reinigungstrupps den Wohlstandsmüll aus dem Sand klauben müssen, lassen wir die letzten Pfannkuchenshops, Souvenirläden und die westliche Welt hinter uns. Eine Stunde später biegt Sudarshan plötzlich nach links auf einen Schotterweg ab, wobei er mir in freudiger Erwartung erklärt, dass wir bald zu Hause sind und seine Mutter die beste Köchin weit und breit sei. Keine Kunst, denke ich, schließlich sind wir seit fünfzig Kilometern keinem Menschen mehr begegnet. In der Tat besteht Sudarshans Zuhause aus nichts weiter als drei runden Lehmhütten, die durch einen undurchdringlichen Wall von Dornengestrüpp geschützt sind. Ein Brunnen, einige kümmerliche Bäume und vielleicht fünfzig Ziegen bilden die karge Lebensgrundlage seiner Familie. Verständlich, dass es da lukrativer ist, Touristen in Jaisalmer übers Ohr zu hauen. Aus einer der Hütten erscheint zunächst ein mächtiger Turban und dann das dazugehörige Männlein, Sudarshans Vater. Seine Mutter folgt in einem Sari, der derart grellgelb ist, dass es fast in den Augen schmerzt. Auch zwei Geschwister leben hier noch und begrüßen uns überschwänglich. Meinen Rollstuhl muss ich mit dieser Welt, die einem riesigen Sandkasten gleicht, durch das Ablassen der Luft aus den Rädern kompatibel machen. Nur so kann ich den Hof überqueren und die Einladung in die Hütte annehmen. Die Herzlichkeit der Familie und ihre Bereitschaft, den Gästen trotz rudimentärer Lebensverhältnisse das Beste zu bieten, überwältigen mich. In dem fast dunklen Raum, so rund wie die Hütte, spartanisch mit ein paar Matratzen, einem flachen Tischchen und den Lebensmittelvorräten in Säcken möbliert, fällt es mir schwer zu glauben, dass dieses Land sich anschickt, zu den führenden Weltwirtschaftsmächten aufzusteigen.

Sudarshans Mutter kocht wirklich gut, vor allem ist sie schnell. Bereits nach zwanzig Minuten steht ein Teller Reis mit Dal vor mir. Dabei hatte ich mir doch geschworen, in Indien nie wieder Linsen zu essen. Auf meinem Weg zur Gangesquelle gab es über eine Woche lang nichts anderes. Doch ein solcher Schwur, das ahnte ich, kann in manchen Landesteilen geradezu zum Verhungern führen. So greife ich mit der reinen rechten Hand zu, drehe meine Reisbällchen, tränke sie mit Dalsoße und lobe das leckere Mahl. Schließlich will ich meine Gastgeber glücklich machen. Während die Frauen abwaschen, begießen die Männer die Familienzusammenführung mit einem kräftigen Schluck. Ich ziehe es vor, meine fünf Sinne beieinanderzuhalten, und verzichte, zumal die Flasche (sie hat kein Etikett und wird häufiger nachgefüllt) sowie ihr Inhalt in mir Alarmglocken läuten lassen. Mit voller Absicht saufen sich meine Gastgeber ins Delirium und lassen mich trotz vehementer Proteste mitansehen, wie mein Wüstentrip im Alkohol ertrinkt.

Mit warnenden Worten versuche ich Sudarshans Aufmerksamkeit zu wecken und mache ihm klar, wer hier der Chef ist: »Hör mir zu, morgen früh um sechs fahren wir los, du solltest jetzt schlafen gehen.« Seine Antwort verheißt nichts Gutes und könnte auch mit »du kannst mich einmal gern haben« übersetzt werden: »Morgen früh um sechs, no problem, Andreas.«

Ausgerüstet wie ein indischer Bauer, mit einem Becher Wasser und einer unreinen linken Hand, gehe ich im Schutze der Dämmerung auf die Suche nach einem geeigneten Toilettenplatz. Die Auswahl ist gigantisch: Dreihunderttausend Quadratkilometer Wüste liegen mir zu Füßen, dazu leuchten Millionen Sterne. Schöner kann Abführen nicht sein.

Noch bis tief in die Nacht dringt das Gelalle der drei trotz aller Widerstände wie Ohropax und Buff-Tuch durch meine Gehörgänge und macht mich wütend. Mir wird nicht nur klar, dass es naiv ist, einem Betrunkenen zu glauben, er wäre morgens wieder fit, auch die dunkle Ahnung, er könne mit mir machen, was er will, beunruhigt mich.

Aber ein Rajput wäre keiner, wenn er nicht nur saufen, sondern auch arbeiten könnte. Tatsächlich sitzt er morgens um zehn, mit recht verquollenen Augen zwar und auch nicht ganz ausgenüchtert, hinter seinem Steuer.

Ich sage mir, komm wieder runter, du bist in Indien. Wo kein Gegenverkehr, keine Gräben oder Laternenpfähle den Jeep stoppen können, wo die Welt aus Sand besteht, kann auch der Alkoholpegel der Fahrt nichts anhaben. Wie erwartet, bessert sich mit jeder abgebauten Promille in Sudarshans Blut auch seine Fahrkunst, mit jedem Kilometer meine Laune, und ich bin kurz davor, ihm seine nächtliche Sauftour zu verzeihen. Schon male ich mir aus, auf einer riesigen Sanddüne sitzend, dem Sonnenuntergang entgegenzusehen. Doch was uns entgegenkommt, verheißt nichts Gutes: ein Militärjeep. Wüstengegenden und Soldaten bildeten schon immer eine unheilvolle Allianz gegen meine Reisepläne: In der Syrischen Wüste verwechselte man mich mit einem israelischen Spion und buchtete mich ein. In Iran hatte ich versehentlich das nukleare Forschungszentrum von Natanz fotografiert, das Geheimste, was die Mullahs zu verstecken haben (ein unverzeihlicher Fehler), woraufhin mir Revolutionswächter zu Leibe rückten. Nun komme ich mit meiner Kamera ins Grenzgebiet zweier Staaten, das zu den gefährlichsten Konfliktherden der Welt gehört. Fragend schaue ich Sudarshan an: »Was ist das?« Seine Antwort zerstört all meine Wüstenträume: »Border Patrol, no problem.«

Die finsteren Mienen der Soldaten sagen mir: »Vergiss es.« Tatsächlich werden wir zurückgeschickt.

Mir platzt der Kragen: »Sudarshan, du hast es gewusst, du kommst doch von hier«, schreie ich ihn an. »Du wolltest nur mit deinem Vater einen saufen und hast es dir von mir bezahlen lassen.« Sein Versuch, mir mit Engelszungen den Wind aus den Segeln zu nehmen, macht mich nur noch wütender: »Kein Problem, ich weiß, wo die Wüste viel schöner ist, gar nicht weit.«

»Hör auf, du wusstest auch, dass hier verbotenes Grenzgebiet ist, und hast es nicht gesagt. Ich glaube dir gar nichts mehr.«

»Warte es ab, du wirst überrascht sein.«

Mit verschränkten Armen lasse ich eine Stunde ohne jegliche Konversation vergehen, schließlich bleibt mir keine Wahl. Doch seine Ersatzdünen machen mich nicht glücklich: jämmerliche Hügel, nicht besser als an der dänischen Nordseeküste. Er will sie mir als Geheimtipp schmackhaft machen. Mir wird das Abstruse an meinem Vorhaben deutlich, und ich sehe ein, Abenteuer lassen sich nicht kaufen.

»Das ist nichts, fahr sofort zurück, keine Rupie zahle ich dir mehr.«

Kaum ausgesprochen, wird mir klar, dass dieser Schachzug zu einem Schuss ins eigene Knie werden könnte. Nun wird er sauer und schlägt zurück: »Ich habe dir super Dünen gezeigt, wenn du sie nicht sehen willst, ist das dein Problem.« Der Blick in sein verächtliches Gesicht macht mir mit einem Schlag meine prekäre Situation deutlich, und als er weiterschimpft, wird mir angst und bange:

»Wenn du mir nicht sofort den Rest auszahlst, setze ich dich hier aus.« Er stoppt den Wagen und blickt mich böse an. Mir schnürt sich die Kehle zu, ich sitze einem Kriminellen gegenüber, der mir an den Kragen will. Pradeep auf der Rücksitzbank ist deutlich auf seiner Seite. Ich fühle mich in die Enge getrieben und bekomme knallhart zu spüren, dass ich mich in höchster Lebensgefahr befinde. Der meint es wirklich ernst. Meine Phantasien in Bezug auf die Träger an den Kanheri-Höhlen könnten hier zur Wirklichkeit werden. Würde er mich ausrauben und zurücklassen, käme niemand auf die Idee, mich hier zu suchen. In dem weichen Sand würde ich nicht einmal die dreißig Kilometer zum Militärposten schaffen.

Wenn ich das Spiel nicht verlieren will, muss ich hoch pokern. »Das würde ich an deiner Stelle nicht tun, im Hotel habe ich deinen Namen und das Kennzeichen hinterlegt und für übermorgen ein Zimmer reserviert. Jeder weiß, dass ich mit dir unterwegs bin.« Das fast unmerkliche Zucken in seinen Mundwinkeln verrät mir einen Rest von Zweifel in ihm, oder hat er mich durchschaut? Es bleibt ein Rätsel.

Er startet und prügelt den Wagen über die Piste, als wolle er all seine Wut an ihm auslassen. Meine Mahnung, vorsichtig zu fahren, ignoriert er und schaut mich für den Rest des Tages nicht mehr an, bis wir in Sam eintreffen. Vor der Polizeistation bitte ich ihn, zu stoppen und mir meinen Rolli sowie das Gepäck zu holen. Als wäre nie etwas gewesen, fragt er: »Willst du nicht nach Jaisalmer?«

»Nein, ich übernachte hier, du kannst fahren.«

Abzüglich einer von mir festgelegten Minderwertgebühr zahle ich ihn aus. Bevor er startet, frage ich ihn noch: »Sudarshan, sag ehrlich, hättest du es getan?«

»Was getan?«

»Na, mich in der Wüste ausgesetzt.«

Konsterniert gibt er zurück: »Was denkst du, niemals, ich bin Rajput.«

Auch er hat gepokert.

Noch bis tief in die Nacht notiere ich meine zweifelhaften Erlebnisse in meinem Tagebuch und schließe mit der Erkenntnis, dass es überall auf der Welt Ganoven gibt. Sudarshan ist zwar deutlich zu weit gegangen, doch trotz allem war er ein ganz besonders sympathischer Vertreter seiner Art. Es war ja nicht seine perfide Niedertracht gewesen, gerade mich offensichtlich Hilflosen für seine fiese Tour auszusuchen. Der Zufall kreuzte unsere Wege. In der Folge hat er in mir nicht den Rollstuhlfahrer gesehen, den es zu schonen gilt, sondern ein Opfer, das in der Lage ist, sich zu wehren. Ich bin in seine Falle getreten, habe per Handschlag eine Tour gebucht und bin somit nicht unerheblich selbst schuld. Nicht, dass ich scharf darauf wäre, Verbrechern auf den Leim zu gehen, für das zweifelhafte Gefühl, auch noch von Gaunern gleich behandelt zu werden und von ihnen zu lernen. Aber Sudarshans Unverfrorenheit war für mich eine wichtige Lektion, wofür ich ihm auf eine gewisse Weise dankbar bin.

Meinen Kamelritt mit anschließendem Sonnenuntergang und Übernachtung in der Wüste bekomme ich trotz aller Zwischenfälle. Allerdings ist es nur die zweite Wahl. Ich sitze auf meiner Wunschdüne, und wenn es mir gelingt, die Kippen, die meine Vorgänger in den Sand gestopft haben, den Müll, der in dieser einzigartigen Landschaft schon in kleinsten Mengen ins Auge fällt, und die vielen Fußstapfen im Sand zu übersehen, könnte ich vor Glück schreien, dass ich so weit gekommen bin.

Vier Tage war mein neues Leben erst jung, und schon begann das alte zu verblassen. Die Umgebung, die Gesichter und der Tagesablauf in der Klinik automatisierten den Eintritt in mein neues Dasein als Patient. Ich lag auf der Sonderstation für Querschnittsgelähmte im Evangelischen Stift St. Martin in Koblenz. Knapp fünfhundert Kilometer von meinem Zuhause entfernt, konnte ich höchstens am Wochenende vertraute Gesichter erwarten. Mit dem Verschwinden der Hornhaut auf den Handinnenflächen verblasste mein Tischlerberuf und wurde zu einem Detail der Zeit vor dem Unfall, wie auch meine Celler Wohnung, die ich nur noch in Gedanken betreten konnte. Sie wurde bereits geräumt, mein Hab und Gut in Scheunen deponiert. Das Motorrad existierte nicht mehr, und die Lederkleidung war zerstört worden. Nicht nur meine Vergangenheit war durch einen Schnitt vom Jetzt getrennt, auch mein Körper bildete keine Einheit mehr. Zwei Drittel lagen im gelähmten Bereich, der sich nicht spüren ließ und der mich, mithilfe meiner erstaunlichen Fähigkeit, alles Unangenehme zu verdrängen, nicht einmal interessieren musste.

Nach dreiundzwanzig Jahren als Lesemuffel machte ich Bücher zu Komplizen bei meiner Flucht aus der Realität. Während ich in der Deutschstunde von Siegfried Lenz verschwand, dem kleinen Oskar mit seiner Blechtrommel folgte oder mich mit billigen Groschenromanen ablenkte, wurde mein Unterleib von Urin und Stuhl befreit, gewaschen, gedreht, gewendet, untersucht, mit Franzbranntwein besprüht und von Renate, meiner Physiotherapeutin, in Bewegung gehalten. Ich stellte keine Fragen.

Einmal davon abgesehen, dass ich nicht in der Lage war,

mich aufzurichten, weil die Lähmung bereits ab Brustwarzenhöhe begann und mir kein Muskelstrang hätte helfen können, wurde es mir auch verboten, denn die drei zertrümmerten Wirbelkörper sollten zunächst verheilen. Damit wurde es mir leicht gemacht, mich vom Rest der Welt und meinem Körper abzukoppeln.

Dass so etwas nicht lange gut gehen kann, wurde selbst mir bald klar, dem es so gut gelungen war, vom Bewusstsein nicht akzeptierbare Tatsachen fernzuhalten.

Wie ein Komapatient, der behutsam und über einen langen Zeitraum aus seinem Tiefschlaf geholt wird, betrat ich mein neues Leben. Alle zogen dabei an einem Strang: Meine Geschwister und Eltern kamen regelmäßig zu Besuch, und nie wieder wurden Tränen vergossen. Fritz, der meine Indienerlebnisse in einer Collage vereinte, neben mein Bett hängte und mir, vielleicht ohne es zu wollen, vor Augen führte, dass mein muskulöser Körper am Strand von Goa nicht nur eine schöne Erinnerung, sondern auch eine neue Herausforderung für die Zukunft sein konnte. Meine Mutter, die sich mit einer Reisetasche voller Optimismus und einer Flasche Piccolo in den Zug setzte, um mit mir am Krankenbett auf meinen Sprung von der Schippe des Todes anzustoßen.

Auch die Motorradfahrer, die jedes Wochenende mein Zimmer belagerten, hatten ihre eigene Strategie, mich aus dem Sumpf zu ziehen, mir allein mit ihrer Anwesenheit, ihrem unbedarften Verhalten, mit jeder Geste und jedem Scherz, mit Gesprächen, bei denen keineswegs nur ich im Mittelpunkt stand, zu offenbaren: Du bist immer noch der Alte, du gehörst zu uns, egal, was kommt.

Auch das Personal beobachtete meine Entwicklung genau und stand in den Startlöchern, um mich aus meiner Lethargie zu befreien.

Renate, vierzig Jahre jung, äußerst agil, stürzte jeden

Vormittag mit ausladenden Armbewegungen und einem aufmunternden Spruch wie »Positiv sollst du den Tag beginnen« ins Zimmer. Ob das ihre Art der Selbstmotivation war oder mir galt, blieb mir immer ein Rätsel. Dann schlug sie die Bettdecke vom Fußende hoch und machte sich an meinen Beinen zu schaffen. Obwohl mir bewusst war, dass ich ohne Unterhose dalag, machte ich mir keine Gedanken darüber, welches Bild ich für sie bot, so weit war ich noch nicht. Ich legte das Buch beiseite und konnte hin und wieder einen Blick auf diese Beine werfen, mit denen sie alle möglichen Kunststücke vollführte. Heben, senken, beugen, drehen, selbst die Gelenke der Zehen hielt sie geschmeidig. Dass ich von all dem nicht das Geringste spürte, wollte mir einfach nicht in den Sinn, etwas in mir sträubte sich gegen diese abnormale Widersprüchlichkeit. Nur an meinem unverwechselbaren Zehnagel erkannte ich, dass es sich wirklich um meine Beine handelte. »Was machen Sie da überhaupt die ganze Zeit?«, war meine erste Frage an Renate und der Einstieg in die Auseinandersetzung mit meiner Querschnittslähmung. »Ich bewege Ihre Beine, damit sie nicht versteifen. Mit gestreckten Beinen sitzt es sich nämlich schlecht im Rollstuhl.« Dass sie das Wort »Rollstuhl« in Verbindung mit mir verwendet hatte, löste Unbehagen in mir aus, obwohl ich doch wusste, was diesbezüglich auf mich zukommen sollte. Die Fragerei reichte mir fürs Erste, ich drehte den Kopf zur Seite und versank in indischen Erinnerungen.

Wüsten-Er-fahrungen in Handarbeit

Man könnte das, was ich tue, als abgeschmackte Wüsten-tour bezeichnen, und vielleicht ist sie das auch. Ums Lagerfeuer sitze ich mit ein paar Backpackern und vier fiedelnden, pittoresk gekleideten Rajputen, die mit ihren Instrumenten alles geben, um auch noch den letzten Rest Wüstenatmosphäre hinwegzufegen. Insgeheim wünsche ich ihnen des Barden Troubadix' Schicksal an den Hals. Damit jedoch würde ich ihnen unrecht tun, denn hier, wo zwei Kulturen aufeinanderprallen, sind wir es, die Rücksicht nehmen müssen. Auch wenn wir uns nichts mehr herbeiwünschen als Wüstenstille, loben wir die Musiker, spenden begeisterten Beifall und zahlen einen Bonus. Nicht ahnend, dass wir damit drei endlose Zugaben über uns ergehen lassen müssen. Aber was soll's, trotz Nepp, Müll und Konservenabenteuer kann ich in meinem gemieteten Schlafsack einen atemberaubenden Sternenhimmel über der Wüste genießen.

Den Weg zurück nach Jaisalmer am Morgen nehme ich auf der Straße in die eigenen Hände.

Kein LKW-Fahrer überholt mich, ohne freundlich zu hupen, sie recken die Hälse aus ihren Führerhäusern, machen zustimmende und anerkennende Handbewegungen oder stoppen sogar, um mir Hilfe oder etwas Leckeres anzubieten. Dass LKW-Fahrer am Ende meiner Reise zur meistgehassten Spezies der Straße werden, ahne ich noch nicht.

Dann, wenn die Straße bis zum Horizont wieder meine ist, könnte mein Herz über diese unendliche Freiheit und das berauschende Gefühl, allein durch die Wüste Rajasthans zu rollen, einen Sprung machen. Und einmal mehr wird mir bewusst, das Glück der Welt steht nicht auf zwei

Beinen. Es verbirgt sich hinter Selbstüberwindung, neuen Ufern und eröffnet sich jedem, der ausgetretene Pfade verlässt. Man muss nur auf die Suche gehen, mit oder ohne Rollstuhl.

Auf den vierzig Kilometern nach Jaisalmer gibt es nur wenige kleine Ansiedlungen, die sich jeweils, lange bevor ich sie erreiche, durch eine unnatürliche Häufung von Straßenkötern ankündigen. Es sind unangenehme Gesellen, die in mir eine willkommene Abwechslung sehen und, statt sich den ganzen Tag selbst zu zerfleischen, als Rudel auf mich stürzen. Mit ihren gefletschten Zähnen lösen meine Jäger in mir tief sitzende Opferängste hervor. Mir sträuben sich die Nackenhaare. Würden sie sich über mich hermachen, ich hätte keine Chance. Der Knüppel auf meinem Schoß ist nichts weiter als ein Mutmacher, und – die Hundefreunde unter meinen Lesern mögen es mir verzeihen – manchmal gelingt mir mit Genugtuung ein Treffer.

Nein, ihre Lebensgrundlage ist nicht der einsame und wehrlose Rollstuhlfahrer, auch wenn sie mir mit ihrem Gekläffe gefährlich nahe rücken, die Kadaverplätze in der Peripherie der Dörfer sind für sie buchstäblich ein gefundenes Fressen. Bemerkt hatte ich den süßlichen Aasgeruch bereits vor dem Empfang der Hunde. Nun stehe ich vor einem abstoßenden Berg toter Kühe, abgenagter Knochen und Fellreste, in dem sich Unmengen von Krähen und Hunden einen archaischen Kampf um die leckersten Bissen liefern. So abscheulich der Geruch auch ist, ich bin gebannt vom Anblick der brutalen Hackordnung, in der der Schwächere gnadenlos niedergemetzelt wird. Wie unbeteiligte Zaungäste stehen am Rande der Szenerie zwei mächtige Geier, als warteten sie, bis die Meute ihnen den Rest abtritt.

Vor zwanzig Jahren noch sah ich Kadaverplätze in Indien, auf denen die Geier in der Überzahl waren und Hunde nur mit viel Glück einen Bissen ergattern konnten.

Heute sind die indischen Geier so gut wie ausgestorben, und selbst auf den Begräbnisstätten, den Türmen des Schweigens in Mumbai, entsorgen Milane und Krähen die Leichname der Parsen. Grund für dieses plötzliche Artensterben ist das Rheumamittel Diclofenac, das indische Bauern seit geraumer Zeit ihren Kühen gegen allerlei Krankheiten spritzen lassen. Das mit dem tödlichen Giftcocktail getränkte Fleisch gestorbener Kühe wird den Geiern zum Verhängnis, sie sterben in kürzester Zeit an Nierenversagen.

Andere Aasfresser, wie die Hunde, vertragen das vergiftete Gammelfleisch problemlos. Ihre ungehemmte Vermehrung führt inzwischen zu einer echten Landplage und einem rasanten Anstieg der Tollwut.

Ich bin nicht geimpft und mache mich besser vom Acker.

Da lasse ich mich lieber von Kindern verfolgen, sie lösen die Hunde als ungleich sympathischere Nachhut ab und freuen sich riesig über dieses merkwürdige Gefährt, das da in ihr Dorf rollt. Selbst beim Chaitrinken in der einzigen Garküche stelle ich für die Dorfkinder eine sensationelle Attraktion dar. Beginne ich dann noch, mir mit einem optischen Trick den Finger auszureißen, ist die Zirkusstimmung perfekt. Perfekter als die Wirklichkeit, denn in der Tat fehlt mir der linke Zeigefinger. Ein Malheur aus meinem Vorleben, ein Andenken an den Tischlerberuf. Für die Dorfkinder bin ich ein Wunderguru.

Mein Rollstuhl wird intensiv untersucht, und auch wenn ich die Sprache nicht verstehe, so weiß ich doch aufgrund ihrer Gestik und Mimik genau, worüber sie reden. Erwachsene Männer, die sich durch die Kinderschar drängeln, um ihre Neugier zu stillen, interessieren meine Beine. Zwei von ihnen hocken sich dazu, beginnen meine unteren Gliedmaßen zu befingern und heben auf der Suche nach der Beschaffenheit meiner Beine die Hose an. »Kein Holz, tut mir leid, echtes Bein«, erkläre ich.

Mit einer fragenden Handbewegung, als würden sie eine Glühlampe einschrauben, erwarten sie eine Erklärung. Ich könnte ihnen jetzt einfach begreiflich machen, dass ich nicht laufen kann, und die Sache wäre erledigt. Aber weil ich weiß, wie sehr Inder hoch dramatische Berichte lieben, tue ich ihnen den Gefallen und spiele meinen Motorradunfall detailgenau nach. Wie beim Kasperletheater zu Hause, lässt sich mein indisches Publikum in den Bann ziehen. Im Mienenspiel der Dorfbewohner spiegelt sich die ganze Dramatik des Unfalls wider, und alle können das tragische Resultat nachvollziehen, als ich bei einem meiner Zuschauer auf die Wirbelsäule deute und dann eine Geste mache, als würde ich einen Holzstab zerbrechen. Dass die Diagnose »Querschnittslähmung« in diesem Teil der Welt einem Todesurteil gleicht, lese ich in ihren bestürzten Gesichtern. Weil aber in Indien am Ende einer jeden spannenden Geschichte ein Happy End steht, heitere ich die Gemüter meines Auditoriums mit akrobatischem Rollstuhltanz auf zwei Rädern und dem alles erklärenden »no problem« wieder auf. Der Garküchenchef bringt mir als Belohnung für die Darbietung einen zweiten Chai: »For you, uncle.«

Meine Story wird unter Garantie für die nächsten Tage Dorfgespräch bleiben.

Für mich zeigte sich einmal mehr, dass in den Begegnungen mit Menschen das Abenteuer einer Reise steckt und ich innerhalb der letzten halben Stunde mehr über die Inder gelernt habe als in tagelangen Streifzügen zu Altertümern oder durch menschenleere Wüstengebiete. Während meiner Theateraufführung erkannte ich, dass die Begeisterung für das Fremde auf Gegenseitigkeit beruht. Ich begann zu beobachten und bemerkte fasziniert, dass einige Männer, vielleicht ohne es selbst zu registrieren, ihre Hand auf meinem Knie ablegten, den Rollstuhl berührten oder eben mein Hosenbein lupften. Inder haben ein völlig anderes Verhältnis zu Nähe und Distanz als wir Europäer. Unsere unsichtbare Aura, die hier niemand bei fremden Personen ohne Not überschreiten würde, scheint in Indien – solange der Kastenstand es nicht anders erfordert – nicht zu existieren. Sei es bedingt durch die Überbevölkerung, die Enge in öffentlichen Verkehrsmitteln oder den begrenzten Wohnraum. Nur Kinder sind auf der ganzen Welt gleich, ihre herzliche Distanzlosigkeit und das Fehlen jeglicher Berührungsängste sind entwaffnend und sprengen alle kulturellen Grenzen.

Aber noch etwas, vor allem für Rajasthan Typisches habe ich in der neugierigen Kinderschar bemerkt. Nämlich die Abwesenheit der Mädchen. Man könnte vermuten, dass sie mit der Hausarbeit beschäftigt waren, doch naheliegender ist es, dass sie gar nicht existieren. Das ist der Effekt selektiver Abtreibungen von weiblichen Föten, die weitaus preiswerter sind als die spätere Mitgift. Selbst Hebammen sind in dieses unselige Geschäft mit bezahltem Säuglingsmord involviert. Überlebt ein Mädchen seine Geburt, wird es, statistisch betrachtet, seltener gestillt, erhält schlechtere Nahrung, muss im Haushalt mehr arbeiten, erhält weniger Bildung und, wenn überhaupt, die billigeren Medikamente und stirbt früher als sein Bruder. Hat es zu allem » Unglück « gar keinen Bruder, sondern nur Schwestern, wachsen sie mit dem Bewusstsein auf, ein ökonomischer Kostenfaktor und obendrein, beim Eintritt in die Ehe, verantwortlich für den finanziellen Ruin ihrer Familie zu sein. Dieser Schandfleck der indischen Gesellschaft hat mittlerweile den Heiratsmarkt in manchen rückständigen Gegenden, wo auf hundert Männer sechzig Frauen kommen, ad absurdum geführt.

Nun sollte man glauben, dass bei einem Männerüberschuss die regelnden Kräfte des Marktes zu einer Aufwertung der Frauen führen und Mädchen hofiert werden. Doch was in der Wirtschaft gilt, trifft nicht automatisch auf die indische Gesellschaft zu, jedenfalls nicht auf die im ländlichen Bereich. Wo Söhne als Garant für die finanzielle Sicherheit der Familie, die Weitergabe des Namens und schließlich für die Altersversorgung der Eltern und ihre korrekte Bestattung stehen, wird eine Wende Generationen dauern. Erste hoffnungsvolle Anzeichen lassen sich in der immer größer werdenden Mittelschicht der Städte beobachten, wo traditionelle Werte ihre Bedeutung verlieren. Dort sind Mädchen gern gesehen, wenn auch vielleicht nur deshalb, weil sich ihre Eltern die Mitgiftzahlungen problemlos leisten können.

Noch weit jenseits des Dorfes, dessen Namen ich nie erfahren habe, begleitet mich das Patschen nackter Kinderfüße auf dem Asphalt. Dann bleibt einer nach dem anderen zurück, winkt und ruft zum Abschied, bis ich mit meiner Straße und der Wüste wieder allein bin.

Ticketkauf am Schalter oder Vom Umgang der Inder mit Ordnung und Chaos

Nach so viel Abgeschiedenheit wirkt selbst das Wüstenstädtchen Jaisalmer, in das ich am späten Nachmittag einrolle, hektisch und von Abgasen verpestet.

Bevor ich meine Unterkunft aufsuche oder mir etwas zu essen besorge, muss ich zum Bahnhof und meine Weiterreise organisieren. Inder reisen gern und viel, vor allem an Feiertagen, die es bei einer solch reichhaltigen Palette an Religionen und Volksgruppen immer zu zelebrieren gibt. Würden die Inder an allen bedeutenden religiösen Feiertagen Urlaub nehmen, ginge niemand mehr zur Arbeit.

Das Reservierungsbüro, in dem ein Kontingent an Tickets für Touristen bereitgehalten wird, ist bereits geschlossen, was mich dazu zwingt, mich einer Warteschlange am Ticketschalter anzuschließen.

Wer etwas darüber lernen will, wie Inder mit Ordnung und Chaos umgehen, muss das Treiben an einem Fahrkartenschalter beobachten. Gleichzeitig offenbart sich dem Betrachter die sonderbare Verwandlung vom zahmen, hilfsbereiten Mitmenschen zu egoistischen Ellenbogenkämpfern. Am Anfang steht eine festgelegte Prozedur, die mit Formularen beginnt.

Der Antrag, der berechtigt, ein Ticket zu kaufen, erfordert Angaben wie Name, Alter, Beruf, Geschlecht, welche Zugnummer, Klasse, Abfahrt und Ankunft. Dieser Fragebogen liegt nicht an den Fahrkartenschaltern aus. Straßenhändler würden das wertvolle Papier benutzen, um darin geröstete Erdnüsse zu verkaufen. Man erhält ihn auf Bitten dort, wo er später auch eingereicht wird, wo Informationen erhältlich sind und das Ticket bezahlt werden kann: an einem halbrunden Loch von dreißig Zentimeter Durchmesser, durch das sich kontinuierlich fünf Hände mit Zetteln recken und hinter dem jemand arbeitet, der die enorme Fähigkeit besitzt, mindestens zehn Kunden gleichzeitig zu bedienen.

Beim Ausfüllen des Scheins muss man sich über den Komfort der Reise im Klaren sein (es gibt sechs verschiedene Klassen). Die sind nicht in allen Zügen vorhanden, auch ist es fraglich, welche bereits ausgebucht sind, und so füllt jeder Fahrgast mehrere Scheine aus in der Hoffnung, mit einem richtigzuliegen. Natürlich ist es nicht einzusehen, dass man für den Antrag zwanzig Minuten Schlange steht, um sich nach dem Ausfüllen erneut anzustellen. Es wird sich also nach allen Regeln der Kunst vorgedrängelt. Gnadenlos drücken und schubsen sie, erobern Raum mithilfe ihrer Ellenbogen und giften sich dabei mit vorwurfsvollen

Blicken an. Jeden Moment muss es zu einem Gewaltausbruch kommen, doch sie bewahren Haltung. Schließlich bin ich unter Indern, denen in der Öffentlichkeit nichts peinlicher ist, als sich zu echauffieren, was einem totalen Gesichtsverlust gleichkommt. Von außen betrachtet, ist es ein lustig anzusehendes Schauspiel, in dem die Inder anschaulich das Gesetz » Frechheit siegt « zelebrieren.

Dumm nur, dass ich nun mitspielen muss, denn auch ich benötige ein Ticket. Jetzt wird sich zeigen, inwieweit ich mein Temperament im Griff habe. Mutig, nicht ganz ohne mein deutsches schlechtes Gewissen beim Vordrängeln, stürze ich mich ins Gewühl und erwarte jeden Moment die Proteste der Betrogenen. Doch stattdessen stehe ich vor einer Wand von Menschen, die keinen Millimeter weichen, ja mehr noch, mich sanft, aber skrupellos beiseitedrücken. In Deutschland verbreitete gesellschaftliche Normen wie Entgegenkommen, Rücksichtnahme und Beistand, die Rollifahrern ein vergleichsweise paradiesisches Leben ermöglichen, an das ich mich in den letzten dreißig Jahren auch gern gewöhnt habe, scheinen hier außer Kraft gesetzt zu sein. Da muss ich wohl deutlicher werden. Wie meine Vorbilder es tun, schiebe und drängle ich beiseite, was mir im Wege steht, ernte böse Blicke, gebe keinen Zentimeter preis, bis ich mit dem sicheren Gefühl am Ziel stehe, dass niemand etwas anderes von mir erwartet hatte.

Doch wie demütigend: Bei einer Schalterhöhe, die mich um zehn Zentimeter überragt, hätte mein Sieg um Rang und Platz wohl kaum jämmerlicher enden können. Aber ganz ohne Rachsucht stehen mir meine Konkurrenten, die mich eben noch grimmig fixierten, zur Seite und organisieren über meinen Kopf hinweg ein Ticket: Jaisalmer-Delhi-Express, Abfahrt 16 Uhr 15, Ankunft in Jaipur 5 Uhr 15.

Den Schalterbeamten habe ich nie zu Gesicht bekommen.

Dreizehn Stunden Zugfahrt, bei der ich mit allem rechnen muss, vor allem keinen Zugang zur Toilette zu bekommen, liegen vor mir. Das will gut vorbereitet sein. Ich könnte auf jegliche Nahrung verzichten, frei nach dem Motto, was oben nicht hineingeschüttet wird, kann unten auch nicht herauskommen. Da der Mensch aber nach drei Tagen ohne Flüssigkeit verendet, müsste ich bei der Ankunft zu etwa fünfzehn Prozent tot sein, was keine befriedigende Lösung darstellt. Hier kommt mir die einschläfernde Wirkung indischer Eisenbahnen auf die Fahrgäste entgegen. Alle Passagiere werden, so meine Spekulation, kurz nach der Abfahrt die Augen schließen und nicht registrieren, wie sich die soeben geleerte Wasserflasche auf wundersame Weise wieder füllt. Mit Berechnung habe ich ein nicht klimatisiertes Abteil mit Fensterplatz gebucht, womit auch der Entsorgung nichts im Wege steht.

Um die nötige Bettschwere im Zug zu erlangen, quäle ich meinen Rollstuhl noch einmal durch das unwegsame Fort, bewundere dabei die reich verzierten Havelis, Handelshäuser einstiger Kaufmannsfamilien aus Sandstein, die wie die letzten Zeugen einer glorreichen Zeit mehrere Stockwerke aufragen, als wollten sie über die Mauern des Forts hinweg einen Blick auf die eintreffenden Karawanen werfen. Doch die kommen schon lange nicht mehr. Touristenströme haben sie abgelöst, okkupieren jeden Winkel der Stadt wie ein Krake, wohnen in den Havelis und verursachen durch ihren hohen Wasserverbrauch und den Anstieg der Müllmenge riesige Probleme. Und ich beteilige mich auch noch daran, schließlich bin ich nicht besser.

Wüstenstädte, die an alten Handelrouten groß und reich geworden sind, konnten durch den Baustoff Stein die Jahrhunderte überdauern und zeigen uns, wo die Hochkulturen der Welt entstanden sind. Ob in den Ruinen des pakistanischen Moenjodaro, im iranischen Isfahan, im syrischen

Palmyra, in der legendären jordanischen Felsenstadt Petra oder nun in Jaisalmer, in jeder Stadt werde ich an den Leitsatz meines alten Lehrmeisters in der Tischlerei erinnert, der selbst nie dem Dunstkreis seiner vier Wände entfliehen konnte. Sogar nach dem Verkauf einer dünnen Holzleiste für nicht mehr als zwanzig Pfennige kam er freudestrahlend in die Werkstatt zurück und meinte: »Ist der Handel noch so klein, bringt er doch mehr als der Hände Arbeit ein.«

Das Fiese an den Hotels in Jaisalmer ist die Auscheckzeit von neun Uhr. Nicht einmal zum Händewaschen lassen sie mich zurück ins Zimmer. Zum Glück habe ich ein Erste-Klasse-Ticket für die Eisenbahn und damit die Berechtigung, bis 15 Uhr im Retiring Room abzuhängen. Dann beginne ich langsam, hektisch zu werden, mein Puls steigt, denn der Zug startet auf Bahnsteig Nummer acht. Kein Lift führt dahin (Indiens Bahnhöfe sind gänzlich frei von Aufzügen, das ist wenigstens konsequent). Stattdessen müssen die armen Passagiere ihr Gepäck über riesige Fußgängerbrücken schleppen. Wer es sich leisten kann, beauftragt dafür einen Porter. Da deklariere ich mich lieber als Sperrgut und rolle am Ende des Bahnsteiges die Rampe herunter, um dort die Gleise zu überqueren. Früher, als noch Dampflokomotiven auf den Bahnhöfen rangierten und Dieselloks nur im Schritttempo hindurchfuhren, war das nicht gefährlicher, als eine Straße zu überqueren. Seither ist Indien in jeder Hinsicht schneller geworden, und durch manche Bahnhöfe rauschen die Züge mit sage und schreibe sechzig Stundenkilometern. Da darf ich auf keinen Fall straucheln oder gar mit dem Rollstuhl zwischen den Gleisen hängen bleiben.

Den Rest erledigen meine Helfer, die rot gekleideten Porter. Inder zahlen in der Regel einen Festpreis für jedes von ihnen in den Zug getragene Gepäckstück. Weil aber Touristen dumme Lämmer sind, die selbst astronomisch überhöhte Preise, ohne mit der Wimper zu zucken, zahlen, geht für mich jeder Dienstleistung eine nervenaufreibende Preisverhandlung voraus. Besonders krass tritt das in Gegenden mit touristischen Highlights auf. Und wehe, der Porter musste ein paar Schritte mehr gehen, als ursprünglich vereinbart. Dann setzt sich die Feilscherei zwischen ein- und aussteigenden Fahrgästen im Zug fort. Meinen Portern habe ich genaue Anweisungen gegeben: Einer sorgt für das Gepäck, der andere zerrt mich in den Zug. Der Rollstuhl kostet natürlich extra und landet gefaltet unter der Sitzbank. Auch der Schaffner versucht, an mir zu verdienen, indem er eine Diskussion um das Sperrgut Rollstuhl vom Zaun bricht, an der sich im Nu das gesamte Abteil beteiligt. Jetzt geht es nicht mehr darum, ob es rechtens ist, für einen Rollstuhl »extra luggage« zu verlangen, sondern um die Mehrheitsmeinung im Abteil. Der muss ich mich, oder der Schaffner, beugen. Das Volk, weil es selbst von meinem erhöhten Platzverbrauch genervt ist, stimmt gegen mich und verdonnert mich, im Einvernehmen mit dem Schaffner, zu einem Gepäckaufschlag. Diskriminierung? Nein, in Indien zahlt mehr, wer mehr hat, zumal wenn er Tourist ist. Komisch nur, dass drei der fünf Passagiere im Abteil deutlich besser situiert sind als ich und das Volumen ihres Gepäcks das meines Rollis weitaus übersteigt. Ich werde mich allerdings hüten, jetzt den Beleidigten zu spielen, der seine Mitreisenden der Verschwörung bezichtigt, schließlich muss ich noch dreizehn Stunden mit ihnen auskommen, und wer weiß, wozu sie mir noch nützlich sein können. In ersten Gesprächen erfahre ich in der Tat, dass ich einem Reisebüroleiter, einem Beamten und dem stolzen Besitzer eines Toyota Landcruisers, der allerdings gerade in der Werkstatt schmort, gegenübersitze. Doch mehr ist aus ihnen zunächst nicht herauszukriegen, denn ihre Zwinkerfrequenz erhöht sich, und die Lider werden schwer. Wie erwartet, beginnen die Köpfe meiner Begleiter nach einer halben Stunde im Takt der Schwingungen des Zuges zu wippen, als handele es sich um fünf Wackeldackel.

Fortkommen auf den Rücken und Rädern der anderen

Wer in Indiens Eisenbahnen die Sleeper Class bucht, hat ab 22 Uhr die Sitzbank, auf der tagsüber gut gepackt acht Inder Platz finden, ganz für sich allein. Alle anderen sehen zu, dass sie ihr Ziel vor 22 Uhr erreicht haben. Kurz zuvor wird Bettzeug verteilt, mit dem jeder der bis zu sechs Nachtreisenden seine Schlafstatt herrichtet. Es ist fast schon ergreifend, mit welcher Fürsorge plötzlich alle Mitreisenden darum bemüht sind, mein Bett zu machen, denn mittlerweile hat sich im Abteil herumgesprochen, dass mein Rollstuhl nicht nur ein praktischer Sitz für Verschnaufpausen ist, sondern meine einzige Art der Fortbewegung. Vielleicht plagt sie nun das schlechte Gewissen wegen des Komplotts zu Anfang der Fahrt. Ich lasse es geschehen und nehme die Hilfe gern an, auch wenn ich mein Bett leicht hätte selber machen können.

Dass ich heute noch die brennende Neugier meiner Mitreisenden würde stillen müssen, war mir bewusst, als einer nach dem anderen beim Schichtwechsel um 22 Uhr das Abteil bezog. Aber ich bin hier nicht in einem Wüstendorf, sondern reise erster Klasse, unter Menschen, die sich zu zügeln wissen. Erst kurz vor dem Einschlafen bricht einer das Eis mit der Suggestivfrage: » Sie können nicht laufen? « Damit wird die ganze, immer wiederkehrende Lawine an Fragen losgetreten. Am Ende weist man mich vorsorglich darauf hin, gut auf mein Gepäck zu achten, es gebe zwielichtige Gestalten, die des Nachts durch die Züge schleichen und nicht gesicherte Gepäckstücke abgreifen. Um mich vor so etwas zu schützen, verbinde ich den Rollstuhl, den Fotokoffer und das Gepäck mit einem Stahlseil, einem Schloss und meinem Handgelenk. Wer an mein Geld will, muss mir in die Unterhose greifen. Nicht ohne Grund wird immer wieder vor Banden gewarnt, die ganze Abteile in Geiselhaft nehmen, bis sämtliche Wertsachen den Besitzer gewechselt haben.

Wenn es einen Ort auf der Welt gibt, in dem sich die ganze Vielfalt menschlichen Erfindungsgeistes für den Personentransport manifestiert, dann ist es Jaipur. Nicht selbst laufen zu müssen und dies anderen aufzubürden scheint hier höchste Priorität zu haben. Fast alles, was einen adäquaten Rücken hat, lässt sich reiten. Selbst Touristen fühlen sich bei ihrer Sightseeingtour auf dem Rücken der Elefanten gar fürstlich. Was aber zu Maharadschas Zeiten galt – wer in luftiger Höhe sitzt, genießt hohes Ansehen –, wird durch Nobelkarossen mit Klimaanlage zunehmend ersetzt.

Kamele, deren weiche Treter eigentlich für den Wüstensand gemacht sind, tragen unbeeindruckt vom Trubel zu ihren Füßen stolze Rajputen über den heißen Asphalt. Ein zehnjähriger Kuhhirte lümmelt sich auf dem Rücken eines schwarzen Wasserbüffels und führt den Gänsemarsch seiner sechs Black Beauties an. Armselige Klepper, übertrieben, sie als Pferde zu bezeichnen, und berittene Esel bekommen gnadenlos die Sporen. Niemand wird geschont, auch der Mensch muss leiden. Rikschafahrer haben in Indien etwas von Waldameisen, sie sind in der Lage, das Vielfache ihres eigenen Körpergewichtes zu transportieren. Als gelte das Motto » Tritt in die Pedale oder stirb «, rollt eine Rikscha, beladen mit fünf Reissäcken, auf denen sein Besitzer thront, im Schritttempo vorbei. Fehlt nur noch die Peitsche in der

Hand des Kutschers. Immer wieder muss der arme Rikschafahrer absteigen und schieben, weil das Drehmoment, das er in die Pedale bringt, einfach nicht ausreicht. Ich frage mich, ob das sein muss. Der Herr da oben könnte ohne Probleme nebenhergehen, und ihm würde auch beim Schieben kein Zacken aus der Krone brechen. Aber wer selbst geht, hat nur keinen Chauffeur, oder auf Indisch: Es ist das Karma und die Summe der Taten aus dem vorangegangenen Leben, das festlegt, wer auf der Rikscha schuftet und wer auf ihr relaxt. Sich von diesem Platz in der Gesellschaft zu entfernen, egal, ob nach oben oder nach unten, ruft Befremden hervor. Das Ansehen des Auftraggebers würde in den Augen des Rikschafahrers ins Bodenlose sinken, würde er ihm helfen. Niemand fühlt sich daher ungerecht behandelt, niemand begehrt auf. Sie lassen es einfach geschehen.

Da bleibt es den Indern auch erspart, im Falle von Schicksalsschlägen am lieben Gott zu zweifeln, wie ich es tat, als ich mich nach meinem Unfall fragte, wieso er nicht aufgepasst hatte, wo am 17. April seine schützende Hand war, die mich nach Meinung unseres Pastors vor allem Bösen bewahren sollte, und ob es ihn überhaupt gibt.

Inder nehmen ihr Schicksal einfach hin, ihr Gleichmut scheint unbegrenzt, und wenn das Leben einen Menschen zurückwirft, dann war es eben schlechtes Karma. Von dieser speziellen Mischung aus Optimismus und der Nimm-es-wie-es-ist-Mentalität, dem Curry für die Würze eines glücklichen Lebens, hatte ich mir bereits nach meiner ersten Indienreise eine Scheibe abgeschnitten. Nach meinem Unfall half mir das über die schwersten Stunden hinweg.

So fühle ich mich in diesem Panoptikum menschlicher Mobilitätshilfen mit meinem fahrenden Sitz ganz und gar nicht fehl am Platze. In der Tat wird mein gemütliches Reisevehikel nicht selten bestaunt und mir dafür ein hoher Preis geboten.

Das sagt jedoch nichts über meinen Stellenwert im Verkehrsgewühl aus, denn wie auf hoher See hat auch hier Vorfahrt, wer schlecht manövrieren und bremsen kann. Das sind Elefanten und Trucks. Letztgenannte pflügen mit Respekt einflößender Skrupellosigkeit durch die Menge, als müssten sie ihren Status als King of the Road jedem beweisen.

Schwierig ist es auch, ohne heftige Stockschläge einem Ochsen korrektes Rechtsabbiegen (in Indien herrscht Linksverkehr) beizubringen. Opfer dieser Hackordnung sind am Ende die Rikschafahrer, die gnadenlos ausgebremst werden und ihre schwere Last dann mühselig wieder aus dem Stand in Fahrt bringen müssen. Ich stehe in dieser Hierarchie ganz unten und kann nur überleben, indem ich mir die Penetranz und Dickfelligkeit meiner Umwelt zu eigen mache.

Mein Tag mit Elsa

Alles würde mehr schlecht als recht seinen Gang gehen, wenn da nicht die heiligen Kühe wären. In der indischen Mythologie werden alle Tiere mehr oder weniger verehrt, die Kühe jedoch sind ganz besonders heilig. Sie sind die Sturheit in Person, nutzen ihren spirituellen Status schamlos aus, kennen keine Einbahnstraßen, keinen Linksverkehr, ignorieren rote Ampeln, und wenn es ihnen in den Kopf kommt, schrecken sie auch nicht davor zurück, ihre Mittagspause auf der Überholspur zu verbringen. Dabei haben sie nur zwei Dinge im Kopf: Fressen und Schlafen oder beides gleichzeitig. Mir scheint es sogar, als hätte die Evolution eine besondere Art Stadtkuh hervorgebracht, die im Verkehrsstau ihren Lebensraum gefunden hat und das Kunststück vollbringt, trotz eines Nahrungsangebots wie der *Hindustan Times,* Plastiktüten und dem mit Rußpartikeln belasteten Gras der Mittelstreifen noch einen Liter Milch am Tag zu produzieren. Wem gehören diese Kühe, wer melkt sie? Fragen, die mich brennend interessieren und denen ich den folgenden Tag widmen werde. Einen Tag aus dem Leben einer heiligen Kuh.

Ich suche mir eine Schwarzbunte aus, so kann ich sie nicht so schnell aus den Augen verlieren. Wollen wir sie einmal Elsa nennen. Sie liegt mit ihren Freundinnen auf der Verkehrsinsel am Badi Chaupar, unweit des Hawal Mahal, der roten Sandsteinfassade, hinter der die Hofdamen des Maharadschas das Treiben auf den Straßen beobachten konnten, ohne selbst gesehen zu werden. Es ist früher Morgen, und Elsa schläft noch, jedenfalls tut sie so, träumt vielleicht gerade von einer saftigen grünen Wiese, während sie das Abendbrot von gestern frühstückt, während sie von ohrenbetäubendem Lärm umkreist wird und Wolken von Abgasen auf sie herniedergehen. Mir ist es schleierhaft, wie sie die hohe Bordsteinkante von mindestens fünfzig Zentimetern überwunden hat. Da bin ich wirklich gespannt und warte auf der anderen Straßenseite an einem strategisch günstigen Ort im Schatten. Aber Elsa rührt sich nicht, schlimmer noch, sie geht direkt zum Brunch über.

Abgesehen von meinen vielen Geschwistern bin ich auch mit zehn Kühen aufgewachsen. Ich habe sie gefüttert, gestreichelt, ausgemistet, mir von meinem Vater das Melken mit der Hand beibringen lassen, und manchmal hat er mir zum Spaß eine Ladung Milch direkt aus dem Euter ins Gesicht gespritzt. Ich glaube, meinem Vater waren seine Kühe auch heilig.

Jetzt endlich, Elsa erhebt sich. Nun sehe ich sie in ihrer ganzen Schönheit, eine stattliche Kuh, gut, etwas mager, ihre Beckenknochen stehen weit hervor, und ihr Euter muss ich suchen. Es ist so klein, dass ich im ersten Moment an einen Ochsen denke. Geschickt, fast katzenhaft, hüpft sie die Kante hinunter, bereit, den Kreisverkehr ins Chaos zu stürzen. Spätestens hier, an der Betonkante, hätten sich unsere tiefer gelegten Hochleistungskühe den Unterboden aufgerissen.

Wie erwartet, bringt sie den Verkehr souverän zum Erliegen und biegt dann schnurstracks in eine schmale Seitengasse ein. Elsa kennt sich aus, weiß, wohin sie muss. Ein Geruch steigt mir in die Nase, der meine ganze Kindheit geprägt hat, der bis in die gute Stube zog, mir in der Kleidung hing und mich in der Schule als Bauernsohn outete. Den Duft von Kuhdung habe ich nie als unangenehm empfunden.

Immer wenn Elsa einen der Orangenhändler passiert, versucht sie im Vorbeigehen per Mundraub etwas zu ergattern. Doch der drohende Knüppel des Händlers (er würde niemals wirklich zuschlagen, das weiß Elsa genau) verhindert, dass sie die unterste Orange zieht und damit die mühselig aufgestapelte Pyramide zum Einsturz bringt. Sie bekommt von ihm eine unverkäufliche zugeworfen.

Wir erreichen ihr Zuhause, ein altes Kolonialgebäude, getragen von korinthischen Säulen, hinter denen es in eine dunkle Empfangshalle geht. Mit viel Phantasie könnte es ein kleines, feines Hotel gewesen sein. Doch Stadtbauern haben einen edlen Kuhstall daraus gemacht, vor dem Elsas Schwestern und der Bauer bereits warten. Wände, Säulen und der Boden sind mit Kuhdung beklebt, die Gosse nimmt den Urin auf. Elsa bekommt frisches Grünfutter und einen Eimer Wasser vorgesetzt und erleichtert sich dafür von einem Fladen Dung, den die Bäuerin unverzüglich in Form bringt und an die Hauswand klatscht. Zu guter Letzt liefert sie einen armseligen Liter Milch ab und trottet davon.

Manchmal bleibt sie unvermittelt stehen, schaut sich um, als wolle sie fragen: Was willst du eigentlich von mir?

Wir kommen zu einer Biegung, an der gerade eine Bäuerin das Geschäft ihres Lebens macht. Sie verkauft Gras portionsweise an Passanten, die es anschließend ihrer eigenen Kuh zum Fraße vorwerfen. Dazu streicheln sie dem verehrten Rindvieh über das Fell und berühren ihre eigene Stirn, um ihr Positivkonto an guten Taten für das nächste Leben aufzufüllen. Auch hier versucht Elsa ihr Glück, doch die Bäuerin, in Angst um ihren Profit, lässt es nicht zu. Elsas Tag endet am Gemüsemarkt, wo inzwischen alle Stände abgebaut und die Reste für die Straßenkühe von Jaipur zusammengefegt sind. Spätestens jetzt wird mir klar, dass Inder ihre Kühe lieben und nichts auf der Welt sie dazu bringen könnte, sie zu schlachten, um ein Steak daraus zu machen. Natürlich gibt es in Indien Schlachthäuser, schließlich kann man verstorbene Kühe nicht überall vor die Stadttore werfen, um sie Hunden und Krähen zu überlassen. Doch in den Schlachthäusern, die für gläubige Hindus Orte der Verdammnis sind, arbeiten nur Christen, Moslems oder Unberührbare.

Jaipur und der Astronom

Was wäre Jaipur ohne seine Paläste und ohne die in den Farben der Gastfreundschaft, Pink, getünchten Mauern, die König Edward bei seinem Besuch schmeicheln sollten und die heute nur noch schmutzig sind. Was wäre die Stadt ohne den großen Maharadscha Sawai Jai Singh (1688 bis 1743) und sein Observatorium. Wie schön könnte Jaipur sein ohne die fürchterlichen Fremdenführer, die mir nicht den Hauch einer Chance lassen, die Gebäude zur Himmelsberechnung selbst zu erkunden. Sie nerven überall in Indien die Touristen, doch in Jaipur sind sie ganz besonders penetrant. Ein übel nach Urin riechender Gnom, der wie ein Schatten an mir klebt, mich ungebeten zutextet, besitzt am Ende meiner verdrießlichen Exkursion auch noch die Unverfrorenheit, mir fünfhundert Rupien abzuverlangen. An jedem indischen Touristen hätte er längst seine Lust verloren, doch er hat gelernt, dass Europäer zahlen, um in Ruhe gelassen zu werden. Mir verdirbt er nur den Spaß am Entdecken. Ich flüchte in den Palast, in dem nur akkreditierte Guides arbeiten, die meinen Wunsch, keine vorgekauten und selbst erfundenen Anekdoten aufgetischt zu bekommen, akzeptieren. Endlich kann ich schwelgen, die Stille genießen, eintauchen in die Welt der Maharadschas vor knapp dreihundert Jahren. Da nämlich erst wurde Jaipur von Sawai Jai Singh gegründet, der nicht nur ein großer Astronom, sondern auch ein grandioser Liebhaber war (hundert Ehefrauen mussten es schon sein) und der bei seiner Machterhaltung auf die todesmutigen Rajputen bauen konnte. Sie kämpften mit furchterregenden Waffen, riesigen Säbeln und Dolchen, die sich im Körper des Feindes wie eine Schere teilten. Ich sehe mannshohe Silbergefäße, die Gangeswasser für die Fürsten auf ihren Reisen nach Europa enthielten. Ein Schluck davon hält Körper und Seele beisammen (das gilt heute noch, habe ich selbst probiert).

Angesichts der vielen Transporthilfen hätte ich sicher auch einen guten Maharadscha abgegeben. Sänften, Kutschen und die Baldachine, unter denen die Herrscher auf dem Rücken der Elefanten ihre Siegeszüge abhielten, zeigen – freilich leicht von Motten und dem Holzwurm befallen – immer noch sehr anschaulich, dass Maharadschas nie weit laufen mussten. Was ihrer Gesundheit nicht gerade zuträglich war. Mangelnde Bewegung und das Lotterleben im Harem haben den Körper Sawai Madho Singhs I. offenbar in alle Richtungen aufgebläht und ihn zu einem unförmigen Kubikmeter von zweihundertfünfzig Kilogramm werden lassen. Wenig Heldenhaftes erfahre ich auch vom Sohn Sawai Jai Singhs, Iswari (1721 bis 1750), der angesichts des angreifenden Marathenführers Shivaji und seiner Horden kurzerhand Selbstmord beging. Zu allem Unglück mussten sich Hunderte Ehefrauen und Konkubinen dem Suizid anschließen. Seiner Hoheit Sawai Bhawani Singh, dem heutigen Maharadscha, einem Freund von Prinz Charles, ist eine Frau genug. Ich reise im goldenen Dreieck, Delhi – Jaipur – Agra, das angesichts der kurzen Wege von der indischen Tourismusbehörde als Einstiegsdroge verkauft wird. Wer die drei Städte ohne Blessuren, Durchfall und Frust darüber, überall angebettelt und übers Ohr gehauen zu werden, überstanden hat, ist angefixt und will immer mehr. In der Tat bringt mich ein Bus in nur sechs Stunden nach Agra zum Tadsch Mahal.

Das Tadsch Mahal, eine Liebeserklärung in Marmor

Gäbe es bei der Definition der Weltwunder das Kriterium Harmonie, Schönheit oder architektonische Vollendung, das Tadsch stünde an erster Stelle und würde die Pyramiden oder die Chinesische Mauer zu armseligen Anhäufungen von Steinen degradieren. Niemand, der es nicht selbst gesehen hat, wird das verstehen. Die vermeintlichen Weltwunder sind aus Machtdemonstration entstanden – das Tadsch symbolisiert die Liebe zu einer Frau und die Trauer um sie. Auch der Mogulkaiser Shah Jahan hatte viele Frauen, doch nur eine liebte er wirklich. So sehr, dass er ihr nach ihrem Tod ein Grabmahl von einer solch blendenden Schönheit widmete, für die keine Sprache der Welt genug Worte hat, die kein Maler fassen kann und die sich auf keinem Foto oder Film wirklich festhalten lässt. Selbst meinen eigenen Augen mag ich nicht trauen und glaube kaum, was ich sehe, obwohl ich nicht zum ersten Mal hier bin.

Den Backpackern, die mich schwitzend über dreißig Stufen zum Portal hochschleppen, geht es ähnlich. Andächtig, fast religiös ergriffen stehen wir da und vergessen alles um uns herum. Wie von einem riesigen Magneten angezogen, kann ich meinen Blick einfach nicht mehr abwenden. Kein Gebäude der Welt hat je eine solch ungeheure Faszination auf mich ausgeübt wie das Tadsch Mahal, und ich bin mir sicher, nichts wird es toppen können. Dabei ist der Komplex nur halb fertig geworden. Zu Baubeginn eines zweiten, spiegelbildlichen und in schwarzem Marmor geplanten Mausoleums auf der anderen Seite des Flusses machte Sohn Aurangzeb dem Treiben ein Ende und stieß seinen Vater vom Thron. Wie muss er sich wohl gefühlt haben, drüben im Kerker des Forts mit Blick auf seine Liebe.

Die ehedem fertiggestellten Grundmauern des schwarzen Duplikats sind bis heute sichtbar.

Während ich mich langsam dem Tadsch nähere, muss ich angesichts des visuellen Hochgenusses aufpassen, nicht wie Hans-guck-in-die-Luft im Brunnen zu landen. Mit jedem neuen Blickwinkel offenbart sich die Genialität des Architekten, mit jedem Meter wird es gigantischer. Hoch oben auf der Plattform scheinen die Sinne nicht mehr auszureichen, alles zu erfassen.

Der Werbeslogan der indischen Tourismusbehörde »Incredible India« wird nirgendwo deutlicher als am Tadsch. Hier wohnen das hässliche und das schöne Gesicht Indiens Tür an Tür: Am Fuße des Yamuna Rivers, dort, wo sich das marmorne Fundament des Tadsch aufrichtet, wird gerade eine halb verkohlte Leiche von Straßenhunden und Krähen zerfetzt. Kein Horrorfilm könnte mich auf meinem Logenplatz mehr gruseln als das Schauspiel vor meinen Augen. Was Kleidung und abgezogene Haut ist, lässt sich von hier oben nicht ausmachen. Hin und wieder meine ich, er würde sich noch regen, dieser Mann, doch es sind nur die wild am Fleisch zerrenden Hunde, die die Bewegungen bewirken.

Ich drehe dem entstellten Gesicht, dem herausquellenden Gedärm und dem blanken Oberschenkelknochen den Rücken zu, blende sie aus und mache es wie die Inder: das Schöne im Leben sehen. Alles andere zieht einen nur runter. Natürlich fallen mir bei genauer Betrachtung die vom sauren Regen ausgewaschenen Fugen auf, die zu der absurden Maßnahme führten, dass in der grünen Zone von zwei Kilometern ums Tadsch alle Industriebetriebe verboten und nur gasbetriebene Fahrzeuge erlaubt wurden. Auch Touristen haben dem Tadsch mit Taschenmessern auf Souvenirjagd Gewalt angetan. Am auffälligsten seit meinem letzten Besuch vor nahezu dreißig Jahren ist der drohende Schaden an den vier minarettartigen Türmen. Sie weisen inzwischen einen deutlichen Kippwinkel nach außen auf. Tatsächlich waren sie nie symmetrische Kegel. Schräg sind nur die dem Mausoleum zugewandten Seiten, um bei einem Erdbeben eine Fallrichtung nach außen zu gewährleisten.

Während ich all das betrachte, nähert sich eine deutsche Reisegruppe, die von ihrem Führer haarsträubende Märchen präsentiert bekommt. Brav hören sie ihm zu, wie er erzählt, dass Shah Jahan am Tag des Todes seiner Frau ergraute, er dem Architekten nach der Fertigstellung des Werkes beide Hände abschlagen ließ und und und.

Die zwei kräftigsten unter ihnen, echte Hünen aus Hessen, werden von mir dazu auserkoren, mich in die zentrale Grabkammer unter der Zwiebelkuppel zu tragen.

Seitdem auch Indien nicht mehr von Terroranschlägen verschont bleibt, sind die Sicherheitsvorkehrungen am Tadsch noch einmal verschärft worden. Auch das Fotografieren und Filmen wurde unterbunden. Um das durchzusetzen, stehen überall Wachen bereit. Sei es, um beim Postkarten- und Foto-CD-Verkauf einen größeren Reibach zu machen, sei es, um das Tadsch vor in Kameras verstecktem Sprengstoff zu schützen. Mit Nagenders Hilfe, der in Delhi inzwischen ein angesehener Fotograf ist, und dank meiner Verbindungen zum indischen Konsulat hatte ich im Vorfeld der Reise eine Genehmigung beim archäologischen Institut für eine Reihe historischer Bauten, darunter das Tadsch Mahal, beantragt. Kurz vor meiner Abreise kam endlich das heiß ersehnte Einschreiben aus Delhi. Alles war perfekt, sämtliche Monumente wurden mir fürs Fotografieren genehmigt, der Zeitraum stimmte, sogar mein Name war richtig geschrieben, und über allem prangte ein riesiger Stempel. Was allerdings fehlte, war die Unterschrift des Sachbearbeiters Mister Mangarbath, die hatte er wohl vergessen. Mir blieb nichts übrig, als mit dem Schulfüller meiner Tochter die Urkunde eigenhändig zu vervollständigen. Besonders gut gelang sie mir nicht, dafür ist der Effekt umso grandioser. Auf meiner Fototour durch die Grabkammer werde ich von den Wachen geradezu hofiert.

Streng nach der Regel des Propheten Mohammed, der jegliche menschlichen Darstellungen untersagte, um der vorislamischen Götzenanbeterei für immer ein Ende zu machen, stellen im Tadsch Mahal alle Verzierungen florale Motive oder Koranverse dar. Die Pietra Dura, Einlegearbeiten aus Halbedelsteinen, Perlmutt, weißem und schwarzem Marmor, wurde im Innern zum Höhepunkt getrieben. Die beiden Nachbildungen der Sarkophage (die Originale befinden sich in der nicht zugänglichen Gruft) sind die Krönung dieser Kunst.

Eine Querschnittslähmung plus Zubehör

» Das sieht doch schon gut aus, in vier Wochen können Sie das Bett verlassen. « Dr. Lang drückte auf die zertrümmerten Wirbel, diesen Bereich zwischen Sensibilität, Taubheitsgefühl und dem Nichts. Er wollte mir mit seiner positiven Prognose wohl eine Freude machen, aber meine Begeisterung hielt sich in Grenzen: » Noch mal vier Wochen auf dieser Folterbank? «

» Ja, die Wirbel sollen richtig verheilen, gleichzeitig müssen wir darauf achten, dass Sie keinen Dekubitus bekommen. «

Das, worauf ich lag (ich weigerte mich, es als Bett zu bezeichnen), hätte aus einer mittelalterlichen Folterkammer stammen können. Über zwei Monate quetschte man mich alle drei Stunden zwischen zwei Matratzen, die über Gelenke an Kopf- und Fußende mit mir gewendet wurden, als wäre ich ein Stück Hack zwischen zwei Weichbrötchenhälften.

» Dekubitus? Was ist das? «, wollte ich von ihm wissen.

» Wenn Bettlägerigkeit und Durchblutungsstörungen zusammenkommen, besteht die Gefahr, dass die Haut abstirbt, dann entsteht ein Dekubitus «, erklärte Dr. Lang und fügte mit verzogenem Gesicht hinzu: » Heilt sehr schlecht, deswegen werden Sie gedreht. «

In Bezug auf gute Nachrichten wurde ich an der kurzen Leine gehalten. Wer immer an mein Bett kam, hinterließ mich grübelnd, voller Zukunftsängste, eingedeckt mit unschönen Fachausdrücken und wenig hoffnungsvoll. Als ich von Renate wissen wollte, warum man mir weiße Strumpfhosen angezogen hatte, lächelte sie über die Frage des Unwissenden: » Das sind Kompressionsstrümpfe, die verhindern eine Thrombose. Ihre Beine sind ja nicht mehr so gut durchblutet. Die sollten Sie täglich benutzen, auch später, um Lymphödemen vorzubeugen. « Was redet sie da, diese hässlichen Stützstrümpfe werde ich niemals anziehen, dachte ich, so etwas tragen nur Großmütter. Wieder bäumte sich in mir etwas auf, obgleich ich doch machtlos war. Ich beschloss, den Überbringer der Nachricht zu strafen. Für den Rest ihrer Behandlung schaute ich sie nicht mehr an. Renate musste mit mir schon einiges erdulden. Letztendlich behielt sie recht, die Kompressionsstrümpfe trage ich bis heute.

Am nächsten Tag stand sie wieder mit einem aufmunternden Sprüchlein in der Tür, und ich überlegte, welche Hiobsbotschaft sie heute wohl mitbringt. Aber wenn ich nichts hören wollte, sagte sie auch nichts, das war gut.

Einmal, als sie gerade mein rechtes Bein senkrecht hochstreckte und ich mir überlegte, ob auch sie mit ihren Beinen solche Kunststückchen vorführen könnte und wie das aussähe, hielt sie plötzlich inne und meinte: » Ah, was war denn das? «

» Was war was? «, fragte ich zurück.

» Ihr Beugespasmus meldet sich ungewöhnlich früh. «

» Wer meldet sich? Ich weiß nicht, wovon Sie reden. «

In einem beiläufigen Tonfall, als würde sie über das Wetter reden, erklärte sie Begriffe, die mein zukünftiges Leben bestimmen sollten: » Man unterscheidet zwischen einer schlaffen und einer spastischen Lähmung. «

Hört sich beides nicht verlockend an, dachte ich und wollte das Gespräch schon wieder abbrechen. Aber ich ließ sie reden: » Ihre Lähmung ist spastisch. Aus unerfindlichen Gründen zucken Ihre Muskeln im gelähmten Bereich manchmal. Was sich eben bewegte, war Ihr Muskel zum Beugen des Unterschenkels. Es können auch länger andauernde Krämpfe werden, aber dagegen gibt es Medikamente.

Doktor Lang kann Ihnen das aber besser erklären.« Ich erinnerte mich, er hatte bereits versucht, mir diesen Sachverhalt begreiflich zu machen, aber vermutlich hatte ich wieder auf Durchzug gestellt.

» Jetzt bin ich auch noch Spastiker «, war meine fatalistische Reaktion auf diese Neuigkeit.

» Nein, natürlich nicht «, entgegnete sie mit aufgesetztem Optimismus. » Das läuft sich alles ein. « Darüber, was sich einläuft, wollte ich jetzt nicht auch noch diskutieren. Für diesen Tag war ich ohnehin bedient.

Heute bin ich froh über meine Spastik, die ich nach Bedarf auslösen kann, die meine Beine streckt, die die letzten Muskelstränge aktiv hält und für eine bessere Durchblutung sorgt. Der Beugespasmus hilft mir beim Einsteigen ins Auto, der Streckspasmus entkrampft die Blase, und nichts liegt mir ferner, als dagegen Medikamente zu schlucken. Nur meine Frau Angelika findet es nicht lustig, wenn ich ihr nachts gegen ihr Schienbein trete.

Dreimal am Tag bekam ich Heparin gegen die Blutgerinnung, und plötzlich entdeckte ich etwas Positives an der Querschnittslähmung. Bärbel rammte mir die Spritze vier Zentimeter tief in die Bauchdecke, und ich spürte keinen Schmerz – toll. Aber damit hatte es sich auch schon. Weitere Vorteile konnte ich der fehlenden Sensibilität nicht abgewinnen. Ich kam mir vor wie ein Gefangener, der vom Wachpersonal willkürlich immer neue Strafen auferlegt bekommt.

Dass zu einer kompletten Paraplegie auch eine Inkontinenz gehört wie die Glückwunschkarte zum Geburtstagsgeschenk, war mir schon zu Ohren gekommen, aber bisher konnte ich dieses Thema erfolgreich von mir weisen. Das fiel mir leicht, Kurt und Karl waren für derlei Intimitäten zuständig. Karl, Maurer von Beruf, der wegen einer Mörtelallergie zum Pfleger umgeschult wurde, ohne dabei seine

Grobmotorik zu verlieren – in meinen Augen eine Verschwendung von Steuergeldern –, versuchte mich beim Ausräumen mit der Sensibilität eines Rhinozeros aufzuheitern: »Das mit dem Stuhlgang kriegst du auch in den Griff.« Ich hoffte nur, dass er das nicht wörtlich meinte. Er meinte es wörtlich. Als er sich zwei Latexhandschuhe überstreifte, erinnerte mich der Anblick für einen Moment an den Tierarzt, der bei unserer Kuh Geburtshilfe leistete und dabei bis zum Ellenbogen in ihrer Scheide verschwand. Meine kleinen Kinderaugen wurden damals größer und größer. Angesichts der Handschuhe von Kurt und dessen, was er mit mir vorhatte, war mir nicht wohl.

Während er in mir herumbohrte, ging er ins Detail: »Wir werden deinem Darm das Rechnen beibringen. Alle zwei Tage, abends um sieben, gehst du scheißen.«

»Und wenn ich um sieben gerade im Kino sitze?«

»Dann scheißt du ins Kino, ha ha ha.« Stolz über diesen genialen Witz, grinste er Kurt an. Der wiederum blickte mitleidig zu mir herab, als wolle er sich für seinen Kollegen entschuldigen. Karl ist daran gescheitert, meinem Darm das Rechnen oder bestimmte Zeiten beizubringen, bis heute tut er, was er will.

Kurt klopfte unterdessen mit der Handkante auf meiner Blase herum, als trainierte er für den nächsten Karatekurs.

Aggressiv, wie man sein kann, wenn sich außer den Armen nichts mehr bewegen lässt, fragte ich Kurt: »Und was wird das, wenn es fertig ist?«

»Junge, daraus machen wir eine Reflexblase. Du klopfst drauf und kannst pinkeln.« Dabei erzählte er mir Geschichten vom Krieg, dass querschnittsgelähmte Soldaten nicht überlebt haben, weil der Urin in die Nieren aufgestiegen ist, dass sie an Nierenversagen gestorben sind und sie mir dieses Schicksal ersparen wollen.

Sosehr das Personal sich an mir zu schaffen machte, mir

Prognosen für die Zukunft gab und versuchte, mir meinen Start ins neue Leben zu erleichtern, ahnte ich gleichwohl, dass alles nur graue Theorie war. Wenn Feierabend war, stiefelten alle nach Hause, ohne den blassesten Schimmer von einem Leben im Rollstuhl. Den Zugang zur Praxis bekam ich von meinem Bettnachbarn Stephan, nur drei Meter von mir entfernt. Leider war er selten am Platze, und wenn er anwesend war, musste ich ihm alles aus der Nase ziehen. Ich hatte das Gefühl, als gäbe es für ihn nur ein Ziel: raus hier. Ich beobachtete ihn genau. Er hüpfte vom Bett in den Rollstuhl wie ein junges Reh, klopfte seine Blase im Nu leer und ging alle zwei Tage um sieben aufs Klo. Seine Beine warf er in die Hose, die er so zügig über den Hintern zog, auf dem er doch saß, dass ich lange brauchte, bis ich den Trick kapiert hatte.

Seinen Rollstuhl bewegte er mit einer solchen Leichtigkeit, ja Eleganz, als würde er schweben. Ich war ganz irritiert. Konnte es sein, dass ein Rollstuhl, mit dem ich bisher nur Negatives in Verbindung brachte, plötzlich elegant war, oder begann ich mir etwas schönzureden, das unweigerlich auf mich zukam? Ja, warum eigentlich nicht, meine innere Mauer begann zu bröckeln. Zum ersten Mal assoziierte ich einen Rollstuhl mit positiven Attributen und spürte den dringenden Wunsch, auch so ein Gefährt zu haben. Als Stephan das Zimmer verlassen hatte und ich meine Gedanken sortieren konnte, ahnte ich, wie anpassungsfähig der Mensch doch sein kann, wenn man ihn ins kalte Wasser stößt, einer Notsituation aussetzt, in der ihm nur die Wahl zwischen Teufel und Belzebub bleibt. Aber wo ist das Ende der Leidensfähigkeit erreicht, wann beginnt der Mensch, sich aufzugeben? Ich beschloss, es nie so weit kommen zu lassen.

Am Ende der von Dr. Lang festgelegten Zeit im Sandwichbett fühlte ich mich wie ein Marathonläufer, der vom

Publikum angespornt wird durchzuhalten: »Du schaffst das, nur noch eine Woche«, lobte mich Bärbel. »Das ist echt toll, wie du das wegsteckst«, meinte Kalli, der Pfleger, wenn er an mein Bett kam, und Kurt mit seiner altväterlichen Art wiederholte jeden Tag den gleichen Satz: »Na, Junge, wie isses, bald hast du es ja geschafft.« Meine Leistung wurde in den höchsten Tönen gelobt, ich dagegen fragte mich, was das für eine Heldentat sein soll, unbeweglich im Bett zu liegen. Nur Elke, die neue Schwesternschülerin, trieb mich nicht mit Durchhalteparolen an. Obwohl ich mir sicher war, dass das Personal instruiert wurde, die Rehabilitation mit Lobeshymnen zu unterstützen, fragte Elke einfach nur, wie es mir ging. Der natürliche Blick, mit dem sie mich dabei ansah, die ehrliche und offene Art zu fragen, ihre Körperhaltung, die wenigen Zentimeter, um die sie näher herankam, als es andere getan hätten, gaben mir das Gefühl, als wolle sie eine ehrliche Antwort. Sie war erst neunzehn und durchlief während ihrer Ausbildung nun die Querschnittstation. Ich dachte mir, dass sie sicher südländische Vorfahren haben müsste, denn ihre schulterlangen, tiefschwarzen Haare, die immer zu einem Pferdeschwanz gebunden waren, ihre dunklen, großen Augen und der Teint hätten auch zu einer hellhäutigen Inderin gepasst. Sie war einfach schön. Aber das war es nicht. Bei ihr kam die Schönheit von innen. Ihre freundliche Art machte sie so attraktiv.

Dann kam das alles entscheidende Pfingstwochenende. Eine Besuchsdelegation von Freunden, Bekannten und Verwandten machte sich fünfhundert Kilometer entfernt Richtung Koblenz auf, um mein Zimmer zu belagern. Stephan störte das nicht, er verbrachte die Wochenenden bereits seit Langem zu Hause.

Jetzt nach fast zwei Monaten in diesem Zimmer hatte ich ein feines Gespür für die Geräusche vor der Tür entwickelt.

Ich unterschied Bärbels weiche Birkenstockschuhe von Kurts Meterschritten, identifizierte das Getrappel der Visite, hörte das Quietschen des Putzwagens, und wenn es vor der Tür still wurde, war es Zeit für die Übergabe. Bei dem Getrappel von harten Motorradstiefeln, das kurz nach dem »Ding Dong« des Aufzugs ertönte, wusste ich, was die Stunde schlug.

Dreißig Vertreter aus meinem früheren Leben stürzten ins Zimmer und verbannten meinen Kosmos, der sich um Stützstrümpfe und Urinbeutel, um Spastik und Inkontinenz, um Dekubitus und Durchblutungsstörungen, um Physiotherapie, Rollstuhl und Querschnittslähmung drehte, in die Waschecke und erfüllten den Raum mit dem fast vergessenen Geruch von frischer Luft, Lederkleidung, Zweitaktergemisch, von Freiheit und einem ganz normalen Leben.

Andreas brachte statt Bananen und Äpfeln eine Kiste Mai Urbock mit und stellte sie vor meinem Bett ab: »Hier, wir haben dir was Schönes mitgebracht. Die Tür ist blockiert. Prost.« Dass ich jemals Bier aus einer Schnabeltasse trinken würde, hätte ich mir nicht träumen lassen, denn noch immer durfte ich den Kopf nicht heben. Alfred trat die ganze Zeit von einem Bein auf das andere. Ich wusste, irgendetwas hatte er auf dem Herzen und wartete nur auf den richtigen Augenblick. Mit bübischem Schmunzeln begann er: »Ich hab den Beiwagen für dich schon fertig gemacht, den Rollstuhl schnallen wir hinten drauf, wir wollten doch noch zum Nürburgring. Wann wirst du denn entlassen?« So sprudelte es aus ihm heraus, sein Tatendrang, sein Selbstverständnis, mit dem Thema umzugehen, seine Art zu sagen, he, du kannst zwar nicht mehr laufen, aber wir machen weiter, und sein Glauben, dass es für mich nichts Wichtigeres gäbe als Motorradfahren. »Das ist ja genial«, gab ich so überzeugend wie möglich zurück. Doch ich vermute, er spürte schon damals, dass ich mich mehr über seinen Aktionismus freute als auf eine Fahrt zum Nürburgring. In der Tat ist nie etwas daraus geworden.

Sosehr ich mich über den Besuch freute, so erleichtert war ich, als sich mit der Bande auch die Gerüche des Motorradfahrens verflüchtigten und damit ebenso die Illusion, dass alles wie früher werden wird. Ich ahnte, dass mein Leben eine komplette Wendung nehmen würde.

Nur Fritz, mein Bruder, blieb am Bett sitzen, um mit mir über einige Formalitäten zu reden: » Andi «, begann er bedeutungsschwanger, » so wie es aussieht, müssen wir dich nach deiner Entlassung ins Heim stecken. « Bedauernd fügte er hinzu: » Es gibt keine Wahl. «

Fritz konnte verdammt ernst wirken, und ich sah mich schon in einer Pflegeanstalt dahinsiechen. Doch jetzt entdeckte ich hinter seiner Maske den Schalk. » Wir stecken dich in ein Eigenheim. «

» Was? «, rief ich. » In ein Eigenheim? «

» Ja, du warst nämlich total überversichert, zwei Unfallversicherungen und eine Krankenhaus-Tagegeldversicherung. Hier, schau dir das an, letztes Jahr abgeschlossen, als hättest du was geahnt. « Fragend schielte er zu mir herüber.

» Was guckst du mich so an, du glaubst doch nicht … «

» Ach Quatsch. Also, pass auf. « Er breitete vor mir die Pläne für ein rollstuhlgerechtes Häuschen aus, zu denen ich nur noch meine Zustimmung geben musste. » Das Geld reicht für das Material, alle handwerklichen Arbeiten erledigen die da draußen, sie haben schon zugesagt. «

» Was, die wollen mir ein Haus bauen, glaubst du, sie schaffen das? «

» Klar, wir brauchen nur die Unterschrift eines Maurermeisters, den Rest machen wir selbst. «

Bevor Fritz das Zimmer verließ, sagte er mir noch klipp und klar, welchen Beitrag ich zu leisten hätte: » Sieh zu, dass du fit wirst. «

What is your good name, please?

» Chaia Chaia, Chaia Chaia «, bellt der Teeverkäufer vom Bahnsteig aus in jedes Abteil. Seine Becher sind gerade schmal genug, um sie zwischen den Gitterstäben hindurchzureichen. Abgeschliffen durch millionenfaches Ausrufen und die Schwierigkeit vieler Inder mit der Aussprache diverser Laute, verwandeln sich Biskuit und Kaffee in » Diskut « und » Koppi «. Sie schieben mit ihren dünnen Armen alle Waren durch das Fenster, um sie mir vor die Nase zu halten. Sobald ich sie berühre, sei es auch nur, um sie zurückzuweisen, ist der Kaufvertrag geschlossen, und ich muss zahlen.

Hätten die indischen Eisenbahnen nicht vergitterte Fenster, würden Händler und Passagiere durch jede Luke einsteigen. In dieser Beziehung sind Inder ziemlich undiszipliniert. Diese Eigenart zwang den Eisenbahnminister Lalu auch dazu, das willkürliche Ziehen der Notbremse unter Strafe zu stellen, weil unwissendes Landvolk darin immer wieder eine legitime Art sah, den Zug zu stoppen, um auf dem kürzesten Weg nach Hause zu kommen. Die Zugführer hatten es satt und setzten die Notbremse außer Betrieb, was wiederum dazu führte, dass sie es nicht bemerkten, wenn hinter ihnen ein Waggon in Brand geriet, weil irgendwo ein Kerosinkocher umgestürzt war. So wurde auch das Kochen auf offenem Feuer im Zug verboten. Für einige Passagiere muss der Minister Lalu ein echter Spaßverderber sein, denn auch das Mitfahren auf dem Dach der Waggons wurde untersagt. Zu viele dieser blinden Passagiere bezahlten ihre kostenlose Fahrt mit dem Leben, etwa wenn sie im falschen Moment aufstanden und von einer Brücke geköpft wurden. All das erzählt mir mein Mitreisender, dessen Aufmerksamkeit sich kurz hinter Lakhnau von den unschönen Slums an den Gleisen weg auf mich richtet. Seine Erscheinung schreit geradezu danach, mit ihm ins Gespräch zu kommen. Wie ein Wandler zwischen den Generationen trägt er einen Dhoti, das traditionelle Beinkleid, das auch Mahatma Gandhi trug. Doch seinem Oberkörper wollte er offenbar dieses spartanische Outfit nicht antun – den bedecken ein weißes Hemd und das Jackett des wohlhabenden Businessman.

Während wir Small Talk betreiben und unsere Erfahrungen mit diversen Eisenbahnsystemen austauschen, erzähle ich ihm von der Bundesbahn: » In Deutschland hängt in jedem Waggon ein Hammer, damit schlägt man notfalls die Scheiben ein. Hier bräuchte man eine Eisensäge, um sich zu befreien. « Dabei greife ich um die Gitterstäbe und füge hinzu: » Diese Eisenstangen können aus diesem Abteil eine echte Todeszelle machen. « Er lacht nur, wohl wissend, dass Eisensägen sofort geklaut werden würden.

» What is your good name, please. « Einen Moment irritiert mich diese Frage, und ich überlege, welcher meiner Namen der gute und welcher der schlechte sein könnte, komme aber zu dem Schluss, dass es vielleicht eine Höflichkeitsfloskel ist, nach meinem ehrenwerten Namen zu fragen. » My name is Andreas Pröve, and what is your good name? «, antworte ich. » I am Jaswant Desai from Faizabad, Uttar Pradesh «, sagt er stolz, als wäre er der Maharadscha höchstpersönlich. Im Gegensatz zu dem gemeinen Inder auf der Straße entschuldigt sich Mister Desai vorauseilend für die Frage, was denn mit meinen Beinen los sei, und spricht mir nach meinen Erklärungen sein aufrichtiges Mitleid aus. Darauf kann ich verzichten, aber ich gönne ihm den Spaß.

Aufgrund der Farbreste auf seiner Stirn und der Kleidung gehe ich davon aus, dass er Hindu ist, und wechsele das Thema: » Sind Sie Gandhi-Anhänger? «

»Oh ja, ich lebe nach seinen Prinzipien, hier sehen Sie, meinen Dhoti habe ich selbst gewebt.«

Lachend frage ich:»Und was ist mit dem Jackett?«

Er grinst und antwortet schlagfertig:»Da gehe ich mit der Mode, die Zeiten ändern sich.«

»Das hätte Gandhi aber nicht gefallen.«

»Mag sein«, entgegnet er und wird ernsthaft,»aber es geht nicht um Äußerlichkeiten, schließlich laufe ich nicht zu Fuß von Lakhnau nach Faizabad, und ich besitze sogar ein Auto. Die geistige Einstellung ist wichtig. Regelmäßiges Fasten, sich besinnen auf das Wesentliche, Liebe, Frömmigkeit, Keuschheit, Widerstand gegen den Konsumterror, natürlich gewaltfrei, das sind meine Grundsätze.«

»Sind Sie ein Asket?«

»Nein, ich lebe nur bewusster.«

»Kennen Sie den Kadeswari Baba von Ayodhya?«

»Sie meinen Bhagawan Das, sicher kenne ich ihn, er steht seit achtundzwanzig Jahren auf einem Bein.«

»Wirklich seit achtundzwanzig Jahren?«

»Wenn ich es Ihnen sage.«

»Lebt er noch?«

»Zweifelsohne, warum fragen Sie?«

»Nur so. Was bedeutet Kadeswari?«

»Das ist die Bezeichnung für einen stehenden Guru. Nagas tragen niemals Kleidung, Ek Bahus halten einen Arm über Jahre in die Höhe, bis ihnen die Fingernägel herunterwachsen, es gibt die Milchtrinker oder Gurus, die sich Feuertöpfe aufsetzen, solche, die nackt im ewigen Eis leben, aus Totenschädeln trinken oder niemals sprechen.«

»Warum tun die sich das an?«

Lächelnd klärt er mich auf:»Sie tun es für ihr Seelenheil, auch für meines und Ihres.«

»Für mich?«, frage ich verwundert zurück.

»Ja, stellvertretend auch für Sie, denn Sie können ja nicht

in Askese leben, weil Sie Ihre Familie ernähren müssen und so weiter. Wenn ein Sadhu durch Yoga und das Erleiden von Entbehrungen eins wird mit dem Göttlichen, hilft er auch, Ihre Seele zu befreien. «

Den Rest der Fahrt nach Faizabad fülle ich Seite um Seite meines Tagebuches und schließe mit dem Satz: » Morgen werde ich den Sadhu kennenlernen, der seit 1981 auf einem Bein steht. Und wenn es stimmt, was Mister Desai sagt, dann hat er sein Gelübde abgelegt, um auch für mein Seelenheil zu leiden. Er steht, seitdem ich sitze. Kann das noch Zufall sein? «

Mit dem letzten Zug treffe ich spätabends in Ayodhya ein, dem Geburtsort des Gottes Rama und Stein des Anstoßes seit knapp fünfhundert Jahren. Damals nämlich zerstörten Moslems den Rama-Tempel und setzten eine Moschee an seine Stelle. Diese wurde wiederum 1992 von radikalen Hindus zerstört, wonach es dann im Gegenzug zu den blutigen Ausschreitungen zwischen Moslems und Hindus in Gujarat kam. Selbst die Attentate auf Mumbaier Vorortzüge im Juli 2006 wurden auf die zerstörte Babri-Moschee in Ayodhya zurückgeführt. Beschaulich also wird mein Besuch hier sicher nicht werden.

Auf dem Bahnsteig beschleicht mich auch gleich das Gefühl, als stimme hier etwas nicht. Es gibt keine Lautsprecherdurchsagen, das Bahnhofsgebäude liegt im Dunkeln wie auch die ganze Stadt. Ich suche mir den Schleichweg für schwere Gepäckstücke, der an allen Stufen vorbei über die Gleise hinweg durch Korridore voller Kisten, die in Jutesäcke eingenäht sind, zum Vorplatz führt. Sofort geht mir ein Licht auf, es herrscht der abendliche Stromausfall. Nichts Außergewöhnliches also, alles im grünen Bereich. Aus der Meute der Rikschafahrer, die mich mit ihrem Billigangebot bezirzen, beauftrage ich den Schüchternsten, der von den anderen längst verdrängt wurde, mich zu einem preiswerten Hotel zu lotsen, das wenig Stufen hat. Wie ein offenes Buch geben seine Gesichtszüge frei, was in ihm vorgeht, bis er in seiner imaginären Checkliste das Ramas Home Hotel als einzig ebenerdiges identifiziert hat. Dass bei seiner Hotelwahl das Kriterium Provisionszahlung Priorität über Stufenlosigkeit hat, ist mir völlig bewusst und ebenso egal, schließlich wird er es sein, der mich die Stufen hochziehen muss. Er soll mich auch gar nicht fahren, sondern nur navigieren. Egal, ob er mich für einen schwachsinnigen Touristen hält, der eine Rikscha bezahlt, um ihr hinterherzufahren, ich brauche Bewegung.

In Ayodhya haben Hotels keine Sterne, dafür umso mehr Ungeziefer. Aber die sehe ich nicht, weil mir das Zimmer im Schein einer Kerze gezeigt wird. Ich will sie auch gar nicht sehen, nicht die Kakerlaken, nicht die Wanzen und Läuse in der schmierigen Matratze und schon gar nicht die Indian Style Toilet. Nur schlafen. Das geht auch, bis ich dann um ein Uhr in der Nacht plötzlich durch einen Höllenlärm aus dem Schlaf gerissen werde. Hellwach liege ich da und brauche eine Weile, bis ich kapiere: Der Strom ist wieder da. Aus dem Nachbarzimmer plärrt ein Kofferradio. Grelles Neonlicht durchflutet mein Zimmer, der Ventilator beginnt seine endlosen Runden und scheucht das ganze lichtscheue Gesindel auf dem Boden in seine Löcher. Das stern- und fensterlose Ramas Home Hotel hat keinen Lichtschalter am Bett, es gibt überhaupt keinen Lichtschalter, nur zwei blanke Drähte an der Wand neben der Tür, die ich aus einer Steckdose ziehen müsste. Mit einem gezielten Wurf meines Schuhes kann ich mir den Weg dorthin ersparen. Der Schuss geht ins Schwarze, so gekonnt, dass die Drähte einander berühren. Ein Blitz, ein Kurzschluss, und alle Fliegen sind mit einer Klappe geschlagen. Das Hotel wird wieder stromlos, dunkel und ruhig, und für mich beginnt der zweite Teil der Nacht.

Guru Bhagawan Das –
auf einem Bein in die Erlösung

» Ich möchte zum Ashram von Bhagawan Das. Können Sie mir sagen, wie ich den finde?« Ich blicke dem Hotelmanager tief in die Augen, konzentriere mich auf sein Mienenspiel, um abzuschätzen, ob er meine Frage überhaupt verstanden hat, ob er nur eine Antwort gibt, um zu verschleiern, dass er keine hat, und mit wie viel Skepsis ich seiner Wegbeschreibung folgen muss. Die gibt er mir zögerlich, rät mir sogar am Ende, noch einmal woanders zu fragen. Jetzt weiß ich: Er hat absolut keine Ahnung. Ich bedanke mich freundlich und gehe über zu Plan B. Auf der Straße spreche ich jeden halbwegs gebildet aussehenden Passanten an, bis ich eine spontane Antwort bekomme, die nicht aus dem Bedürfnis der Inder nach Harmonie, sondern konkretem Wissen entspringt.

Über holprige Wege, die immer weiter Richtung Stadtrand führen, gelange ich in ein sumpfiges Gebiet, durch das ich nur über schmale Dämme hinweg zum Birla-Tempel komme.

Dahinter liegt der Ashram in einem Nungu-Palmenhain. Ein unscheinbares, von Moos befallenes Betongebäude, in das ein offenes Tor führt. Keine Stufen versperren mir den Weg. Vorsichtig rolle ich hindurch und stehe unvermittelt in einem nach oben offenen, mit Arkaden umsäumten Innenhof. Schräg fällt die Sonne in die rechte Galerie, auf der sechs skurril anmutende Männer hocken und gucken, als hätten sie auf mich gewartet. Sie tragen lange Bärte, sind in Sack und Asche gekleidet und tragen aufgemalte Symbole auf der Stirn. Keiner steht, schon gar nicht auf einem Bein.

Angesichts dieser unverhofften Konfrontation bringe ich nur ein verlegenes » Hallo « hervor, doch sie reagieren nicht, starren mich nur an, nicht freundlich, nicht unfreundlich. Hätte ich bloß einen Dolmetscher mitgenommen. » Sprechen Sie Englisch? «, frage ich in die Runde, ohne jemanden speziell anzusehen. Augenblicklich erhebt sich einer von ihnen und kommt kurze Zeit später mit einem Mann zurück, der sich als Satish vorstellt und nicht so recht hierherpasst. Er ist glatt rasiert und hat Pomade im Haar. Sein Jackett, das Hemd und die Hose könnten durchaus einen Sparkassenangestellten kleiden.

» Kann ich Ihnen helfen? «

» Ja, ich bin Andreas und würde gern Bhagawan Das besuchen, wo finde ich ihn? «

» Einen Moment bitte. « Er geht über den Hof und spricht auf der gegenüberliegenden Galerie mit jemandem, der dort im Schatten sitzt und mir bisher gar nicht aufgefallen war. Erst jetzt registriere ich seine außergewöhnliche Bemalung, die mit Sicherheit Zeichen seiner besonderen Persönlichkeit ist. Gestützt von zwei Sadhus, wird er über den Hof geleitet, wo in der Sonne ein alter Gartenstuhl für ihn bereitsteht. » Bitte, Bhagawan Das freut sich, Sie zu begrüßen «, sagt Satish, » möchten Sie ein Glas Wasser? «

» Äh, nein danke. « Ich halte einen Abstand von drei bis vier Metern, denn ich weiß, dass indische Sadhus sich mit einer unsichtbaren Aura umgeben, die man nicht ohne Erlaubnis überschreiten sollte.

Vor mir sitzt also der Kadeswari Baba, ja, er steht nicht, er sitzt. Seine Erscheinung raubt mir für einen Moment jeden klaren Gedanken. Beim Hinsetzen habe ich gesehen, dass er einen Keuschheitsgürtel trägt, eine schwere Hüftkette, die, mit einer Metallplatte verbunden, sein Geschlechtsteil abdeckt. Gesicht und Bart sind weiß gekalkt, womit der Kontrast zur leuchtend rot bemalten Kopfhaut noch stärker wirkt. Sein geschwungener Oberlippenbart scheint wie zementiert zu sein. Ein Auge ist fast geschlossen, der rechte Mundwinkel hängt herunter, und die Nase beschreibt einen Bogen, offensichtlich die Folgen eines Schlaganfalls. Ständig laufen ihm Fliegen über das Gesicht, die ihn aber nicht zu stören scheinen. Vielleicht spürt er sie nicht einmal. Doch Bemalung und archaische Maskerade bilden nur den Rahmen für seinen traurigen Blick, der, fixiert auf den Boden, etwas Geisterhaftes, ja Abwesendes hat, als sei er nur noch eine Hülle seiner selbst.

Ich verbeuge mich vor ihm, so gut das im Rollstuhl geht, lege die Handflächen aneinander und grüße mit einem » Namaste «. Aber er nimmt kaum Notiz von mir, hebt lediglich die rechte Hand zum Gruß. Damit gibt er mir seinen Segen. Ich befürchte, dass er nicht ansprechbar ist, versuche es aber trotzdem: » Kann ich Sie etwas fragen? « Keine Reaktion. Stattdessen antwortet Satish: » Es tut mir leid, Sri Bhagawan Das hat ein Gelübde abgelegt, nie wieder zu sprechen. Aber fragen Sie mich. «

» Hat er auch ein Gelübde abgelegt, für immer zu stehen? «

» Ja «, beginnt Satish ehrfurchtsvoll zu erzählen, » das war 1981. Als Kadeswari Baba hat Bhagawan Das zwanzig Jahre auf einem Bein gestanden, bis ihm sein Arzt dringend davon abriet. Als er einen Schlaganfall erlitt, musste er sein Gelübde brechen. Nun hat er es geändert und wird den Rest seines Lebens sitzen und nie wieder sprechen. «

So ist das in Indien. Da reise ich durch den halben Kontinent, um den berühmten stehenden Guru nach seiner Lebensphilosophie zu befragen, und treffe einen stummen Asketen im Gartenstuhl. Doch ich bin weit davon entfernt, enttäuscht zu sein. So fremd diese Welt für mich auch sein mag, mit Bhagawan Das verbindet mich etwas. Er wurde genauso wie ich zum Sitzen gezwungen. Den Vorschlag, ihm einen Rollstuhl zu besorgen, damit er etwas mobiler wird, verkneife ich mir lieber.

Ich versuche mich ihm zu nähern, bekomme aber sofort unmissverständlich zu spüren, wo meine Grenzen liegen. Satish hält mich mit deutlichen Worten zurück: »Es ist besser, wenn Sie hier stehen bleiben.« Dann fährt er in versöhnlicherem Ton fort: »Sie könnten negative Schwingungen auslösen oder unreine Gedanken verbreiten, oder Ihr schlechtes Karma vergiftet die Atmosphäre. Bhagawan Das würde das auf seinem Weg zur Erlösung weit zurückwerfen.« Mit anderen Worten: Ich sitze einem Heiligen gegenüber und bin selbst nur Dreck. So also fühlen sich die Unberührbaren in Indien, die allein mit ihrer Anwesenheit geweihte Orte derart verschmutzen, dass nur aufwendige Zeremonien ihre Spuren beseitigen können. Ich muss mich sehr überwinden, nicht beleidigt das Weite zu suchen. Aber schließlich bin ich hier der Gast und weiß, was sich gehört, daher beschließe ich, meinen Protest auf später zu verschieben.

»Warum ist er zum Kadeswari Baba geworden?«, frage ich.

»Wissen Sie, die heiligen Männer in Indien streben danach, Moksha, also die Erlösung von den Wiedergeburten, zu erlangen. Dazu entsagen sie allen Bedürfnissen, seien sie körperlicher oder sexueller Art. Vergängliches lehnen sie ab, selbst ihren eigenen Leib empfinden sie als Hülle einer unsterblichen Seele. Bhagawan Das wartet nun darauf, dass ihn sein Körper verlässt.«

»Aber wie erreicht denn ein Asket Unsterblichkeit, ich meine, was hat er denn den ganzen Tag gemacht, wenn er so dastand?« Meine Frage erscheint mir angesichts des spirituellen Themas allerdings eine Spur zu profan.

»Durch lebenslange Yogaübungen, durch Kontemplation des Göttlichen, durch Meditation und das Erleiden von

Schmerzen, durch Hunger, Schlafentzug, vielleicht auch mithilfe von Drogen, die den Bewusstseinszustand ändern, bis alles Körperliche überwunden und die Seele erlöst ist. Das ist sein Weg zur Ewigkeit. «

Wieder kommen mir nur die praktischen Fragen in den Sinn: » Von irgendetwas muss selbst ein Sadhu leben, oder? «

» Ja, natürlich, sie erhalten Spenden von Menschen, die sie als Vorbild für ihr konsequentes Handeln verehren. Und jeder hofft, dass dabei ein Stück der Gottesnähe ihres Idols auf sie abfärbt. Deswegen sind Sie doch auch hier, oder? «

» Ja, natürlich «, antworte ich wie selbstverständlich. In der Tat stelle ich mir die Frage, welche Rosinen ich für mich herauspicken könnte. Es ist nicht der spirituelle Aspekt in der Leistung indischer Yogis, der mich interessiert.

Die Fähigkeit des Menschen, sich mental vom Körper loszulösen, dadurch Schmerzen zu überwinden oder Gebrechen besser zu ertragen, finde ich faszinierend. Davon könnte ich mir eine Scheibe abschneiden. Dafür jedoch Körper und Seele solch peinigenden Yogaübungen wie durchgängigem Armhochhalten, jahrzehntelangem Stehen, bis der Arzt kommt, oder Nacktzelten im Schnee auszusetzen, möchte ich mir ersparen. Da nehme ich es lieber in Kauf, ständig wiedergeboren zu werden.

» Können Sie mir sagen, ob Bhagawan Das glücklich ist? «

» Glücklich «, lacht er und beantwortet meine Frage mit der Feststellung: » Nichts ist vergänglicher als Glück. «

Ich übergebe eine angemessene Geldspende und bitte ihn, Bhagawan Das meinen Gruß zu übersetzen: » Sagen Sie ihm noch, dass ich genau in dem Jahr, als er sein Gelübde ablegte, nur noch zu stehen, einen Verkehrsunfall hatte und seitdem im Rollstuhl sitze. « Ich bin mir sicher, ihn wird das interessieren. Kaum hat Satish ihm mein Schicksal ins Ohr geflüstert, schaut er mich an und schenkt mir mit seiner intakten Gesichtshälfte ein schräges Lächeln. Durch eine winzige Geste beauftragt er Satish, mir eine Schale Reis und Linsen zu bringen. Brav esse ich alles auf, wie es sich für jemanden gehört, der seine Gastgeber nicht beleidigen will, und lobe den guten Geschmack. Zugleich hoffe ich inständig, dass das Karma des Kochs besser ist als meins und nicht das Essen vergiftet hat, denn einen Darm mit negativen Schwingungen kann ich mir bei der jämmerlichen Toilette im Hotel überhaupt nicht leisten. Mit solch weltlichen Problemen muss ich mich herumschlagen, während der hochverehrte Bhagawan Das einen Teil seiner spirituellen Energie zu mir herübertransferiert, indem er mir eine verstaubte Plastikrose überreichen lässt, die er zuvor mit seinem Atem in eine wertvolle Reliquie verwandelt hat.

Mit der verwelkresistenten Blume auf dem Schoß rolle ich meine Wunden leckend im heftigen Dialog mit mir selbst durch die Straßen von Ayodhya: » Ha, von wegen schlechtes Karma. Wenn der wüsste, wie gut es mir damit geht, es kommt doch auch darauf an, was man daraus macht! Angeblich würde ich die Atmosphäre vergiften, dass ich nicht lache. Und was sollte das mit den unreinen Gedanken? Die habe ich schon gar nicht, na ja, manchmal vielleicht. Außerdem, wer hat denn hier die längste Zeit sitzend verbracht? «

Lautstarke Selbstgespräche sind untrügliche Zeichen dafür, dass ich wieder Gesellschaft brauche, mit der ich vernünftig kommunizieren kann. Es wird Zeit, nach Delhi zu reisen, Nagender wartet schon.

Nagender Chhikara, mein Freund, der unindische Inder

Nagender wäre nichts weiter geblieben als eine flüchtige Bekanntschaft, einer von vielen, denen man eher aus Freundlichkeit das Versprechen gegeben hat zurückzuschreiben, wäre da nicht dieser Funken gewesen, der übersprang und mir das sichere Gefühl einer besonderen Verbindung zwischen uns gab. Das war 1995 in Kalkutta vor dem Büro, in dem er als Großhandelskaufmann arbeitete. Er half mir auf den Bürgersteig, und wären wir dabei nicht kurz ins Gespräch gekommen, hätte sich in unserem Leben nichts verändert. Er würde noch heute an seinem Schreibtisch sitzen, und ich wäre weiterhin allein herumgetingelt.

Als ich ihn drei Jahre später auf meiner Reise entlang des Ganges zu Hause besuchte, entstand durch seinen spontanen Entschluss, mich zu begleiten, eine tiefe Freundschaft zwischen uns, die bis heute so intensiv ist, wie es die Distanz von achttausend Kilometern erlaubt. Damals jedoch war ich trotz aller Sympathie äußerst skeptisch. Wird es gut gehen, mit jemandem loszureisen, der fünfzehn Jahre jünger ist als ich, den ich nur flüchtig kenne, der Hindu ist und aus einem völlig anderen Kulturkreis stammt, der über drei Monate Tag und Nacht an meiner Seite sein wird, der mit mir Extremsituationen überstehen muss und mit dem ich mein Bett, ja oft sogar die Bettdecke werde teilen müssen?

Für mich, der wenig Interesse daran hatte, sich bei aller Mühsal auch noch Beziehungsstress mit dem Reisepartner aufzubürden, der immer mit sich selbst am besten auskam, waren die neue Situation und der Aufbau einer Freundschaft zu Nagender eine zusätzliche Herausforderung. So wurde aus der dreimonatigen Reise an die Quelle des Ganges zugleich eine Reise zu uns selbst, die uns auf wunderbare Weise zeigte, dass keine kulturellen oder religiösen Unterschiede eine Freundschaft verhindern können. Darüber hinaus hat diese Reise Nagenders Liebe zur Fotografie offengelegt, womit sich sein Leben vollkommen verändert hat.

Er besaß einfach dieses Gespür für die exakte Belichtung, den kreativen Bildausschnitt, den richtigen Moment und hatte das nötige Fingerspitzengefühl für Porträtaufnahmen. Dafür hatte ich ihn regelmäßig gelobt. An der Gangesquelle entschloss er sich daraufhin, nie wieder Haushaltswaren im Großhandel zu verkaufen. Bei unserer Rückkehr kündigte er seinen Job, absolvierte eine Fotografenlehre und betreibt heute ein Fotostudio in Delhi, in dem er die neueste Schuhkollektion, Fertiggerichte für den Katalog oder heiße Models in viel zu knappen Saris fotografiert. Stolz schickt er mir regelmäßig die indischen Hochglanzmagazine ins Haus, wenn es seine Fotos mal wieder bis auf die Titelseite geschafft haben.

Aber Nagender wäre nicht Nagender, würde er sich damit zufriedengeben. Er braucht ständig neue Herausforderungen, die er dann bei unseren Reisen findet. »Sag mir, wohin du willst, ich komme mit«, ist seine Antwort, wenn ich ihm meine neuen Reisepläne vorstelle. Nur Fahrradfahren in Indien lehnt er vehement ab. Er würde mit mir um die ganze Welt radeln, doch nicht durch Indien. Dort, wo das Fahrrad ein Vehikel der Armen und Kastenlosen ist und nichts den Status mehr hebt als ein motorisierter Untersatz, müsste selbst Nagender, dem die meisten gesellschaftlichen Zwänge gleichgültig sind, auf einem Fahrrad mit dem Verlust von Ansehen und Würde rechnen. So erfuhr er an meiner Seite die Wüsten des Vorderen Orients, wir zelteten mit jordanischen Beduinen, chillten auf dem Toten Meer, entdeckten die sagenumwobenen Städte Petra und Palmyra,

Isfahan und Shiraz, wohnten bei iranischen Nomaden, besuchten das Grab des Ayatollah Khomeini und landeten in den Fängen des iranischen Geheimdienstes, weil die Mullahs keinen Spaß verstehen, wenn man ihre militärischen Anlagen fotografiert. Als Spion verdächtigt zu werden, ist in Iran gar nicht lustig.

Schlimmer noch wäre es gewesen, hätten die Mullahs in uns ein homosexuelles Pärchen gesehen. Zwei Männer, die unter einer Bettdecke erwischt werden, können in Iran nicht auf Gnade hoffen. Immerhin dürfen sie noch wählen, auf welchem Weg sie zur Hölle fahren: Erhängen, Steinigen, Halbieren durch das Schwert oder Herunterstoßen aus großer Höhe. In fast jeder Nacht erfüllten wir den Tatbestand für die Todesstrafe, weil unser Zelt nun mal nicht größer war oder die Hotelzimmer nur mit Doppelbetten ausgestattet waren.

Dass Nagender weltgewandt und in der Lage ist, sich schnell auf neue Situationen einzustellen, zeigte sich, als er mir während seines Deutschlandbesuchs im grässlichsten Novemberwetter beim Plakatieren half, mit meinem Bruder zum Holzmachen in den Wald fuhr, mutig Bismarckhering mit Kartoffeln aß (der rohe Fisch hat ihm nicht geschmeckt) und auch nicht davor zurückschreckte, während meiner Vortragstournee mit mir auf der Bühne zu stehen.

Nur eines fand Nagender in Deutschland gewöhnungsbedürftig: dass so viele Städte »Ausfahrt« heißen.

In Indien gehört er zur New Generation, die in die Disco geht, Asterix liest, Musik aus dem Internet herunterlädt und für die Gandhis Lebensphilosophie im Nebel der Geschichte so undeutlich erscheint wie die Kolonialzeit. Nicht in selbst auferlegter Armut leben, sondern Geld verdienen will er, und das tunlichst am Finanzamt vorbei. Allein das macht ihn extrem sympathisch.

Die gut situierte Jugend Indiens zeigt sich nicht barfuß

oder in selbst gewebtem Leinen. Sie wollen Markenklamotten, essen bei McDonald's, diskutieren über schnellere Internetverbindungen und entwickeln täglich neue Strategien, der Rushhour zu entgehen.

Folglich hat Nagender mit vielen althergebrachten Konventionen gebrochen. Kein Gewissenskonflikt überfällt ihn beim Genuss eines Steaks. Er trinkt nie Chai, sondern viel lieber Kaffee oder Bier. Seine linke Hand ist so rein wie seine rechte, und er findet, dass europäische Kloschüsseln extrem gemütlich sind und die Toilette zu einem Ort machen, an dem man mal so richtig abschalten kann. Nur daran, sich mit Papier abzuwischen, kann er sich nicht gewöhnen, es sei ihm zu trocken.

Den Religionen steht er mit großer Distanz und Skepsis gegenüber. Einmal, als wir aus einem Hindutempel kamen, meinte er kopfschüttelnd: » Andreas, was darin geschieht, ist mir so fremd wie dir. « Priester, Pastoren und Mullahs sind seiner Meinung nach immer die Letzten, die hungern müssen: » Sie verkaufen an die Armen Seelenheil und lassen sich dafür durchfüttern. « Manchmal habe ich das Gefühl, Nagender steht mit seinen Ansichten außerhalb der indischen Gesellschaft, als ein Betrachter, wie ich einer bin.

Den größten Bruch mit indischen Normen hat er sich innerhalb seiner eigenen Familie geleistet. Ein Jahr lang lebte er mit seiner Freundin Vandana in wilder Ehe. In einer Mumbaier Wohnung übten sie das Leben als Mann und Frau, bis beide davon überzeugt waren, dass es echte Liebe ist, und erst dann haben sie geheiratet. Sie wollten die Wahl des Ehepartners nicht ihren Eltern überlassen, sondern selbst entscheiden. Etwas, das weniger als zehn Prozent indischer Heiratswilliger vergönnt ist. Auch die Kasten der beiden sind nicht kompatibel. Vandana entstammt einer hoch angesehenen Medizinerfamilie aus Bophal, Nagenders Vater den Jats, der Kriegerkaste. Nur eines musste

Nagender seiner Mutter hoch und heilig versprechen: Die Hochzeit durfte auf keinen Fall in eine wilde Party ausarten und musste allen konventionellen Regeln entsprechen. Den Termin sollten die Astrologen festlegen, die Zeremonien die Priester verrichten, die Mitgift angemessen sein und die Feier am Geburtsort der Braut stattfinden. Das Brautpaar sagte zu, manipulierte jedoch mit viel Fingerspitzengefühl alles in eine ihm passende Richtung. Den Astrologen hat Nagender so lange Alternativtermine abgepresst, bis sein Wunschtag gefunden wurde, an dem der Stand der Gestirne gerade noch akzeptabel war. Die Mitgift hat Vandana ihren Eltern ausgeredet, und als am Tag der Hochzeit der Priester seinen Job getan hatte und die Eltern im Bett waren, machten Nagender, Vandana und ihre Freunde aus der Hochzeit eine wilde Party.

Vandana gab ihren Job als Produzentin von Werbeclips auf und zog mit ihrem Ehemann in das Haus seiner Mutter in Delhi. Damit bewies Nagender, dass, was auch immer geschieht, er seine Mutter für nichts und niemanden verlassen würde. Indische Männer haben eine extrem enge Bindung zu ihrer Mutter. Ein Grund mag sein, dass vom Tag der Geburt an die Mutter diese große Freude über den männlichen Nachkommen verspürt, während sich die Freude über ein Mädchen in Grenzen hält. Ihr Leben lang fühlen sich indische Männer verpflichtet, sich um das Wohlergehen ihrer Mutter zu mühen. Einmal, als wir nach einem anstrengenden Tag im Bett lagen, fiel mir in der *Hindustan Times* ein ganzseitiger Artikel auf, in dem einem Politiker böse Machenschaften wie Lügen, Korruption, Vetternwirtschaft und Betrügereien nachgewiesen wurden. Das übliche Einerlei halt. Doch an erster Stelle seiner Vergehen, die dem Zweiundfünfzigjährigen aufgelistet wurden, stand, dass er seine Mutter verlassen hätte und ohne sie lebe. Als ich mich Nagender gegenüber darüber lustig machte, trat ich wohl in das größte Fettnäpfchen meines Lebens. Seine Antwort war unmissverständlich: »Auch ich würde niemals meine Mutter verlassen.« Es folgte die übliche Diskussion über deutsche Altersheime und unsere mangelnde Fürsorge für die Eltern.

Daher war es keine Frage, dass Vandana es sein wird, die ihr Zuhause verlässt, ihren Job aufgibt und eines Tages auch ihre Schwiegermutter pflegen wird.

All das geht mir auf meinem Weg nach Delhi durch den Kopf.

Begleiter für mein weiteres Leben: mein erster Rollstuhl

Das konnte doch nicht sein, Dr. Lang hatte gesagt, wenn nach drei Tagen keine Sensibilität zurückkehrt, kehrt sie nie zurück. Jetzt, zwei Monate nach dem Unfall, spürte ich deutlich, dass mich etwas am Fuß kitzelte, vielleicht ein Faden von der Bettdecke, oder das Namensschild war wieder heruntergefallen und lag auf meinem Fuß. Nein, eigentlich war es kein Kitzeln, eher ein Kribbeln, oder war es ein Brennen? Ja, die Füße mussten ganz heiß sein, das spürte ich deutlich. Ich war doch davon aufgewacht. Konnte es sein, dass die Nerven vielleicht auf wundersame Weise zusammenwuchsen? Wie sagte mein Vater doch? »Man hat schon Pferde kotzen sehen.« Konnte es sein, dass diese zwei Monate nur eine grauenhafte, aber zeitlich begrenzte Episode in meinem Leben waren und ich das Krankenhaus zu Fuß verlassen werde? Meine Gedanken, angetrieben von einer irren Hoffnung auf Heilung, wirbelten zwischen der Stornierung des Bauantrags, meinem Beruf, den ich wieder aufnehmen könnte, und meiner Wohnung in Celle hin und her. War das vielleicht alles nur ein böser Traum? Ich konnte kein Auge mehr schließen.

Die Nachtwache, ich hatte sie im Stillen immer » die Eule « genannt, weil ihre Haut so aschfahl und ihr Blick durchdringend wie der eines Raubvogels war, ließ sich viel Zeit, wenn man nach ihr klingelte. Aber sie kam. Um Stephan nicht zu wecken, fragte ich leise: » Hallo, Ulrike, sag mal, ist es möglich, dass das Gefühl in die Beine zurückkehrt? « Ungerührt entgegnete sie: » Wie, deswegen holst du mich von der Arbeit weg, ich habe Wichtigeres zu tun. Frag morgen den Arzt. « Schon war sie wieder verschwunden und gab mir damit zu verstehen, dass ihre Anteilnahme am Schicksal ihrer Patienten als Nachtwache begrenzt ist und ich sie in dieser Nacht besser nicht noch einmal rufen sollte. Mit offenen Augen starrte ich in die Dunkelheit des Zimmers und konzentrierte mich ganz auf dieses seltsame Gefühl, das ich in meinen Füßen wahrnahm und das so schlecht zu identifizieren war. Natürlich, plötzlich passten alle Puzzleteile ineinander. Wenn die Datenleitung im Rückenmark unterbrochen ist und falsch zusammenwächst, kann es zu Übermittlungsfehlern kommen und ein Kitzeln als Brennen wahrgenommen werden, kalte Füße fühlen sich heiß an, und wenn es im Fuß kribbelt, ist es möglicherweise der Drang, der jeden normal Fühlenden dazu bewegt, einen Positionswechsel durchzuführen. Eine plausible Erklärung. Vor meinen Augen entfalteten sich die Nervenbahnen wie ein durchtrenntes und falsch verbundenes Glasfaserkabel, das jede Kommunikation in ein Chaos verwandelte und nur sortiert werden musste.

Im Umkehrschluss hieße das, ich müsste mein Gehirn neu konfigurieren und dem Befehl » Schritt vorwärts « vielleicht » Schritt zurück « zuordnen, jede Bewegung bekäme ein neues Kommando. Ungezügelt ging meine Phantasie mit mir durch. Vor meinem inneren Auge sah ich den Weg aus meinem Dilemma, sah mich Krücken schwingend als medizinisches Wunder, blendete jedoch beharrlich die Tatsache aus, dass durchtrennte Nervenbahnen im Rückenmark nicht wieder wie Haut oder Knochen zusammenwachsen können.

Der Rückschlag kam am Morgen mit dem Schichtwechsel. Mit blendender Laune begrüßte ich Bärbel: » Sag mal, hast du kurz Zeit, würdest du mir bitte einmal in den Fuß pieken? «

» Gerne «, grinste sie, » wenn es dich glücklich macht. «

» Könnte durchaus sein «, erwiderte ich. Sie nahm die Nagelschere von meinem Nachttisch und machte sich an meinen unteren Extremitäten zu schaffen.

Ich war mir sicher, dass jetzt die große Wende kommen würde. » Nun mach schon, ich warte «, entfuhr es mir ungeduldig.

» Habe ich doch schon «, erwiderte sie, » soll ich noch mal pieksen? «

» Nein, ist schon gut, es hat sich erledigt «, antwortete ich, bemüht, meiner Stimme nicht die tiefe Enttäuschung anmerken zu lassen. Als sie gerade das Zimmer verlassen wollte, fragte ich sie: » Warte mal, Bärbel, kann es sein, dass ich meine Füße spüre? Da ist so ein Kribbeln oder Brennen. «

» Das werden Phantomschmerzen sein. Die entstehen an den Nervenenden oder im Gehirn. Wenn es für dich unerträglich wird, kannst du dagegen ein Schmerzmittel bekommen. «

» Nein, es geht schon, danke. « Mit diesem Tag erlosch das letzte Fünkchen Hoffnung. Ich stellte mich auf ein Leben im Rollstuhl ein und nahm mir vor, nur noch nach vorn zu schauen.

Zehn Tage später stand er da, mein neuer Ortopedia.

Verchromter Rahmen, blauer Stoff, leicht abwaschbar. Ein Sitz mit vier Rädern und einer Ablage für die Füße. Mit dem Sitzkissen, dem weichen Lammfell und der Armlehne machte er einen durchaus bequemen Eindruck. Ich hatte mich gefreut, hier herauszukommen, aber nun überfielen mich zwiespältige Gefühle. Darin also werde ich den Rest meines Lebens verbringen. Er wird immer bei mir sein, vor meinem Bett stehen, im Auto mitfahren, mich begleiten, wenn ich dusche oder auf der Toilette sitze, mit auf Reisen gehen, dabei sein, wenn ich mich vielleicht verliebe, heirate und zusehe, wie meine Kinder zur Welt kommen. Er wird zu einem Bestandteil meines Körpers werden, mich immer und überallhin begleiten und eines Tages wieder an meinem Bett stehen, wenn ich sterbe.

Meinen Kreislauf, der mich bereits beim Heben des Kopfes verließ, hatte ich in den letzten Tagen mit einem Bewegungsprogramm so weit gestärkt, dass mir nicht bei jeder Gelegenheit schwarz vor Augen wurde. Da saß ich nun im weißen Flügelhemd auf der Bettkante, gestützt von den zwei Muskelmännern Karl und Kurt, die auf mein O.k. warteten, mich in den Rollstuhl zu heben, und ich erkannte, dass auch mein Gleichgewichtssinn verloren war. Wie bei einem Betrunkenen kippte mein Körper in alle Richtungen. »Los jetzt«, befahl ich den Pflegern. Sie packten mich in den Stuhl und stellten sich neben mich, sprungbereit wie zwei große Jungs, deren Turm aus der Balance zu geraten droht. Wider Erwarten saß ich stabiler, als ich dachte, und kippte nur noch zur Seite oder nach vorn. Wie bei einem neugeborenen Kalb, das instinktiv auf die Beine will, griff ich zu den Rädern und legte den ersten Meter zurück, machte sogar eine Drehung, ohne das Gleichgewicht zu verlieren. Stolz erklärte Kurt: »Na, das geht doch schon gut. Morgen bekommst du einen Platz im Speisesaal, und dann kannst du mit den anderen essen.«

Nach zwei Monaten verließ ich die abgeschotteten Wände meines Zimmers, verließ den routinierten Tagesablauf, die immer gleichen Gesichter, um dem neuen Leben die Stirn zu bieten. Passend dazu war meine äußere Erscheinung. Was den Bewuchs anging, war ich immer noch der coole Motorradfahrer. Die Haare fielen mir auf die Schultern, der Bart wuchs unbändig und kitzelte mich bereits an der Brust. Die Schlangenlinien dagegen, in denen ich dem Speisesaal zurollte – ich war einfach noch nicht in der Lage, geradeaus zu rollen –, hätten meinen Gemütszustand und die Widersprüchlichkeit, in der ich steckte, nicht besser reflektieren können. Teils war ich neugierig auf die » anderen «, dann aber, wie am ersten Schultag, schreckte ich vor der Konfrontation mit der neuen Situation zurück.

Mein erster Eindruck beruhigte mich ungemein. Sie sahen alle so gezeichnet aus wie ich, jeder auf seine Art. Am Tisch saßen ein Dutzend Gestalten, die man bunter hätte kaum zusammenwürfeln können. Nur zwei Dinge teilten sie miteinander: Sie waren Patienten und hatten alle einen Rollstuhl unter dem Hintern. Elf querschnittsgelähmte Männer und eine Frau bewiesen an diesem Tisch die These, dass bereits mit der Geschlechtsbestimmung vor der Geburt die Affinität, gefährlicher zu leben, vorbestimmt ist.

Da war der bildungsferne Gerüstbauer, dem ein Fünfmetersturz nicht gut bekommen war, der Weinhändler, der selbst im Jogginganzug noch Stil hatte und dem man mit seinem Mercedes die Vorfahrt genommen hatte, Frank mit seinem roten Asterixbart, der beim Motocrossfahren verrissen und sich damit für immer aus dem Rennen katapultiert hatte. Bernd hatte sich von seinem Pferd mitten im Wald abwerfen lassen und stundenlang im Moos gelegen, während Uwe, erst siebzehn, Opfer einer zu hastigen Discoheimfahrt geworden war und die Unfallnacht in einer Ackerfurche verbracht hatte, bis der Notarzt kam. Weniger dramatisch war die Geschichte der zweiundfünfzigjährigen Frau Kröger, der ein Tumor im Rücken zum Verhängnis geworden war. Einen grotesken Anblick bot der Rocker neben ihr in seiner Kutte. Wahrhaft furchterregende Tätowierungen und ein riesiger Oberlippenbart, der links und rechts bis zum Kinn herunterhing, machten auf mich den Eindruck, als sollte man ihm besser nicht des Nachts begegnen. Seinen ehemals riesigen Pranken waren die Muskeln abhandengekommen. Sie steckten in einer Halterung für das Besteck, da er durch seine Halswirbelverletzung auch die Motorik in den Fingern verloren hatte. Später erwies er sich als lammfrommer Geselle, was blieb ihm auch anderes übrig. Die beiden verunfallten Skifahrer aus dem letzten Winter, von denen sich der eine fast tiefgefroren aus einer Gletscherspalte hatte ziehen lassen und der andere mit einem Baum kollidiert war, waren schon recht fit und standen kurz vor der Entlassung. Ich dagegen, der Neuling, musste nun erzählen, wie es mir ergangen war.

Für die kommenden Wochen bekam ich ein Trainingsprogramm aufgebrummt, in dem Mitleid keinen Platz hatte, das mir keine Zeit ließ, mich und mein Spiegelbild zu beweinen, über meine immer dünner werdenden Beinchen, den Verlust von Muskelmasse im gelähmten Bereich und zappelnde Gliedmaßen zu klagen, ein Programm, das dunkle Gedanken an die Zukunft beiseiteschob, mir zu einer besseren Balance verhalf, mich abends erschöpft ins Bett trieb und morgens voller Elan wieder heraus.

Auch wenn ich mich längst nicht mehr krank fühlte, war ich nach wie vor Patient, dessen Temperatur und Blutdruck kontrolliert werden mussten. Elke übernahm das, die neue Schwesternschülerin. Sie weckte mich morgens mit einem fast zärtlichen Streicheln meiner Wange, um mir die Manschette zur Blutdruckmessung anzulegen. Anfangs war ich darüber irritiert, gewöhnte mich aber gern an ihren vertrauensvollen Umgang. Elke war mir sympathisch, fast alle auf der Station waren das, doch zu ihr entwickelte sich ein engeres Verhältnis. Wenn sie mich fragte, wie die Nacht gewesen war, hatte ich das Gefühl, als interessiere sie meine Antwort wirklich. Manchmal setzte sie sich auch auf die Bettkante und erzählte von ihrem Freund und von ihren Zweifeln, mit ihm in eine Wohnung zu ziehen. Sie hatte Angst, dass die Beziehung zu ihm bei so großer Nähe auseinanderbrechen könnte, und fragte mich um Rat. Auf ihre natürliche Art, vielleicht ohne dass ihr es selbst bewusst war, gab sie mir das Gefühl, nicht nur ein Patient zu sein. Es waren diese kleinen Gesten, die niemandem aufgefallen wären, eine Berührung, die eine Idee länger dauerte, als es ihre Tätigkeit erfordert hätte, die Art, wie sie den Puls fühlte, ein kurzer Blick dabei, ein Lächeln und das Plus an Zeit, das sie an meinem Bett verbrachte, um ein paar nette Worte auszutauschen oder meine Meinung zu ihren Beziehungsproblemen zu hören. Wie alle Schwestern trug sie den weißen, figurbetonten, ganz leicht durchsichtigen Kittel. Ich konnte meine Augen davor nicht verschließen. Einmal erwischte ich mich sogar dabei, wie ich den Arm zum Blutdruckmessen noch ein Stück senkte, um tiefer in ihren Ausschnitt sehen zu können. Sofort schämte ich mich dafür und hoffte, Elke würde es mir nicht übel nehmen. Aber am nächsten Morgen weckte sie mich mit der gleichen Freundlichkeit wie an allen Tagen.

» Du wirst überrascht sein «, meinte Nagender am Telefon, » Delhis Luft ist sauber. Taxis, Motorrikschas und Busse fahren mit Gas, und wir haben sogar eine hochmoderne Metro. Jetzt kannst du selbst die Sterne wieder sehen. « Sein positives Denken ist einfach rührend. Doch allein der Glaube an die wundersame Wandlung der Luftverschmutzung in Delhi fehlt mir. Indiens Umweltpolitik ist in der Tat vorbildlich, bereits 2002 richtete man dafür ein Ministerium ein, doch wie ein Tropfen auf dem heißen Stein werden alle Umweltmaßnahmen von einem extremen Wirtschaftswachstum zunichte gemacht. Was hilft es, wenn öffentliche Busse gasbetrieben sind, die Hälfte der Passagiere aber inzwischen mit ihrem eigenen Auto zur Arbeit fährt. So ist der Chandni Chowk vor dem Hauptbahnhof in Delhi so verstopft wie eh und je. Meine Nase, die Augen und der Rachen sind ständig gereizt, und ich bin sicher, mir nicht nur einzubilden, dass mich bereits eine dünne Schicht Dieselruß wie eine Patina überzieht. Wenn das, was ich hier einatme, Nagenders » saubere « Luft ist, möchte ich nicht wissen, wie sie vorher war. Ich nehme mir vor, unser Wiedersehen nicht mit negativen Äußerungen zu Umweltproblemen zu belasten und gute Miene zum bösen Spiel zu machen. Ich hätte große Lust, mir die Hände schmutzig zu machen und die Strecke in seinen Stadtteil, Prashant Vihar, im Rollstuhl zurückzulegen. Aber bei dem Gedanken, dass meine Lungen dabei hundertzwanzig Liter Luft pro Minute filtern müssen und am Ende schwarz sind wie nach dreißig Jahren Kettenrauchen, fällt mir die Entscheidung für ein Taxi leicht. Die Luft da drinnen ist zwar auch nicht besser, aber ich muss nicht so tief durchatmen. Ich könnte auch die neue Metro nehmen, die hat im Innenstadtbereich sogar Aufzüge. Aber wenn es an der Endstation keine gibt, sitze ich da unten in der Falle. Wie alle aufstrebenden Städte Indiens hat auch Delhi die heiligen Kühe aus dem Zentrum verbannt. Zugunsten eines besseren Verkehrsflusses. Dem sind ebenfalls viele Fahrradrikschas, Elefanten, Kamele und all das Getier, das das Straßenbild der Stadt so bunt hat werden lassen, zum Opfer gefallen. Den erhofften Effekt machte eine stetig wachsende Blechlawine sogleich zunichte, die im Schritttempo von einer Ampel zur nächsten vorankriecht.

» Hallo, Nagender, ich bin gleich da, setz schon mal den Kaffee auf. « Ich höre seine Mutter Satya im Hintergrund auf Hindi sprechen und weiß ganz genau, dass sie sogleich in hektische Betriebsamkeit verfällt, um mir einen gebührenden Empfang zu bereiten. Sie hat bis vor Kurzem noch als Grundschullehrerin gearbeitet und damit die knappe Rente ihres verstorbenen Mannes aufgebessert. Selbst als Kind hat Nagender seinen Vater selten gesehen, weil er beim Militär unentwegt versetzt wurde, seiner Familie aber die Ortswechsel ersparen wollte. Trotzdem fehlte er ihm sehr, als sein Vater nach einem tödlichen Unfall überhaupt nicht mehr nach Hause kam. Sein älterer Bruder Narendra schlüpfte in die Vaterrolle und ist für Nagender bis heute in vieler Hinsicht ein Vorbild. Nur dass er so viel trinkt und raucht, findet Nagender unmöglich. Das Reihenhaus der Familie Chhikara steht in einem nach Sektoren und Blocks eingeteilten Bezirk, der auf dem Reißbrett entstanden ist und Nummern und Ziffern statt Straßennamen trägt.

Die Begrüßung vor dem Haus ist so herzlich, als wäre es meine eigene Familie. Vandana stürzt in T-Shirt und Blue Jeans auf mich zu, umarmt und küsst mich auf die Wangen, als gäbe es in Indien keine Regeln für den Körperkontakt zwischen Mann und Frau. Auch Nagender, ungestüm, wie er ist, kippt mich fast aus dem Rollstuhl. Nur Satyas Umarmung ist eine Idee distanzierter. Passend zu unserer bevorstehenden Reise, hat sie südindisches Thali zubereitet. Beim Abendessen erzähle ich von meiner Suche nach dem Kadheswari Baba, von meinem Wunsch, mit seiner Hilfe tiefer in die indische Seele blicken zu können, und von der Enttäuschung, als ich erfuhr, dass er nicht mehr spricht. Alle am Tisch schauen mich fragend an, denn von einem stehenden Guru hat hier noch nie jemand etwas gehört. » Nagender, Nanny hat mich darauf gebracht, sie erzählte mir von den Kanheri-Höhlen. « » Ach, Nanny, natürlich «, Nagender schaut Vandana wissend an, » ja stimmt, sie kennt alle möglichen Gurus. Früher, als sie noch besser zu Fuß war, ist Nanny manchmal losgezogen, um ihre Gurus zu besuchen und von ihnen Rat einzuholen oder sich segnen zu lassen. «

» Und du? «, will ich von Vandana wissen. » Würdest du auf den Rat eines Gurus hören? « In ihrer Antwort distanziert sie sich zwar vom Glauben an die Weisheit von Gurus und Asketen, stellt diese Tradition aber nicht infrage: » Für die meisten Hindus ist die Meinung eines Gurus extrem wichtig, sie gelten als unfehlbar. « Vandana kommt in Fahrt, erklärt mit ausladenden Handbewegungen die spirituelle Bedeutung der Hindu-Idole. Dabei verrät sie indirekt, vielleicht ohne es zu merken, dass Nanny durchaus auch auf sie einen gewissen Einfluss hatte. » Du musst wissen, Gurus sind sozusagen die Mittelsmänner zwischen den Göttern und allem Irdischen, und wer sie um eine Audienz bittet, hofft auch immer, dass ein bisschen von der Kraft und dem Heil auf ihn überspringt. Wer den Papst in Rom besucht, hat vielleicht ein ähnliches Bedürfnis. «

Während unseres Gespräches wird mir erneut bewusst, mit welch umwälzendem Gedankengut hier hantiert wird. Es gibt nichts in der indischen Gesellschaft, das nicht zu kritisieren oder zu verbessern wäre. Hingegen sind Korruption und das ungerechte Kastensystem Vandanas Meinung nach die größten Probleme Indiens. Damit wird auch vor der eigenen Haustür aufgeräumt. Schon damals, als Nagender mit seiner Mutter noch in Kalkutta wohnte, hatten sie keine Hausangestellten, keinen *servant*, niemanden, der das Haus putzte oder das Essen zubereitete. Eine Prinzipientreue, die ihnen auch hier in Delhi nicht nur Freunde verschaffte. Einige aus der Nachbarschaft werfen den Chhikaras vor, sie brächen traditionelle Werte auf und zerstörten das geordnete Gefüge der Gesellschaft. Wo solle es denn hinführen, wurde Nagender gefragt, wenn man Unberührbare, Diener und Putzer plötzlich gleichberechtigt behandeln würde, am Ende stünde doch das Chaos.

Mein Befremden, das mich beim Anblick von Nannys Dienerin in Mumbai befallen hatte, kann ich jetzt getrost zum Ausdruck bringen, ohne dabei ein Fettnäpfchen zu erwischen. » Ja «, erklärt Vandana, als wolle sie sich entschuldigen, » Nanny stammt noch aus einer Zeit, in der Brahmanen rituelle Waschungen durchführen mussten, wenn sie vom Schatten eines Unberührbaren gestreift wurden. Sie ist in einem Haushalt aufgewachsen, der von fünfzehn Dienern betreut wurde. Das Verlangen, niedere Arbeiten auf andere abzuwälzen, bekommt man aus ihr nicht mehr heraus. «

Bevor wir unsere Reise gen Süden antreten, will ich mir, wie es sich für einen vorbildlichen Touristen gehört, Delhis Sehenswürdigkeiten zeigen lassen. Doch schon bei der Definition, was würdig ist zu sehen und was nicht, gehen die Meinungen diametral auseinander. Statisten, die Kunsthandwerk in einem nachgebildeten Museumsdorf verkaufen, die polierten Boulevards im Regierungsviertel, die Glaspaläste von Gurgaon und eine Fahrt mit der hochmodernen Metro, das ist es, worauf Inder stolz sind, was sie gern vorzeigen und für würdig halten, angesehen zu werden.

»Nagender«, beginne ich vorsichtig, »Museumsdörfer, Hochhäuser und U-Bahnen haben wir selbst. Ich will dahin, wo das Leben brodelt, in die engen Gassen von Alt-Delhi.«

Alle drei schauen mich mitleidig an. »Du willst also unseren Hinterhof besichtigen, okay«, meint Nagender, »aber wir fahren mit der Metro.« Den Kompromiss gehe ich gern ein, denn wenn es stimmt, was gesagt wird, erwartet mich in der U-Bahn ein Indien, das althergebrachte Klischees von öffentlichen Verkehrsmitteln abschütteln will.

Bisher nämlich musste meine Nase auf Reisen mit Bussen und Bahnen hart im Nehmen sein. Busbahnhöfe haben immer eine Pissecke, die sich meist direkt neben der öffentlichen Toilette findet. Vielleicht ist es nur der Überdruck in der schwachen Blase eines einzigen eiligen Gastes gewesen, der es nicht mehr zum Urinal schaffte und sich davor ergoss. Danach gilt das Motto: Ist der Platz erst uriniert, pisst es sich ganz ungeniert. Dann führt der Herdentrieb, der großen Menschenmengen zu eigen ist, unweigerlich zur Nachahmung, bis alle daneben machen.

Kein Grund, sich zu beschweren, wäre da nicht dieser pestilenzartige Geruch, der mir selbst nach der x-ten Indienreise die Kehle zuschnürt, weil ich glaube, mit dem nächsten Atemzug alle mittelalterlichen Geschlechtskrankheiten gleichzeitig einzuatmen. Da sich aber nur Männer dazu hinreißen lassen, ihre Markierung zu setzen, vermute ich mal, dass das Fassungsvermögen femininer Blasen erheblich größer ist, denn noch nie habe ich in Indien eine Frau irgendwohin pinkeln sehen.

Habe ich also die öffentliche Bedürfnisanstalt ohne Übelkeit passiert und ein Ticket in der Tasche und den Bus mithilfe von Ellenbogen und meiner Fußstütze sowie unter Umgehung von Rücksichtnahme und den gängigen Regeln von Sitte und Anstand erklommen, liegt mein Schicksal in der Hand des Busfahrers, dessen Karma quasi in Sippenhaft

mit meinem verschmilzt. Oder besser, in seiner Risiko-
bereitschaft und darin, wie sehr er sein jetziges Leben satt-
hat und das nächste herbeisehnt. Das schlägt sich gut
sichtbar am Erbrochenen der Fahrgäste nieder, deren
Mageninhalt am Wandblech des Vehikels klebt.

Wer nicht rechtzeitig die verklemmten Schiebefenster öffnen konnte, entleert sich kurzerhand auf den Boden und sti-
muliert die zartbesaiteten Mitfahrer zur Nachahmung, bis
keine Plastiktüte im Bus mehr verfügbar ist.

Was also wird mich in der indischen Metro erwarten. Sie
sei hochmodern, effizient und sauber, berichtet Nagender.
Die Baufirma habe sie vorzeitig fertiggestellt und blieb
unterhalb des kalkulierten Preises. Wo gibt es denn so
was? Man mag es kaum glauben, aber das Beispiel zeigt,
Indien zieht neue Saiten auf. Oder ist die Metro unindisch?
Sind wir in eine Zeitmaschine gestiegen? Keine blutroten
Betelnussflecken auf den Bahnsteigen, es herrscht absolutes
Rauchverbot, man darf nicht essen oder trinken, niemand
muss mehr kotzen oder spontan pinkeln, nicht einmal Ratten wagen sich in diese sterile Welt, in der sich selbst Ver-
botsschilder erübrigen. Nur das Mitfahren auf dem Dach
der Metro muss den Fahrgästen ausdrücklich verboten werden. Aber was mich umhaut: Hier unten ist Indien vollkommen rollstuhlgerecht. An der Chowri Bazar Station
entsteigen wir der Zukunft, fahren in einem Lift, der nicht
nach Urin oder Erbrochenem riecht, nicht beschmiert oder
zerkratzt wurde, nicht als Aschenbecher oder Spucknapf
diente, hinauf in das alte Indien.

An der Jama Masjid, der größten Moschee des Landes,
inmitten eines Labyrinths von Gassen, wird mein Klischee
von Indien zufriedenstellend bedient. Da sind die Läden, in
denen man verrostete Türschlösser ohne Schlüssel kaufen
kann, kaputte Handys werden feilgeboten, Kassettenre-
corder, die keiner mehr braucht, liegen neben Wanduhren,

die erst in fünfzig Jahren antik werden. Dem chinesischen Plastikspielzeug, das an den EU-Grenzen gnadenlos scheitern würde, sieht man die starke Entflammbarkeit und die ausgasenden Farbstoffe mit bloßem Auge an. Den Zerfallswert, nachdem es in Kinderhände gerät, schätze ich auf maximal fünf Minuten. Aber es gibt auch Nützliches.

Selbst ernannte Apotheker bieten Wässerchen und Pulver gegen alles an, was den Menschen an Unbill und Leid ereilen kann. Knüppel und Stöckchen, Knochen, Blätter und Wurzeln, undefinierbare Körperteile von allerlei Getier versprechen Linderung, und wer hier den getrockneten Penis eines Tigers sucht, um seiner Potenz einen letzten Schub zu geben, der wird mit Sicherheit unter irgendeiner Verkaufstheke fündig. Zwielichtige Gestalten schleichen um die Ecke, die mir im Vorbeigehen » You want Hash, Opium, Marihuana? « zuflüstern, und bisweilen kommt mir eine hochgewachsene Hijra, ein Mitglied des sogenannten dritten Geschlechts, mit hormongedüngten Brüsten im Sari entgegen, die ihren viel zu großen Adamsapfel nicht verbergen kann, sosehr sie sich auch aufbrezelt.

Wir wollen in die große Moschee. Es ist Freitag, was ein Glück sein könnte, wären wir Moslems. Sind wir aber nicht. Nagender ist ein lausiger Hindu, ich ein Christ, der nur zu Weihnachten in der Kirche sitzt. Schlechte Voraussetzungen für einen Moscheebesuch zur Gebetszeit. Dazu kommen die vier Räder unter meinem Hintern, die ich nicht mal so eben abstreifen kann wie ein paar Straßenschuhe. Es würde ohnehin nichts helfen, der Wachposten, sein langer rot gefärbter Bart beweist seine Gottesfürchtigkeit, glaubt mir mein Christsein an der Nase ansehen zu können und verbietet mir heute den Besuch. Nur bei meinem Freund ist er nicht sicher. Ich stehe mit Nagender vor einem Berg von Treppenstufen. Fragend schauen wir hinauf – und uns dann in beiderseitigem Einvernehmen in die Augen. Es gibt nur einen Weg. Den sind wir bereits auf unserer Iranreise gegangen. Nagender konvertiert kurzzeitig zum Islam und nennt sich Selim, der nichts weiter als sein religiöses Recht auf den Besuch des Gotteshauses in Anspruch nimmt. Ich werde derweil am Tea Stall mit Milch aufgebrühten Tee genießen.

Es ist einfach herrlich: Dreißig Menschen umzingeln mich. Vorne die Kinder, dahinter die Erwachsenen, damit jeder gut sehen kann. Ein Rollstuhlfahrer ist schließlich eine Attraktion, die man sich nicht entgehen lassen sollte. Dabei sitze ich nur da, führe keine Kunststückchen vor, sehe nicht aus wie Frankensteins Gesellenstück, und mein Hosenstall steht auch nicht offen. Einer aus der hinteren Reihe äußert ein » Hello «, womit sich jedoch die Konversation mangels ausreichender Englischkenntnisse bereits erschöpft. Ich beantworte die Begrüßung mit » Hello«. Damit ist der Witz des Tages geboren. » Hello, hello «, äffen die Kinder nach, schlagen sich auf die Schenkel und lachen sich schief. Würde ich jetzt meinen Fingertrick vorführen, ich könnte sicher sein, dass er sich wie ein Lauffeuer im Viertel verbreitet. Aber dieses Mal verzichte ich darauf. Ich schaue einfach zurück, in diese Augen, die nicht von mir ablassen können, als wäre ich der Affe im Zoo. Ihre Neugier ist unerschöpflich. Selbst mein regungsloses Nichtstun ist für sie spannend wie ein Thriller. In unserem Kulturkreis andere unentwegt anzustarren würde Befremden, ja Aggressionen auslösen. Hier wird von mir Gleichmut gefordert. Ich nutze die Gelegenheit und starre zurück. Vielleicht ist genau dies ihr Erfolgsrezept, geht es mir durch den Kopf. Diese Eigenart der Inder, ihre Neugier, ihr Wissensdurst, ihr Interesse an allem, was anders ist, das die Nation zur größten Softwareschmiede der Welt hat werden lassen. Ihre Anpassungsfähigkeit ist perfekt, wie das eines Chamäleons, wenn sie sich das breite Amerikanisch der Texaner aneignen, um ihnen im Callcenter vom anderen

Ende der Erde aus Kundennähe zu suggerieren. Ihr Einfallsreichtum, mit dem sie aus einer noch so abstrusen Geschäftsidee Profit schlagen, ist legendär. Vielleicht muss man so gucken, um sich unter diesen widrigen Lebensumständen behaupten zu können.

» Hallo, Selim «, grüße ich Nagender, der sich durch die Menge drängelt. » Warst du erfolgreich? « Die Ausbeute präsentiert er mir auf dem Display seiner Kamera, was natürlich sämtliche Kinderköpfe wie vom Magneten gelenkt zusammenprallen lässt. » Es hat keinen Zweck hier «, sage ich resigniert zu Nagender, » lass uns in ein Restaurant gehen. «

Das subtile Selbstbewusstsein, mit dem Nagender seine Hochzeitsparty gegen alle Widerstände durchgesetzt hat, benutzt er auch bei unserer Sightseeingtour durch Delhi. Geschickt schleust er mich in das Regierungsviertel, zieht plötzlich eine Eintrittskarte für das ungewollte Museumsdorf aus der Tasche und fährt mit mir durch Wolkenkratzer von Gurgaon, » weil es doch auf dem Weg liegt «. Mir wird klar, der indische Tiger sitzt nicht mehr in Lauerstellung, er ist längst abgesprungen, um die Vormachtstellung in Asien zu übernehmen. Dass dabei die Bauern mit ihrem Hackenpflug abgehängt wurden, zeigt sich nirgendwo so deutlich wie hinter den klimatisierten Bürotürmen, den Plazas und Malls, den Ivory Towers und jenseits der eingemauerten Compounds von Gurgaon. Dort kämpfen die Landwirte wie eh und je unter mittelalterlichen Bedingungen ums Überleben und haben dabei doch nur einen Wunsch: Möge der Boom noch lange anhalten und auch ihre Parzelle erreichen, damit sie den gleichen Reibach machen können wie ihr Nachbar, auf dessen Grundstück mittlerweile Software entwickelt wird.

Von fetten Tauben, kranken Hunden und verstümmelten Kindern

Am Abend bevor Nagender und ich aufbrechen, lade ich meine Gastgeber zum Chinesen ein. Das Restaurant empfängt uns mit einer Moduleinrichtung. Fast wie zu DDR-Zeiten, als Klappcouch » Dagmar «, Schrankwand » Karat « und Musiktruhe » Carla « individuell miteinander kombiniert wurden. Wir sitzen in einem rot gebeizten Interieur unter Lampions, beschallt von einer quietschenden Audioschleife zwischen Aquarien, die als Raumteiler dienen. Der immergrüne Bambus ist aus Plastik, die Tischdecke mit gestickten Drachen verziert. Alle Chinarestaurants der Welt gleichen sich, nur nicht denen Chinas. Die Bedienung hat Schlitzaugen, was keine genauen Schlüsse auf ihre Herkunft zulässt, und sie trägt einen Sari. Dies und die Bilder vom Tadsch Mahal an den Wänden sind vielleicht als Zugeständnis an den Standort zu verstehen.

Im Restaurant » Mandarin « wird Globalisierung mit Löffeln gegessen. Allerdings muss auch Rücksicht auf den indischen Gaumen genommen werden. Die Wan-Tan-Suppe schmeckt ein wenig nach Curry, und zur » roasted duck « gibt's polierten Basmatireis, schön klebrig, der auf dem Tisch mit einer großen Schale Chapatis konkurriert, ohne die in Indien nichts geht. Es fehlt auch nicht die Dekoration in Form kunstvoll geschnitzter Karotten, bei denen man sich immer fragt, aus welchem Teil der Welt die nun wieder kommen.

Angenehm gesättigt, werden wir auf der Straße von schmutzigen Kindern empfangen, die abwechselnd auf Mund und Bauch zeigen und uns ihre Hände entgegenstrecken. Ein einstudiertes Ritual, passend dazu das leidende

Hungergesicht, umrahmt von verfilzten Haaren, in denen der Dreck der Straße hängt. Ihre Babys auf den Armen beginnen just zu schreien, als wir den Bürgersteig betreten. Es heißt, notfalls werde mit Nadeln nachgeholfen. Satte Restaurantgäste sind offensichtlich eine fette Beute. Aber die Bettler gehen leer aus. » Diese Kinder werden von der Mafia kontrolliert «, warnt Vandana mich, als ich mein Portemonnaie zücken will. » Man sollte denen besser nichts geben. « Schade, ich hätte jetzt gern mein Gewissen erleichtert.

Sie folgen uns ein Stück, hängen sich besonders an mich, den sie doch noch zu erweichen versuchen. Bis sich die Restauranttür erneut öffnet, und sie das Interesse an uns verlieren.

Die paar Schritte zum Taxistand gehen wir zu Fuß. Es ist bereits die Zeit, in der die Tiere der Nacht das Regiment über die Bürgersteige eingenommen haben. Kakerlaken kreuzen unseren Weg, und manchmal erwische ich eine, die dann unter meinen Rädern mit einem Knacken verendet. Den Ratten gegenüber bin ich schon vorsichtiger, man weiß ja nie. Um das Rudel Straßenköter, die sich gerade bei heftigen Revierkämpfen ineinander verbeißen, mache ich lieber einen extragroßen Bogen. Blutend, winselnd und mit eingezogenem Schwanz verkriecht sich der Unterlegene im nächsten Hauseingang, um seine Wunden zu lecken. Im gleichen Moment stoppt ein Taxi, wir hätten einsteigen können, und es gäbe keinen Grund, weiter über diesen Abend nachzudenken. Doch Vandana, Tierschutzaktivistin mit einem großen Herz für Hunde, greift sich die elende Kreatur, setzt sich mit ihr auf die Rückbank des Taxis und braust mit ihm ab zum nächsten Tierheim. » Fahrt schon mal nach Hause, ich komme nach «, ruft sie noch. Gern hätte ich dazu meine Meinung gesagt, aber es gibt Momente, in denen es besser ist, den Mund zu halten und zu beobachten. Nagender schaut seine Mutter um

Nachsicht bittend an, als wolle er sagen: » So ist sie nun mal. « Der Vorfall wurde in der Familie nicht mehr angesprochen.

Als Nagenders Motorrad am nächsten Tag im Gepäckwagen des Rajdhani Express nach Mumbai verstaut ist, wir unsere Plätze gefunden haben und die Reise beginnt, kann ich mich nicht mehr bremsen. Vorsichtig beginne ich, von Tauben fütternden Passanten in Mumbai zu erzählen, die meinten, dass es ihrem Karma guttue, wenn sie den Vögeln ausgesuchtes Getreide vorwerfen. Ich berichte ihm von meinem Befremden über die Antwort, als ich die Taubenfreunde fragte, ob es nicht besser sei, das Getreide den Slumbewohnern von Dharavi, einen Kilometer entfernt, zu schenken. » Weißt du, was sie gesagt haben? Die seien doch selbst schuld an ihrer Lage. Sie meinten, jeder hat das Karma, das er verdient. « Ich erzähle ihm von meiner Vermutung, dass es einen Unterschied in der Wertigkeit zwischen Mensch und Tier in Indien wohl nicht gebe, schlimmer noch, einige Tierarten genössen einen höheren Status als so mancher Mensch.

Nagender weiß genau, worauf ich hinauswill, dafür kennen wir uns zu gut. » Andreas «, beginnt er, » ich bin mit dir einer Meinung, dass es in Indien genug Tauben und Hunde gibt, darüber brauchen wir nicht zu diskutieren. Es wäre gestern Abend bestimmt besser gewesen, den Kindern ein Heim zu geben, als eines für die Hunde zu suchen. «

Ich frage ihn daraufhin ganz direkt: » Warum hat Vandana mehr Mitleid mit Hunden als mit Kindern? «

» Das siehst du falsch «, entgegnet er aufgebracht, » sie liebt Kinder. Aber wenn du denen Geld gibst, dann gibst du es der Mafia, die die Kinder stehlen, sie verkrüppeln, sie schlagen oder noch Schlimmeres mit ihnen machen. «

» Warum holt man die Kinder nicht von der Straße und bringt sie in Heime? «

»Das wird ja gemacht«, erklärt mir Nagender, »aber es kommen immer neue nach. Es ist wie ein Fass ohne Boden.«

Als ob das mit den Hunden nicht genauso ist, denke ich.

Nachdenklich schaue ich aus dem Fenster auf die Slumhütten, die sich zum Greifen nah bis an die Gleise drängeln, schaue auf die halb nackten Kinder, die am Bahndamm warten, bis der Zug ihren Spielplatz wieder freigibt, schaue auf Tümpel mit blauschwarzer Kloake, in der Frauen versuchen, Wäsche zu waschen, schaue auf dieses beschissene Elend, denke gleichzeitig an die Abermillionen Euro, die skrupellose Banker verbrannt haben, und frage mich, ob es nicht bald mal wieder Zeit wäre für eine richtige Revolution.

Mir gegenüber sitzt ein gut gekleideter Mann, Mitte fünfzig, der ebenso nachdenklich aus dem Fenster schaut wie ich. Was geht in ihm vor, überlege ich. Er macht auf mich den Eindruck, als verstünde er Englisch. Spontan spreche ich ihn an: »Was sagen Sie dazu?«

»Sie wollen meine Meinung wissen?« Er schaut mich an, als hätte er genau auf diese Frage gewartet. »Ich sage Ihnen, das sollte man alles wegschieben. Bulldozer müssen her. Die Hütten sind alle illegal, sie verschandeln das Bild unserer Stadt.«

Ich habe keine Lust mehr auf Diskussionen dieser Art und nicke einfach nur ein wenig resigniert.

Ich bin zwar weit davon entfernt, allen Indern eine einzige Identität zuzuweisen, was genauso abwegig wäre, wie den Europäer aus Norwegen mit dem von Sizilien in einen Topf zu werfen. Aber es gibt Eigenarten, die ich bei allen Indern beobachte, egal, ob sie aus dem Punjab, Bengalen oder Tamil Nadu stammen. Der Begriff Nächstenliebe oder Mitgefühl scheint einen anderen Stellenwert zu besitzen. Ja, es gab Situationen, in denen Mitleid vollkommen abwesend war. Bereits auf meiner ersten Reise durch Indien vor über dreißig Jahren, als die Dächer der Züge noch voller blinder Passagiere waren, wurde ich damit konfrontiert. Auf einer Fahrt von Kalkutta nach Madras (dem heutigen Chennai) färbten sich die Fenster an meinem Abteil plötzlich blutrot. An der nächsten Bahnstation wurde gestoppt, die Leiche, deren Kopf von einem Brückenpfeiler zur Unkenntlichkeit zertrümmert wurde, warf man wie einen Mehlsack auf den Bahnsteig. Das Blut wurde vom Waggon abgespritzt, und die Reise ging weiter. Was mich erschütterte, war zunächst der grausige Anblick des Menschen, der da gerade zu Tode gekommen war. Dann aber erkannte ich, wie teilnahmslos, ja gelassen die Passagiere dem Geschehen zusahen.

Ich sah siamesische Zwillinge, nein, ein Bündel Mensch mit mehr als zwei Armen und Beinen, die jemand zum Betteln auf dem Bürgersteig abgelegt hatte, um sie abends samt Erlös wieder einzusammeln. Ich sah von der Lepra entstellte Körper, sah in offene Wunden, die sich mir entgegenstreckten, und gebrochene Knochen, die unbehandelt das Kapital zum Betteln bildeten. Was ich froh war, nicht zu sehen, musste ich in Zeitungen lesen. Von Kindern, die verkauft und verraten wurden, denen Gliedmaße amputiert wurden, die man entstellt und deren Augen man mit Säure verätzt hatte, weil den Passanten auf der Straße nur so etwas Anteilnahme und damit ein paar Rupien zu entlocken waren.

Bald erkannte ich, dass Indern Nächstenliebe durchaus zu eigen ist, es für sie aber einen großen Unterschied macht, wie nahe ihnen eine Person steht, die Mitgefühl beansprucht. Einmal beobachtete ich vor einem Fast-Food-Restaurant, mit wie viel Liebe und Zuneigung die Mitglieder einer Familie ihre kleinen Kinder umsorgten, aber das schreiende Baby in der Gosse, das von seiner Mutter allein gelassen wurde, keines Blickes würdigten.

Der Fahrgast uns gegenüber hat das Abteil verlassen, es ist der richtige Zeitpunkt, Nagender nach seiner Meinung zu fragen, denn nun kann er ungezwungener antworten. »Die Familie«, beginnt er bedeutungsvoll, als würde er über etwas Sakrales sprechen, »ist für uns das Wichtigste im Leben. Ich will dir mal eine Geschichte erzählen von meinem Freund Manoj. Du kennst ihn, er war gestern zu Besuch. Er ist ein begnadeter Fotograf und hat schon viele Preise erhalten, arbeitet aber in der Firma seines Vaters als Prokurist, und der Job ist ihm zuwider. Er lebt mit seiner Frau und den zwei Kindern sowie den Familien seiner Brüder und seinen Eltern zusammen unter einem Dach. Ständig gibt es Konflikte zwischen ihm, seinen Brüdern und den Schwägerinnen. Manojs Vater meint, Fotografieren sei eine brotlose Kunst, und hat es ihm verboten, beruflich umzusatteln. Er erfährt im familiären Kreis keine Anerkennung für sein fotografisches Talent, erringt jedoch ständig hoch dotierte Preise. Aber niemals würde Manoj mit seiner Familie brechen oder gar auf die Idee kommen auszuziehen. So schleicht er sich nachts aus dem Haus oder fährt am Wochenende auf Fototour. «

Ich reagiere mit Unverständnis: »Aber warum zieht er nicht aus, er könnte mit den Fotos seine Frau und die Kinder leicht ernähren und hätte einen Job, der ihn wirklich befriedigt. «

»Weil es im Leben nichts Schlimmeres gibt, als sich mit der Familie zu überwerfen«, entgegnet Nagender, »sie steht jederzeit im Mittelpunkt, und alles, was außerhalb der Familie geschieht, die Armut, der Müll und all die Probleme, auch die Schicksale anderer Menschen, ist zweitrangig. «

Training, Tricks und Trauerspiele

Solange ich bettlägerig war, kam Renate zu meiner Behandlung herauf ins Zimmer. Damit war es jetzt vorbei. Nun musste ich jeden Tag nach dem Frühstück in die Physiotherapie rollen, und wehe, ich verspätete mich. Und ich kam oft zu spät, denn der Gymnastiksaal war die reinste Folterkammer, mit dem einzigen Unterschied, dass die Schinder darin keine maskierten Muskelmänner waren, sondern durchweg junge, attraktive Physiotherapeutinnen, freilich nicht weniger sadistisch. Von einer schönen Frau gequält zu werden war für meine Leidensgenossen dabei der einzige Trost. Dorothea, die Bernd behandelte, Heike, die Frank zugeteilt war, oder Dagmar, die sich um Uwe kümmerte, alle hatten gerade ihre Ausbildung beendet. Nur Renate gehörte der älteren Generation an und wollte gesiezt werden. Und ohne das geringste Interesse an einem noch so kurzen persönlichen Gespräch zu hegen.

Am Beginn einer jeden Behandlungsstunde wurden wir mit einer Hebevorrichtung auf Gymnastikmatten abgeseilt. Da lagen wir also, vier Gelähmte nebeneinander, wie Fische auf dem Trockenen, unbeweglich wie hingeworfene Mehlsäcke und unseren Folterknechten ausgeliefert. Die begannen zunächst versöhnlich mit dem Beugen unserer Beine. Das war lustig, weil wir dabei selbst nichts tun mussten und unsere Scherze machen konnten. Damit war es vorbei, als Übungen zum Aufbau der verkümmerten Muskelpartien, zum Verbessern des Gleichgewichtes und gegen einen drohenden Rundrücken eingeleitet wurden. Zum Beispiel verlangte Renate von mir, mich auf die Seite zu drehen. Unmöglich. Es fehlten einfach die entscheidenden Muskelstränge. Ich klebte förmlich an der Matte fest. Dann aber gab sie mir eine Hantel zum Schwungnehmen, und schon rollte ich unkontrolliert von der Matte herunter, wie ein Baby, das beim Versuch, sich aus eigener Kraft zu drehen, den Halt verliert. Nur dass es wohl nicht so putzig aussah. Ebenso wie alle anderen Übungen, die mehr dem Versuch eines Sturzbetrunkenen glichen, auf die Beine zu kommen, als einer Rehamaßnahme.

Den gleichen Trick, nämlich mit den Gewichten in den Händen die fehlenden Bauchmuskeln zu ersetzen, wandte ich an, um mich aufzurichten. Mit Schwung schleuderte ich, auf dem Rücken liegend, die Hanteln nach vorn, wodurch sich, wie von einer unsichtbaren Kraft gezogen, mein Oberkörper aufrichtete. Nur mit dem Bremsen klappte es nicht, und ich landete schmerzhaft mit der Stirn auf den Knien. Natürlich war es blauäugig zu glauben, mich in einer stabilen Sitzposition zu befinden. Völlig haltlos, ohne jegliche Balance, kippte ich sogleich wie ein gefällter Baum um. Mich überkam ein bedrückendes Gefühl absoluter Hilflosigkeit, des Verlustes der Kontrolle über meinen Körper. Ich konnte nicht einmal mehr sitzen, ohne jämmerlich umzufallen. Wäre es nicht so traurig, man hätte sich trefflich über meine krampfhaften Versuche, die Sitzstellung zu halten, lustig machen können. Nichts wäre taktloser, und niemandem hätte ich eine solche Geschmacklosigkeit verziehen. Aber unter Schicksalsgefährten, verbunden mit dem gleichen Leid, verschieben sich die Toleranzgrenzen nach oben. Bernd auf der Nachbarmatte (Reitunfall) ließ es sich nicht nehmen, mich mit dem Befehl für seinen Jagdhund verbal zu unterstützen: »Sitz, Bello, sitz!«, rief er mir zu. Ich musste so lachen, dass ich prompt aus dem mühsam erlangten Gleichgewicht geriet. Uwe, eine Matte weiter, konnte wegen seiner eingeschränkten Lungenfunktion nur ein Lachen hervorbringen, das dem letzten Atemzug eines Ertrinkenden glich. Frank, auf der hinteren

Matte, dem bei jeder Lachsalve ungewollt lautstarke Darmwinde entwichen, gab uns den Rest. Damit war der Physiotherapiestunde für die vier Versehrten wieder einmal jede Ernsthaftigkeit abhandengekommen, und sie musste vorzeitig beendet werden. Wir stellten bald fest, dass der Spaß, den wir miteinander hatten, die beste Therapie war. Lachen tötete die Furcht. Unser Humor trieb uns den Teufel der ungewissen Zukunft aus, er war heilend, manchmal extrem sarkastisch und schweißte uns zu einer Gruppe zusammen, die damit einen Weg gefunden hatte, sich am eigenen Schopfe ein kleines Stück aus dem Schlamassel zu ziehen.

Schön wäre es gewesen, hätten wir immer solchen Spaß gehabt. Aber die Stimmungen schwankten zwischen himmelhoch jauchzend und zu Tode betrübt. Vor allem die Arbeit in der Physiotherapie brachte nur kleinste Fortschritte. Nach Wochen war ich zum ersten Mal in der Lage, wie ein Seiltänzer mit ausgebreiteten Armen und unter voller Konzentration für einen Moment frei zu sitzen. Damit hatte ich nach Renates Aussage dann auch das Ende der Fahnenstange erreicht, mehr war nicht herauszuholen.

Paraplegiker ab TH 7/8 (der medizinische Ausdruck für Querschnittsgelähmte mit einer hohen Läsionshöhe) sind in der Lage, selbstständig aus dem Rollstuhl aus und vor allem wieder einzusteigen. So steht es im Leitfaden für die Behandlung dieser Patienten. Blanke Theorie!

Damit diese Lehrstunde nicht wieder in ein Kasperletheater ausartete, bekam ich Einzelunterricht. Der Ausstieg war ja noch lustig, ich musste mich nur irgendwie herausplumpsen lassen. Eleganz oder Anmut waren dabei nicht gefragt. Meine dunkle Vorahnung, dass der Weg zurück ungleich schwerer werden würde, bestätigte sich prompt. Unbeweglich, wie man ist, wenn zwei Drittel des Körpers einem nicht mehr gehorchen, hockte ich auf der verhassten Gymnastikmatte und hatte nicht den Schimmer einer Ahnung, wie ich den Sitz des Rollstuhls wieder erklimmen sollte. Renate machte es mir vor. Sie hockte sich vor den Rolli, hob den Po, und schwupps, saß sie drin. » Toll «, sagte ich und konnte mir meinen Sarkasmus nicht verkneifen, » und jetzt bitte noch einmal ohne Muskeln. « Ich war ungerecht zu ihr. Mir war klar, Muskulatur lässt sich nicht nach Belieben an- oder ausschalten. Wochenlanges Trainieren stand mir bevor. Am Ende hatte Renate es geschafft, mir eine der wichtigsten Fähigkeiten zu vermitteln, die mich in die Lage versetzte, mir auch in Notsituationen noch selbst helfen zu können.

Sie brachte mir einen Katalog gymnastischer Übungen bei, zeigte mir, mit welchen Hanteln wichtige Muskelpartien aufgebaut werden, und erklärte, dass ich alle Gelenke im gelähmten Bereich einmal am Tag für zehn Minuten bewegen sollte, um Versteifungen vorzubeugen. Vom Becken bis zum kleinen Zeh. Dass sich mein Leben verändern wird, hatte ich bis hierhin weitgehend akzeptiert. Aber täglich zehn Minuten Gymnastik ging mir total gegen den Strich. Aus lauter Angst vor steifen Gelenken zog ich die widerwärtigen Übungen dennoch ein Jahr lang durch. Dann überließ ich die Gymnastik meiner ausgeprägten Streck- und Beugespastik, die ich, wann immer Bedarf bestand, auslösen konnte. So geht das seit dreißig Jahren, und noch immer sind meine Gelenke geschmeidig wie die eines Zwanzigjährigen. Wären Beine ein begehrtes Ersatzteil bei der Organspende, ich könnte sie in meinem Spenderausweis sicher noch als » gut in Schuss und wenig gelaufen « anpreisen. Renate konnte damals nicht wissen, dass sich Verkalkungen in den Gelenken durch Gymnastik kaum verhindern lassen. Franks Kniegelenke waren trotz ausgiebiger Übungen bereits nach zehn Monaten nahezu unbeweglich geworden.

Auch wenn es nicht so aussieht, Rollstuhlfahren muss

man lernen. Uns das beizubringen hatte sich Otto Köth auf die Fahnen geschrieben, der Centurio der Sporthalle. Knappe fünfzig Jahre alt, zackiges Auftreten, stets eine Idee zu breitbeinig, ein Mann der klaren Ansage. Wir, seine Legionäre, standen in Reih und Glied, Rollstuhl an Rollstuhl, verunsichert, ungelenk, wenig diszipliniert und von der Physiotherapie bereits reichlich entmutigt oder wieder einmal unehrenhaft entlassen, bereit, seine Befehle in Empfang zu nehmen. Arno, sein Frontkämpfer, hatte dafür einen Parcours aufgebaut, auf dem die Schandtaten deutscher Stadtplaner als Minenfeld für Rollstuhlfahrer simuliert wurden: mittelalterliches Kopfsteinpflaster, auf dem man sich auch ohne Rollstuhl die Haxen hätte brechen können, durchzogen von Straßenbahnschienen (welch ein Anachronismus), schräg abfallende Bürgersteige mit einem Hang zur Gosse, fehlende Gehwegplatten, Kies, Sandbetten und Rampen mit sechs Prozent Steigung.

Otto schritt uns ab wie seine Kompanie und peitschte uns ein. Er hätte auch Suaheli reden können, allein seine Diktion überzeugte: »Ihr seid hier, um euch auf die Welt da draußen vorzubereiten«, wobei er mit dem Arm in eine unbestimmte Richtung wies, »denn die ist nicht für Rollstühle gemacht.« Gebannt von der Autorität, die er ausstrahlte, hing ich an seinen Lippen. Gleichzeitig war mir dieser militärische Drill nicht geheuer. Das wurde von Arno ausgeglichen. Er ließ schon mal mit sich reden, und wenn Otto außer Sichtweite war, genügte der Hinweis auf ein Kribbeln am Po, um aus der Sporttherapie eine Kaffeepause zu machen. Trotz allem war Ottos Unerbittlichkeit, mit der er mir dauernd in den Hintern trat, um mir zu sagen: »Los, du schaffst das«, hilfreich. Einmal, als er mich allein erwischte, stellte er sich breitbeinig vor mir auf, griff mir mit langem Arm an die Schulter, legte eine sonore Stimmlage ein und zog alle Register der Rhetorik: »Andreas, was ich dir jetzt sage, bleibt unter uns, das sage ich nur zu dir. Ich bin überzeugt, in dir steckt ein riesiges Potenzial. Der Rollstuhl wird für dich eines Tages unbedeutend sein, auf die inneren Werte kommt es an, und die hast du, du bist eine Kämpfernatur.« Er dichtete mir Charaktereigenschaften an, von denen ich noch gar nichts wusste. Tat es aber so überzeugend, dass ich selbst dran glaubte.

Indiskretionen meiner Mitkämpfer haben später ergeben, dass er mit allen so geredet hat. Wenn's hilft, warum nicht.

Deepak und Krishna, zwei Analphabeten als selbstständige Unternehmer

Inzwischen rauscht unser Zug durch die Nacht. Das Bettzeug liegt bereit, in einer halben Stunde können wir schlafen gehen. Mit der Landkarte von Südindien auf dem Schoß, beraten wir unsere Reiseziele.

»Hier, ich würde gern, so weit es geht, an der Westküste herunterfahren. Ich bin überzeugt, wir werden hier Pilger treffen, denn das ist der direkte Weg.«

»Ja, ich habe mich umgehört«, erklärt Nagender, »hier liegt Ganpatipule, dort Sravanabelgola und die anderen Jain-Heiligtümer. Wenn wir dann durch Kerala fahren, sind wir schneller in Kanyakumari. Da liegt schon Rameshwaram.« Er zeigt mir die Landzunge, die zu den wichtigsten Pilgerorten Indiens gehört. »Natürlich müssen wir nach Madurai«, fügt er noch an.

»Nagender«, bremse ich ihn, »wir sollten nicht zu viel planen. Vielleicht werfen wir alles über den Haufen, wenn uns interessante Leute begegnen.«

» Ja, du hast recht, wir lassen uns einfach von den Göttern leiten. Mal sehen, was dabei herauskommt. «

» Hier, guck mal, wen ich mitgebracht habe «, ich ziehe eine kleine Ganesh-Statue aus Speckstein hervor. » Den habe ich vor dreißig Jahren in Indien gekauft. «

Nagender nimmt ihn und sagt: » Ah, Ganesh wird uns helfen, du weißt, er räumt alle Hindernisse aus dem Weg. «

» Ja, er war auch schon sehr fleißig. « Ich erzähle Nagender von meinen Startschwierigkeiten auf dem Frankfurter Flughafen.

Die Sache wäre fast in die Hose gegangen. Dabei klappte es anfangs reibungslos. Ich hatte bereits eingecheckt und saß noch bei einer Tasse Kaffee, als plötzlich mein Name durch alle Lautsprecher tönte. Ich solle zum Informationsschalter kommen. Dort wartete bereits ein Sicherheitsbeamter, der mit ernstem Ton meinte: » Wir müssen noch einmal Ihr Gepäck kontrollieren, bitte kommen Sie mit. « Sofort wurde mir klar, worum es ging, hielt es aber für günstiger, zunächst den Unwissenden zu spielen.

Gemeinsam bahnten wir uns einen Weg gegen den Strom aller Fern- und Heimwehkranken, und plötzlich beschlich mich das unheimliche Gefühl, nicht mehr dazuzugehören – ertappt und selektiert.

Ich wurde in einen kahlen, mit flimmernden Leuchtstoffröhren beleuchteten Raum geführt. » Ist das Ihr Koffer? « Bereit zum Identifizieren, lag er da, wie eine Leiche auf dem Seziertisch, mein geöffneter Hartschalenkoffer mit dem Solex-Motor. » Ja, was ist damit? «, antwortete ich, so unschuldig es ging, doch ich wusste ganz genau, weshalb ich herbeizitiert worden war. Und jetzt bemerkte auch ich den verräterischen Benzingeruch. Hätte ich doch alles etwas gründlicher gereinigt, doch dafür war es jetzt zu spät. » Sie können den Koffer hier deponieren oder abholen lassen, aber Benzinmotoren werden nicht mehr transportiert, es tut uns leid «, war die lapidare Antwort des Beamten, als er mich zur Tür wies. Etwas verloren stand ich in der Abflughalle mit einem riesigen Problem auf dem Schoß in Form eines nach Benzin stinkenden Hartschalenkoffers.

Wie konnte ich eigentlich so blöd sein. Doch solche Fragen schob ich schnell beiseite, für Selbstkritik war es ohnehin zu spät. Beim Blick auf die Uhr wurde mir klar, es musste eine schnelle Entscheidung her. Eine Stunde Zeit blieb mir und zwei Möglichkeiten. Entweder den Koffer in den Müll werfen, denn die Lagerkosten oder das Porto für die Rücksendung überstiegen den Wert des Motors. Damit wäre auch die gesamte Reiseplanung obsolet, und ich müsste mich wie eh und je in Handarbeit durch Indien kurbeln. Oder einen zweiten Versuch riskieren, dieses Mal aber mit einem zerlegten Motor. Was konnte ich schon verlieren, schlimmstenfalls würde man alle Teile bei der Gepäckkontrolle konfiszieren. Dann müsste ich sie nicht einmal entsorgen.

Mit einer Einkaufstasche, prall gefüllt mit allem, was gut und stark riecht, verließ ich den Flughafenshop, griff mir eine Rolle Toilettenpapier vom Klo ab und steuerte auf ein ruhiges Plätzchen zu, wo ich meine Pläne ungestört umsetzen konnte. Die Demontage des Motors war bereits Routine. Alle Teile wurden erneut einer gründlichen Reinigung unterzogen und dann auf das gesamte Gepäck verteilt.

Den Zylinderkopf, gefüllt mit stark riechenden Gewürzbeuteln für Glühwein, wickelte ich in ein T-Shirt. Die gleiche Behandlung erfuhr das Kurbelgehäuse. Den Vergaser, Hauptverursacher verräterischer Benzingerüche, besprühte ich zusätzlich mit Deodorant und verpackte ihn in eine mit Kölnischwasser getränkte Unterhose. Kolben und Pleuel sowie alle Schrauben und Muttern landeten in der Kulturtasche. Mit den Seifenstücken obenauf waren meine Fahrradpacktaschen zum Bersten gefüllt. Nur den Benzinkanister und das Zweitaktöl warf ich zusammen mit dem Hartschalenkoffer in den Müll.

Mit klopfendem Herzen wartete ich zum zweiten Mal am Security Check, denn einige Teile mussten ins Handgepäck. Gelangweilt saß der Sicherheitsbeamte vor dem Bildschirm und ließ, ohne Notiz zu nehmen, die Innereien aller Gepäckstücke an sich vorüberziehen, als hätte er den Film schon hundertmal gesehen. Doch wie konnte es anders sein, mein Gepäck erregte seine Aufmerksamkeit. Plötzlich hellwach, wies er mit einer Handbewegung seinen Kollegen an, alles zu öffnen. Aber ich hatte meinen Job gut gemacht, denn abgesehen von ein paar Routinefragen wegen der Metallteile rümpfte niemand die Nase.

Ich wiege Ganesh in meiner Hand wie ein wertvolles Schmuckstück. » Tja, der Motor liegt jetzt bei Nanny im Gästezimmer. «

Rajdhani-Express-Züge sind die schnellsten Indiens. Mit gut achtzig Stundenkilometern zockeln wir durch die Nacht und erreichen nach gut tausendvierhundert Kilometern Mumbai Central Station zum Frühstück. Weil ich mit meinem Rollstuhl beim Aussteigen den Gang verstopfen werde, warte ich, bis alle Fahrgäste ausgestiegen sind. Ohnedies muss einer von uns im Abteil das Gepäck im Auge behalten, während der andere Porter herbeiruft. Unser Zug ist der lukrativste von allen. Vor allem für die Straßenkinder. Noch bevor ein Passagier ausgestiegen ist, wird er von einem Trupp Jungs gestürmt. Flink wie die Wiesel, fegen sie durch die Abteile. Ihnen entgeht nichts. Selbst was minimalen Wert hat, wird eingesackt. Zeitungen, Verpackungen und Glasflaschen gehen ins Recycling, die Essensreste werden an Ort und Stelle verspeist. Geld und andere Wertgegenstände sind natürlich auch gern gesehen. Aber besonders scharf sind sie auf leere Mineralwasserflaschen. Die lassen sich nämlich gut mit Leitungswasser füllen und an blauäugige Touristen verkaufen. Zwei von ihnen fallen mir besonders auf, weil sie im Team arbeiten. Einer, ich schätze ihn auf zehn bis zwölf Jahre, stapelt auf seinem Arm nur die Zeitungen, der andere übernimmt den Rest. Mit wachen Augen scannen sie jedes Abteil ab. Sie sind durchaus nicht in Lumpen gekleidet und machen auch sonst einen gepflegten Eindruck, gar nicht so, wie man sich Straßenkinder vorstellt. Sie wundern sich, dass ich nicht aussteige, und machen mir mit Handzeichen klar, dass hier Endstation ist. Ich ziehe den Rollstuhl unter dem Sitz hervor und klappe ihn auf, womit für die beiden die Sache geklärt ist.

Bei Nanny ist alles im Lot. Im Morgenmantel schlurft sie vom Schlafzimmer zur Küche und zurück, der Fernseher plärrt, und auf der Fensterbank gurren zwei wilde Tauben, die feuchte Haufen abspritzen. Auch die Dienerin ist da, nur, ich sehe sie nicht. Mit Buttertoast und Instantkaffee finden wir uns vor Nannys Flimmerkiste ein. Eine groteske Situation: Ich sitze am Vormittag vor der Glotze, während draußen die verrückteste Stadt der Welt danach schreit, entdeckt zu werden. Die Tatsache, dass Fernsehen verblödet, ist inzwischen wissenschaftlich untermauert. Die indischen Sendeanstalten scheinen es aber darüber hinaus darauf angelegt zu habe, aus ihren Zuschauern auch nervliche Wracks zu machen. Wer hier einen Fernseher hat, braucht keine Feinde mehr. Werbepausen, die offenbar ohne Sinn und Verstand gestreut werden, verlängern eine durchschnittliche Dreißig-Minuten-Soap auf sage und schreibe eineinhalb Stunden. Das macht wahnsinnig. Nanny, die davor nicht flüchten kann, ist nicht zu beneiden.

» Weißt du, was ich gern mal wissen möchte? «, frage ich Nagender.

» Na, vermutlich, wie lang ein Kinofilm hier dauert. «

» Nein, ich habe an etwas ganz anderes gedacht. Erinnerst du dich an die beiden Jungs, die in unserem Abteil unter den Bänken herumgekrochen sind? «

» Ja, klar. «

» Mich interessiert, wie sie dahin gekommen sind und wie sie den Tag verbringen, von morgens bis abends. Lass uns die Abreise verschieben, wir können auch übermorgen noch losfahren. «

» Gut, gehen wir zum Bahnhof und suchen sie. Aber stell dir das nicht so leicht vor, Straßenkinder sind sicher misstrauisch. «

Keine Statistik über Kinderarbeit, Armut oder Chancenlosigkeit kann einen tieferen Einblick in die Probleme der indischen Gesellschaft geben als die Geschichte von Deepak und Krishna. Wir erkennen sie sofort in einer Gruppe gleichaltriger Jungs auf dem Bahnsteig, die ihre Köpfe zusammenstecken. Sogleich werden wir Zeuge eines Schauspiels, das selbst Nagender in Wut versetzt. Von mehreren Seiten nähern sich Polizisten mit extralangen Lathis und treiben die Gruppe wie einen Haufen Ungeziefer auseinander. Ginge es hier nicht um die Existenz der Kinder, um die Gefahr, Prügel zu beziehen, Schutzgelder zu zahlen oder gar in ein Heim gesperrt zu werden, wo ihnen Misshandlungen drohen, man könnte es lustig finden, mit wie viel Geschick und Witz sie sich dem Zugriff der Polizisten entziehen. Flink huschen sie über die Gleise, verstecken sich in leeren Waggons, klettern wie kleine Äffchen in den Stahlträgern der Dachkonstruktion herum und machen ihren Häschern eine lange Nase.

Als die Cops die Jagd einstellen, lässt Nagender seine ganze Wut an ihnen aus, erklärt ihnen, dass es sich um Kinder handelt, die sie da gerade gejagt haben, und nicht um Kakerlaken. Die Diskussion, die daraufhin entbrennt, ist den Jungs nicht entgangen. Neugierig, immer fluchtbereit, nähern sie sich in der Gewissheit, dass es die Polizisten in dieser Situation nicht wagen würden, sie anzugreifen. Im Vertrauen, dass wir auf ihrer Seite sind, beginnen sie zu erzählen.

Deepak trägt eine kurze Hose, ein Polohemd und hat einen gepflegten Haarschnitt. Er stammt aus einem Dorf nördlich von Delhi und ist in seinem zwölfjährigen Leben noch nie in der Schule gewesen. Als er sein Zuhause verließ, weil es nichts mehr zu essen gab, war er gerade einmal acht Jahre alt. »Ich bin mit dem Zug nach Delhi gefahren«, berichtet er, »da wurde mir mein ganzes Gepäck gestohlen, außerdem war es dort sehr kalt. Dann bin ich so lange mit der Eisenbahn gefahren, bis es nicht mehr weiterging, und das war hier.« »Wovon lebst du heute?«, will ich wissen. »Anfangs habe ich mir Essensreste aus den Mülleimern geholt. Aber jetzt kann ich mir mein Essen selbst kaufen, ich bin Händler von Erfrischungstüchern. Ich kaufe sie im Laden günstig ein und verkaufe sie dann an die Passagiere im Zug mit einem Aufpreis.« Krishnas Schicksal, er stammt aus Mathura, ist nicht leichter. Seine Eltern sind bei einem Verkehrsunfall ums Leben gekommen. Beim Onkel wollte er nicht wohnen und ist ausgerissen.

Womit sie auch immer Geld verdienen, einen Teil bekommen die Polizisten sowie ältere Jugendliche, die den Bahnsteig kontrollieren. Selbst für das Recht, gegenüber dem Bahnhof am Rand der Gosse schlafen zu dürfen, müssen sie Schutzgelder zahlen. Trotz allem gelingt es Deepak, einen gepflegten Eindruck zu machen, denn er hat gelernt, dass er auf diese Weise viel mehr Erfrischungstücher verkaufen kann. Im Glauben, es gäbe für die Jungs nichts Tolleres, als einmal bei McDonald's zu essen, laden wir sie dazu ein. Eine schlechte Idee, denn erbarmungslos weist der Türsteher im schwarzen Anzug die Kinder ab, während uns freundlich die Tür geöffnet wird. Wieder muss Nagender eingreifen und seinen Landsleuten erklären, dass Diskriminierung Kastenloser unter Strafe steht. Kein Wunder also, dass Deepak und Krishna das Essen in dieser Umgebung, in der sie nicht erwünscht sind, zu Preisen, für die sie tagelang hätten arbeiten müssen, nicht schmeckt. Sie wollen, so schnell es geht, das Restaurant verlassen. Ich klopfe Deepak auf die Schulter und sage ihm: »Mach dir nichts draus, es ist kein Verlust, auf das Essen bei McDonald's zu verzichten, uns schmeckt es auch nicht.«

Verschiedene Hilfsorganisationen betreiben überall in der Stadt Häuser, in denen elternlose Kinder betreut werden. »Warum geht ihr nicht zu Shelter oder in den Hamara Club?«, frage ich Deepak. »Dann würden doch andere Kinder kommen und unsere Züge ausräumen. Wovon sollten wir dann leben?« Mir ist noch nicht wirklich bewusst, dass ich hier mit selbstständigen Unternehmern spreche. Deepak wirkt plötzlich unkonzentriert und schaut dauernd zum Zug, der nun bereitsteht, wieder nach Delhi zu fahren. »Tut mir leid, ich muss arbeiten.«

»Es ist wirklich beschämend«, meint Nagender, als wir ihnen bei der Arbeit zusehen, »dass Indien nicht einmal für seine Kinder sorgen kann.« Ich stimme ihm zu und füge an: »Vandana hatte recht, Korruption ist das größte Übel hier. Und dann diese furchtbaren Polizisten. Wie können die so fies und herzlos sein und den Kindern noch das bisschen Geld abnehmen?« Nach einer halben Stunde ist auf dem Bahnsteig wieder Ruhe eingekehrt, und die Jungen haben sich für den Rest des Tages freigenommen. Sein Erspartes, die eingerollten Geldscheine, hat Deepak in den Saum seiner Hose geschoben. Damit ist das Überleben bis morgen gesichert, und als hätte jemand einen Schalter umgelegt, werden aus ihnen spielende Kinder. Die Murmeln beschäftigen sie derart, dass sie selbst den lukrativen Jaipur Express, der gerade einläuft, keines Blickes würdigen. Am Ende bitte ich Nagender, noch eine Frage zu über-

Von einer Minute zur nächsten kommt alles in Bewegung, und die Menschen-
massen stürzen sich auf Murgans Tempel.

Nächste Doppelseite: Busfahren in Rajasthan erfordert robustes Sitzfleisch.

Skrupel sind indischen LKW-Fahrern fremd. Besonders aggressiv erweisen
sie sich zwischen Tiruchendur und Madurai.

Die Menschen von Dharavi leben in gestapelten Schuhkartons.

Für Familien, die die Miete für eine Hütte im Slum nicht mehr bezahlen können, bleibt nur die Straße.

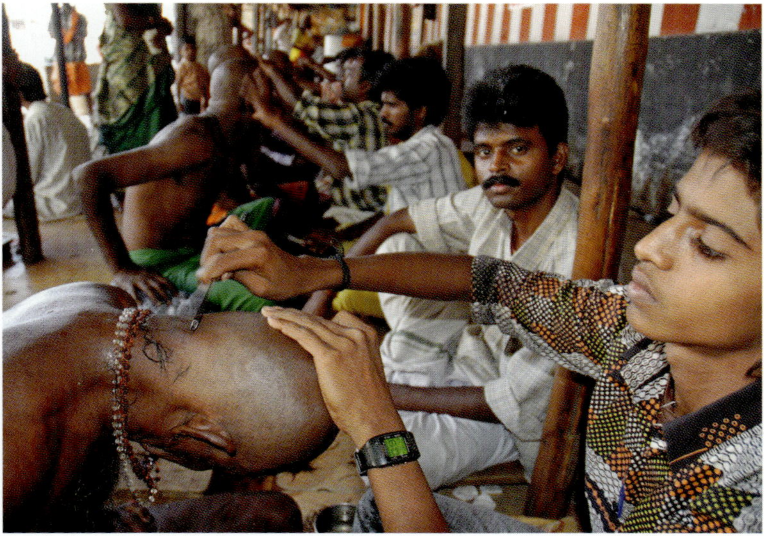

In Tirupati wird mit Haaren kurzer Prozess gemacht.

Nächste Doppelseite: Frau Patel weiß noch nicht recht, was sie von ihrer Glatze halten soll, aber sie ist stolz auf ihr Opfer.

Frau Patels Haare eignen sich gut für Extensions.

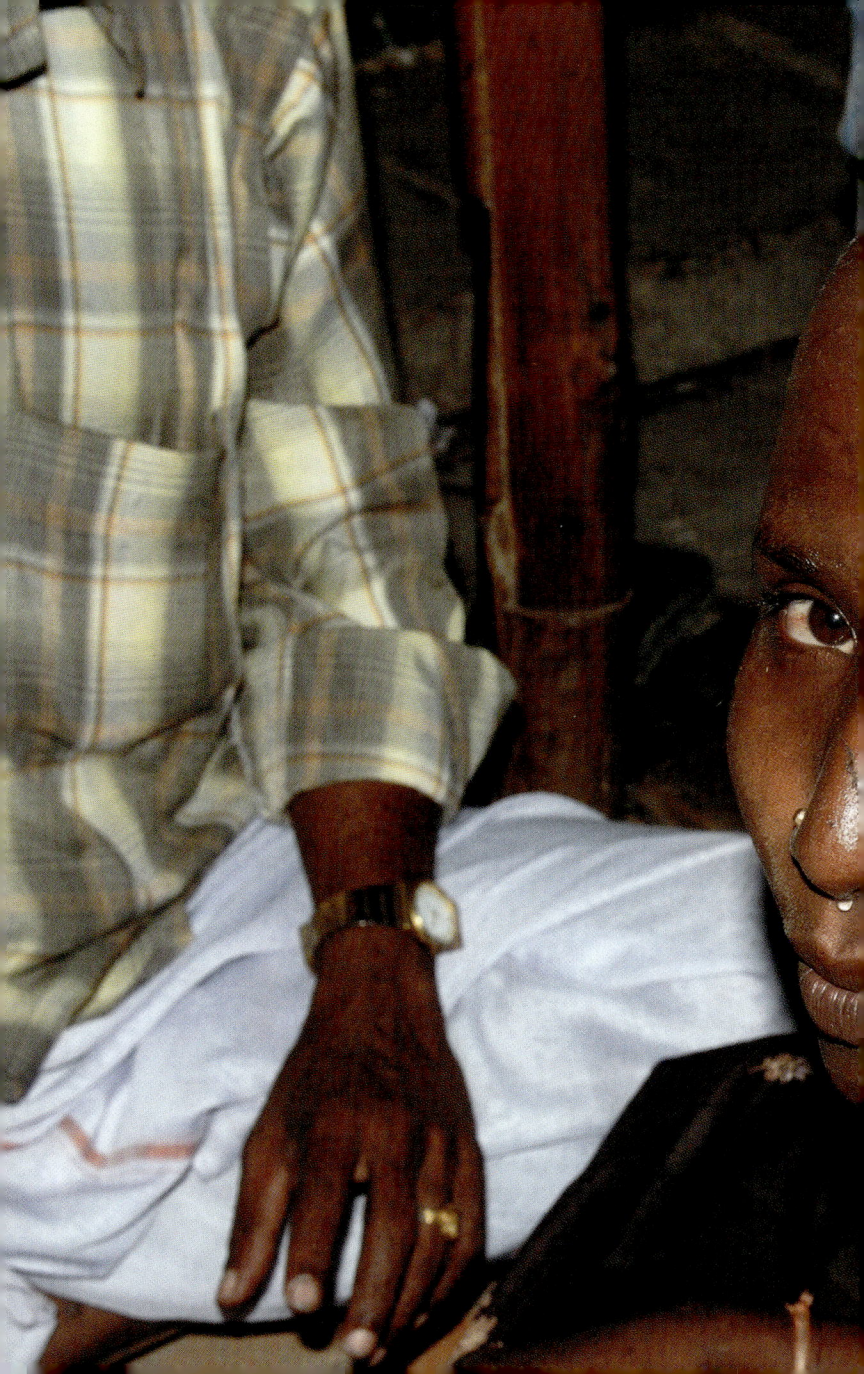

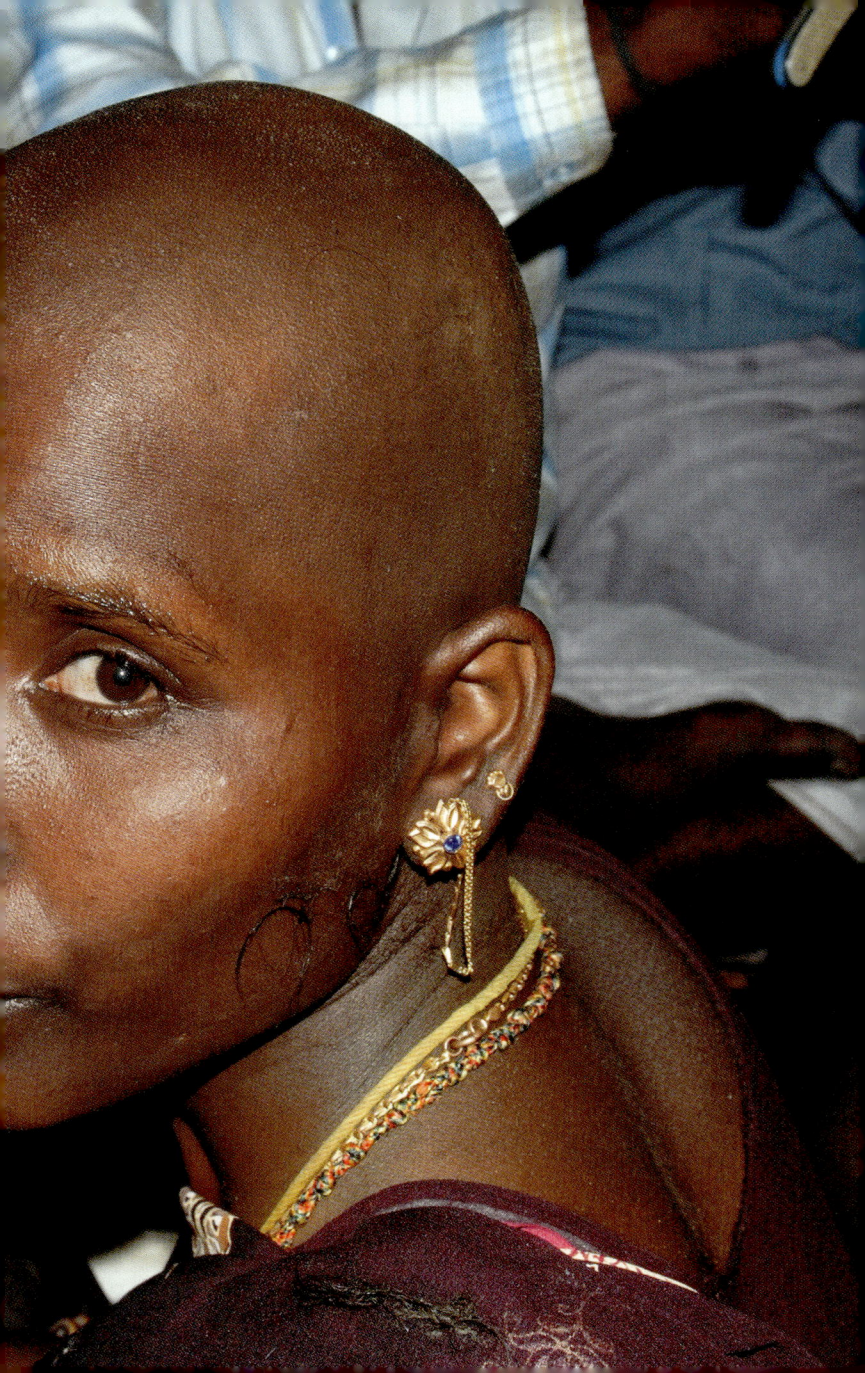

Ganesh auf dem Armaturenbrett räumt alle Hindernisse auf unserem Weg nach Bangalore beiseite.

Die wahren schwarz-bunten Kühe gibt es nur zum Pongal-Fest in Indien.

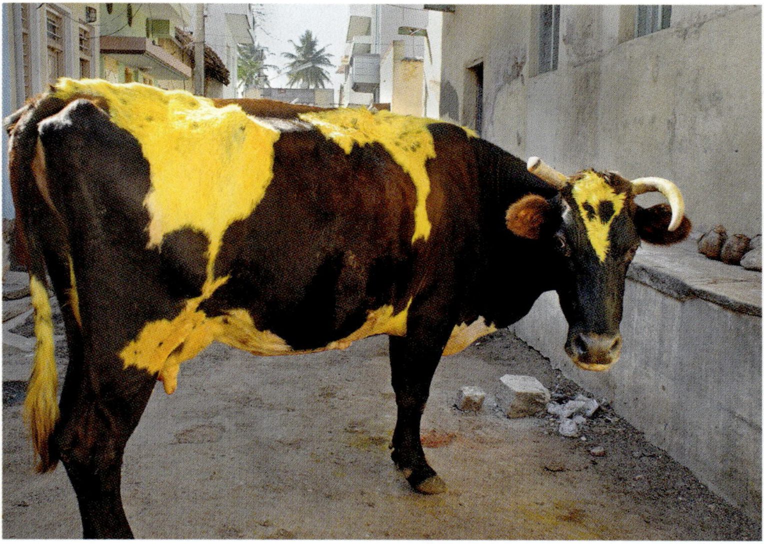

In der Tausendsäulenhalle im Tempel von Rameshwaram.

Nächste Doppelseite: Pilger nach dem religiösen Bad im Tempelteich von Madurai.

Digambaras in Sravanabelgola. Die »Luftgekleideten« legen jeglichen materiellen Besitz ab.

Die Überfahrt mit der Dhau nach Ganpatipule hätte fast in einer Katastrophe geendet.

Mein Sitznachbar im Bus nach Tirupati macht sich große Sorgen um das Ansehen Indiens in der Welt.

Geschultert zu den Kanheri-Höhlen, um einen verstorbenen Guru zu besuchen.

Nächste Doppelseite: An der ostindischen Küste ist der Kontakt zu den Feldarbeiterinnen immer warmherzig.

Auf dem Weg nach Badami findet Nagender mich nach dem Unfall am Straßenrand.

Frühstück für den Tempelelefanten.

Mit ein paar zusätzlichen Blattfedern kann der Begriff »Überladen« neu definiert werden.

Vor dem großen Fest in Palani reinigt man sich gründlich. Hier trocknen die Saris der Frauen am Fels.

Nächste Doppelseite: Die Banjaras, Ureinwohner Indiens, sind Vorfahren der europäischen Sinti und Roma.

Die Bäuerinnen hinter Salem freuen sich über die Abwechslung.

Wer an Murgan glaubt, kennt keinen Schmerz.

Nagender ist extrem kontaktfreudig, selbst bei Furcht einflößenden
Begegnungen in Palani.

Ayappapilger nehmen auf ihrer Wallfahrt auch die Kinder mit.

Nächste Doppelseite: Nur noch ein paar Stunden bis zum großen Augenblick, dann öffnet Gott Murgan seine Tore.

Wer auf Nagelbrettern vor Murgan steht, erntet besondere Ehre.

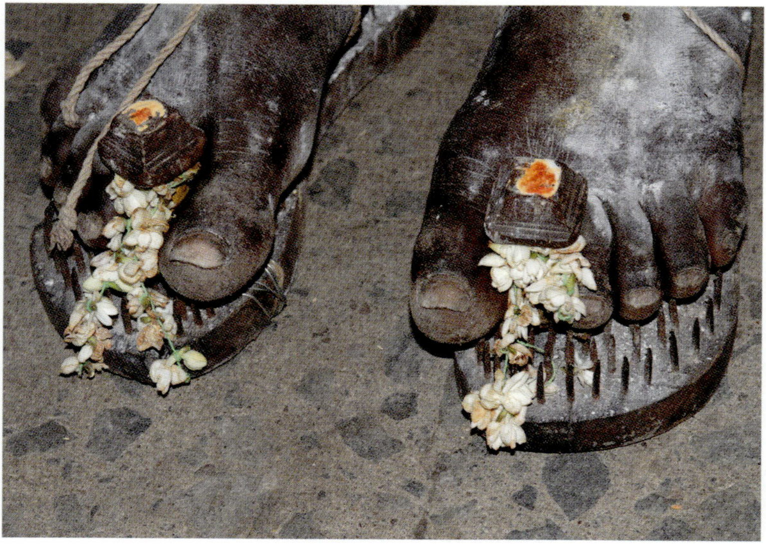

In Sorgur bin ich drei Tage der Star.

Mamallapuram ist berühmt für seine gigantischen Felsformationen.

setzen. Ich will wissen, was ihr größter Wunsch sei. Unisono träumen sie von einem intakten Elternhaus.

»Welchen Wunsch können wir euch erfüllen?«, lautet meine letzte Frage.

Nach kurzer Beratung einigen sie sich. Deepak sagt uns: »Einmal im Taxi zum Spielplatz fahren.« – »Nichts leichter als das«, sage ich zu Nagender. Denkste. Kein Taxifahrer ist bereit, die Straßenkinder zu chauffieren. Als wir doch noch einen finden und im Nobelviertel Navi-Mumbai ankommen, muss Nagender all seine Überzeugungskraft einsetzen, um unseren Schützlingen auf dem Luxusspielplatz einer geschlossenen Wohnanlage, einem Reichenghetto, die Spielgenehmigung zu verschaffen. Die anderen Kinder strafen Deepak und Krishna mit verächtlichen Blicken. Apartheid auf Indisch. Zurück an der Central Station, sind sie sofort wieder in ihrem Element, bewegen sich souverän und sicher wie zwei Fische, die aus der künstlichen Welt eines Aquariums in die Freiheit der Meere entlassen worden sind.

Die Konkanküste –
große Freiheit Richtung Süden

Endlich starten wir. Unsere Fahrzeuge, voll bepackt, machen den Eindruck, als wollten wir zu einer Weltreise aufbrechen. So erscheint es uns tatsächlich, als wir Mumbai durch die Hintertür verlassen. Mit einer kleinen Fähre setzen wir nach Mandawa über und befinden uns plötzlich Lichtjahre von der Großstadt entfernt. Eine kleine Straße ohne bedeutenden Fahrzeugverkehr führt uns in den kommenden Tagen an Indiens Westküste entlang nach Süden.

Palmenbewachsene Traumstrände im Überfluss ohne eine Menschenseele begleiten die Fahrt. Hin und wieder biegen wir ins hügelige Inland ab und bekommen herrliche Ausblicke auf das Meer. Mein Solex-Motor schafft die meisten Steigungen, sodass ich ihn nur selten mit meiner Handkurbel unterstützen muss. Mit Fähren überqueren wir regelmäßig die Mündungen der Flüsse, die die Western Ghats entwässern. Jenseits dieses Höhenzuges, der sich parallel zur Küste bis nach Kerala zieht, erhebt sich das Dekkan-Plateau, das südindische Hochland. Im krassen Kontrast zur entspannten Fahrt durch Palmenwälder, zwischen Reisfeldern hindurch und entlang der Küstenlinie stehen die Ortschaften. Hier muss ich höllisch aufpassen. Mein Leben lang habe ich im Rollstuhl nie die Zwanzig-Stundenkilometer-Marke überschritten. Jetzt, mit fünfunddreißig Sachen, gilt es, weitaus vorausschauender zu reagieren.

Im Slalom umfahre ich die Schlaglöcher. Dazu bilden die Straßen das Zuhause für eine Vielzahl von Lebewesen, die jederzeit unvermittelt auf die Fahrbahn treten können. Auf drei Arten von ihnen muss ich ganz besonders achten: Menschen, Hunde und Kühe. Letztere besitzen durch ihren spirituellen Status Narrenfreiheit und nutzen diese auch schamlos aus, indem sie ohne Ansehen des Verkehrs die Straße kreuzen. Hunde dagegen sind weniger gradlinig. Sie rennen ständig scheinbar ohne Sinn und Verstand über die Fahrbahn, was sie unberechenbarer und gefährlicher macht. Menschen dagegen kann man in die Augen sehen und vielleicht erraten, was sie im nächsten Moment tun. So lautet mein oberstes Gesetz im indischen Verkehr: Beobachte deinen Nächsten, und sei immer bremsbereit.

Nur 0,4 Prozent der Bevölkerung Indiens zählt zu den Jains, die vorwiegend in Gujarat und Mumbai leben. Bedenkt man, dass davon wiederum nur ein kleiner Bruchteil auf Pilgerreise geht, ist die Chance, einem von ihnen zu begegnen, verschwindend gering. Daher wählte ich genau diesen Weg nach Süden, denn der liegt zwischen dem Siedlungsgebiet der Jains und einigen ihrer wichtigsten Heiligtümer. Wer also, dachte ich mir, auf Wallfahrt geht, nimmt diese Route. Meine Rechnung geht auf. Wir nähern uns drei in weiße Gewänder gekleideten Frauen mittleren Alters. Mit einem Besen fegen sie den Asphalt vor ihren Füßen in pendelnden Bewegungen frei, wie ein Blinder mit seinem Stock. Ihr Gepäck ist beneidenswert minimalistisch. Lediglich eine kleine Umhängetasche reicht für ihre Habseligkeiten. An den Füßen tragen sie weiches Schuhwerk und um den Mund eine Art Operationsmaske. Schließlich sind sie Vegetarier und wollen auch nicht versehentlich Insekten verschlucken. Der Besen und die Schuhe dienen ebenfalls dem Tierschutz. Sie wollen keine noch so kleine Kreatur zertreten. Ihr oberstes Gebot, keinem Lebewesen Leid anzutun, scheint für sie selbst allerdings nicht zu gelten. Schritt für Schritt quälen sie sich in Schonhaltung voran und machen auf mich den Eindruck, als würden sie jeden Moment erschöpft zusammenbrechen. Wir begleiten sie mit ausgeschalteten Motoren, um Kontakt aufzunehmen. Aber ihr Mitteilungsbedürfnis ist gering. Auf Nagenders Fragen reagieren sie nicht. » Lass es, Nagender «, flüstere ich ihm zu, » ich glaube, sie sind sehr mit sich selbst beschäftigt. Wir fahren ins nächste Dorf und warten dort auf sie. «

In der ersten Garküche am Ort machen wir es uns auf einer Art Bierzeltgarnitur gemütlich, so gut es eben geht. Als die drei in Sicht sind, tritt Nagender, bereit, all seinen Charme einzusetzen, auf die Straße und bittet sie, seine Einladung auf ein Gläschen Tee anzunehmen. Wir haben Glück, ihre Schwäche ist größer als der Wille weiterzulaufen. Jetzt werden sie sogar redselig. Eine von ihnen klappt den Mundschutz herunter und erklärt in Hindi, dass sie einem Nonnenorden aus Mumbai angehören und auf dem

Weg nach Sravanabelgola sind, einem ihrer bedeutenden Heiligtümer. »Wir sind Shvetambaras, die Weißgekleideten«, wirft ihre Freundin ein, als gelte es festzustellen, dass sie auf keinen Fall mit anderen Pilgern verwechselt werden wollen. Als Reaktion darauf will ich wissen, ob es denn auch schwarz gekleidete Nonnen gibt. »Nein«, sagt sie, »die anderen sind die Digambaras, die Luftgekleideten.«

»Sind die nackt?«, frage ich nach.

»Ja, nur nicht die Nonnen.«

Mir entfährt ein »aha«, dem ich nur halbherzig »verstehe« anfügen kann.

»Was erwarten Sie von Ihrer Pilgerreise?«, frage ich dann. »Wir sammeln gute Taten und reinigen unsere Seelen«, lautet die knappe Antwort. Ihr Ziel ist es, Samsara, also den leidvollen Kreislauf der Wiedergeburten, zu durchbrechen. Ich will von ihr wissen, warum sie nicht mit dem Auto fahren, das sei weniger anstrengend und ginge auch schneller. Nagender schaut mich schräg an und meint, ob er das wirklich übersetzen soll. Meine naive Frage löst ein mitleidiges Lächeln aus. Als Banause abgestempelt, wird sie mich sicher als samsaraunfähig einstufen. »Moksha, die Erlösung von den Wiedergeburten«, erklärt sie kategorisch, »erlangt nur, wer allen Bedürfnissen entsagt und in Askese lebt.« Abschließend macht sie mir klar, dass Jains nur Berufe ausüben dürfen, die ihren Ethikregeln entsprechen, in denen sie also keiner Seele schaden und kein Tier töten, und dass daher viele Jains in der Wirtschaft oder im Bankgewerbe tätig sind. Meinen Einwand, Banker seien keine unschuldigen Lämmer und durchaus in der Lage, Böses zu tun, verkneife ich mir lieber. Eine Diskussion mit den Nonnen über die Ursprünge der weltweiten Wirtschaftskrise will ich nicht vom Zaun brechen. Wir schauen ihnen noch eine Weile nach, wie sie unverändert schweren Schrittes ihren Weg fegen.

Nagender zieht sein Resümee mit einer gewagten Behauptung: »Weil die Menschen wissen, dass sie von Grund auf böse sind, haben sie die Religionen erfunden, um sich von ihnen in ihre Schranken weisen zu lassen. Sie sind ewig dazu verdammt, ihre dunklen Eigenschaften zu bekämpfen.«

Erstaunt gucke ich zu ihm hoch: »Wo hast du das denn her?«

»Habe ich mal gelesen«, antwortet er stolz. Bevor ich ihn mit einer philosophischen Diskussion in die Enge treiben kann, schwingt er sich auf seine Maschine und meint: »Let's hit the road.«

Horrortrip in einer Nussschale

Meine Frage an die Shvetambaras, warum sie denn nicht auf einem fahrbaren Untersatz pilgern, war gar nicht so abwegig. Kurz vor Ganpatipule nämlich ertönen von hinten selbst für indische Verhältnisse ungewohnt eifriges Hupen und das Gegröle randalierender Jugendlicher. In weiser Voraussicht stoppe ich am Wegesrand und schaue mich um. Wie vor einem Fußball-Länderspiel rauscht im gleichen Moment ein bis zum Bersten mit Männern bepackter Jeep in halsbrecherischer Geschwindigkeit an mir vorbei. Sie winken mir zu, schreien oder singen Lieder. Wimpel, Fahnen und Schals flattern im Wind. Alles ist in Schwarz gehalten, als wollten sie unter Jubel zu einer Beerdigung. Kaum einen Moment später ist der Spuk auf Schlangenlinien hinter der nächsten Kuppe verschwunden. Ich frage Nagender, der ebenfalls in Deckung gegangen ist: »Was war das?«

»Ayappapilger«, lautet seine Antwort, als beschreibe er

einen Wolkenbruch, den man über sich ergehen lassen muss.» Die machen jedes Frühjahr Südindien unsicher.«

» Wo wollen die hin? «, frage ich neugierig.

»Überallhin, sie fahren jeden bedeutenden Tempel an, und am Ende steigen sie hinauf nach Sabarimala.« Nagender erzählt, dass es für eine nicht unerhebliche Anzahl eine Pilgerfahrt in den Tod ist. Die Fahrer werden von ihren Passagieren vom Verkehr abgelenkt oder befinden sich in einem Zustand spiritueller Ekstase, fest davon überzeugt, mit dieser Pilgerfahrt dem nächsten Leben ein gehöriges Lifting zu verpassen. Die haben keine Angst vor dem Tod.

Ich empfinde das allerdings als reichlich egoistisch, wenn man bedenkt, dass sie mich fast umgefahren hätten. Mögen die Hindus auch an die Wiedergeburt glauben, an ein recyceltes Leben. Aber sie können doch nicht ungefragt davon ausgehen, dass ich mich dem entzückt anschließe. Ich habe schließlich keinen grünen Punkt auf dem Hintern, um am Ende in der Biotonne namens Ganges zu landen. Da sind mir Shvetambaras, die beschützen, was da kreucht und fleucht, weitaus sympathischer.

Nur sechs Kilometer vor Ganpatipule müssen wir eine breite Flussmündung überqueren. Wie die Ayappapilger mit ihrem Jeep da hinübergekommen sind, ist uns völlig schleierhaft, denn die Fähre besteht aus einer zehn Meter langen Dhau ohne Motor. Unten am Pier steht kein Mensch, wir sind also die einzigen Passagiere. Schlecht für unsere Verhandlungsposition. Noch schlechter ist, dass ich so hellhäutig bin. Der Kapitän wird in mir einen Geldsack sehen, den man ausnehmen kann, und den Fährpreis im Handumdrehen verdoppeln. Solchen Halsabschneidern das Handwerk zu legen macht uns besonderen Spaß. Ich verberge mich hinter dem Fährhaus, Nagender handelt mit seinem Landsmann den Preis pro Person aus, und erst dann zeige ich mich. So machen wir es immer, wenn es gilt, Touristenpreise zu umschiffen. Am schönsten dabei ist das erstaunte Gesicht des Übertölpelten. Zur Strafe hilft er uns nicht, die Fahrzeuge auf seinen Seelenverkäufer zu verladen. In seinem hochgekrempelten Lungi hockt er am Bug und schaut zu, wie Nagender krampfhaft versucht, beim Balancieren über die schmalen Planken mit seinem Motorrad nicht ins Wasser zu plumpsen.

Selbst hier, in der geschützten Bucht, sind die Wellen bereits ziemlich hoch. Hinter der Landzunge, die wir umschiffen müssen, rollen die Brecher vom Meer mit voller Wucht in die Mündung. Auch wenn ich von der Seefahrerei keine Ahnung habe und es verblüffend finde, dass Segelboote schräg gegen den Wind fahren können, so bin ich mir doch in einem sicher. Seitdem ich einmal beim Paddeln gekentert bin, weiß ich, dass Kapitäne hohe Wellen von der Seite meiden sollten. Während ich voller Sorgen auf das Meer schaue und darüber grüble, wie unser Fährmann diese Aufgabe lösen wird, macht Nagender die Leinen los, und die Fahrt beginnt. Alle sind gegen uns. Die Flut, die vom Meer in die Flussmündung drückt, der Wind, die Wellen, ja selbst der Kapitän und sein Matrose, der kurz vor der Abfahrt an Bord gehüpft ist. Sie schauen uns an, als wären wir die Klabautermänner.

Plötzlich, als wir die windgeschützte Bucht verlassen, bläht sich das riesige Segel auf, drückt unser Schiff so sehr auf die Seite, das ich mich im Rolli kaum halten kann. »Nagender«, rufe ich in Panik, »halt mich, hier das Seil, bind mich fest.« Salzige Gischtwolken ergießen sich über uns, ich weiß nicht mehr, wo oben und unten ist, denke an unsere Fahrzeuge, aus denen bei jedem Brecher Sprit ausläuft, kontrolliere unser Gepäck unter der Plastikplane und hoffe, dass mein Fotokoffer wirklich wasserdicht ist. Die Dhau, eben am Ufer noch ein halbwegs solides Schiff, entpuppt sich plötzlich als eine empfindliche Nussschale.

Nagenders Motorrad liegt so ungünstig im Bug, dass es droht, jeden Moment über Bord zu gehen. Das hektische Hantieren des Matrosen am Segel, sein Gebrüll und die Panik in den Augen des Kapitäns am Ruder sagen mir, das geht nicht gut.

Einmal, als ich mit Nagender am Toten Meer war, hat er mir gebeichtet, dass er nie schwimmen gelernt hat. Worüber ich in Jordanien schmunzeln konnte, weil das dortige Salzwasser auch Nichtschwimmer trägt, versetzt mich hier in Angst um ihn. Jetzt klammert er sich am Mast fest, so sehr, dass selbst seine braunen Finger blutleer und unnatürlich weiß erscheinen. In seinem Blick, der unermüdlich von seinem Motorrad aufs Meer und zurück wandert, entdecke ich zum ersten Mal, seit ich ihn kenne, so etwas wie Furcht.

Aber auch ich käme bei einem Kentern aus eigener Kraft nicht mehr an Land. Ich erwäge, mich vom Rollstuhl wieder abzuschnallen, denn wenn ich mit ihm über Bord gehe, zieht er mich schnurstracks in die Tiefe. Ich schreie den Kapitän an: » Go back! «, aber er guckt, als hätte er mich nicht verstanden, bleibt nach einer abwartenden Handbewegung auf die Wasseroberfläche konzentriert.

Jetzt begreife ich, er wartet auf einen günstigen Moment, um zu wenden. Eine der anrollenden Wellen scheint etwas kleiner, er brüllt seinem Matrosen Befehle zu und reißt das Ruder herum. Das Segel schlägt krachend um, die Jolle dreht, neigt sich in die entgegengesetzte Richtung und bekommt Fahrt. Kurz darauf erreichen wir wieder die schützende Bucht. Jetzt sind wir es, die den Kapitän verächtlich anschauen. » Welch ein Abenteuer «, sagt Nagender mit einem Zittern in der Stimme und zaghaft wie jemand, der gerade knapp einer Katastrophe entronnen ist. » Auf solche Abenteuer kann ich verzichten «, entgegne ich und schaue noch einmal zurück. Da entdecke ich eine doppelt so große Dhau, wie sie vom anderen Ufer genau auf uns zukommt.

»Denkst du auch, was ich denke?«, sage ich zu Nagender. Ich zeige mit dem Finger über den Fluss: »Das ist unsere Fähre, nicht diese.« Wenn diesem Tag etwas Gutes abzugewinnen ist, dann die Erkenntnis, dass auch Inder von ihren Landsleuten übers Ohr gehauen werden.

Erste Heimfahrt ins alte neue Leben

Der Simulator unter mir schepperte, als flöge er im nächsten Moment auseinander. Mir rann der Schweiß in Strömen von der Stirn und brannte in den Augen. Ich machte mich zum Sklaven der Anzeige für das Drehmoment und die Zeit, mit dem Ziel, immer etwas besser zu werden als am Vortag. Was haben die hier nur aus mir gemacht, schoss es mir durch den Kopf. Welchem Winkel meines Körpers entsprang dieser Ehrgeiz, der mich dazu brachte, diesen idiotischen Simulator anzutreiben wie ein Hamster im Käfig. Schlimmer noch: Otto musste nur seine Arme verschränken und sich breitbeinig danebenstellen, um meine Leistung noch zu steigern. Ich lernte mich von einer ganz neuen Seite kennen. All das wäre nicht der Rede wert gewesen, hätte die Quälerei mir nicht auch noch ungeheuren Spaß gemacht. Das irritierte mich völlig. Wurden doch Bodybuilder in der Szene verachtet. Das waren Typen, die im Fitnessstudio ihren fehlenden Intellekt mit Muskelmasse zu kompensieren versuchten. Die Arnold Schwarzenegger nachäfften, dessen B-Movies bei uns nur verächtliches Kopfschütteln hervorriefen. Linke Atomkraftgegner mit langen Haaren, wie ich einer war, fand man nicht an Muskelmaschinen. Und nun ließ ich mich in ein solches Gerät einspannen. Zum Glück blieb die Identitätskrise aus, denn meine Vergangenheit existierte hier nicht. So geriet ich auch nicht in Erklärungsnot.

Doch der Wandel war unaufhaltsam. Ehrgeiz trat in den Vordergrund. Wie hatte mein Bruder Fritz noch gesagt: Wir bauen dir ein Haus, sieh du zu, dass du fit wirst. Auf dem Simulator schüttelte ich jeden Tag ein Stück Lethargie ab, und mit jedem Kilometer auf den Rollen entstand eine neue Vita, die mit meinem früheren Leben nicht mehr viel gemein hatte. War der Weg in die Sporthalle auch mit Zweifeln gepflastert, beim Verlassen fühlte ich mich topfit, einen Kopf größer und zuversichtlicher. Die Angst, an dem Schicksalsschlag Querschnittslähmung zu zerbrechen, verblich. Mit der Zeit löste die übermäßige Ausschüttung an Dopamin auf dem Simulator eine regelrechte Manie aus, die weit über die Mittagspause anhielt. Da erschien mir der 17. April plötzlich wie ein zweiter Geburtstag, an dem mir eine neue Chance gegeben wurde. Als reiche mir das Schicksal seine Hand für einen Neuanfang, um das zu tun, was ich mir schon immer erträumt hatte. In den Stunden nach dem Fitnesstraining war ich felsenfest davon überzeugt, baldmöglichst meinen Herzenswunsch von einer Reise mit dem Rucksack durch Indien zu erfüllen. Mehr noch, die ganze Welt schien sich mir zu öffnen. Die Frage, woher das Geld kommen sollte, fiel meiner Hochstimmung zum Opfer. Nachmittags zog dann unausweichlich der Grauschleier einer zweiten Wahrheit auf. Schier unlösbare Probleme rückten meine Reiseträume prompt in weite Ferne. Welche der beiden Welten, die meine Tage dominierten, am Ende die Oberhand gewinnen würde, sollte entscheidend sein für meine Zukunft.

Ein Wochenende in der Klinik, ohne wirklich krank zu sein, ist so ziemlich das Langweiligste, was man sich vorstellen kann. Um diesem Frust zu entgehen, tyrannisierte ich Dr. Lang so lange, bis er mir eine ärztlich verordnete

Heimfahrt ausstellte. Ich ließ ihn im Glauben, Familienangehörige würden mich abholen, wollte ich doch mit der Bahn fahren und daraus einen Testlauf für die Alltagstauglichkeit meiner Rehabilitation machen.

Wie ein junger Fuchs, der zum ersten Mal aus seinem Bau krabbelt, verließ ich die barrierefreie Enklave. Es war wie eine Vertreibung aus dem Paradies. Da musste ich feststellen, dass Arnos Parcours in der Sporthalle nicht die ganze Wahrheit wiedergab. Die Bürgersteige waren noch viel schlimmer. Sie fielen so extrem ab, dass ich gezwungen war, ganz oben zu rollen. Als Neuling kannte ich noch nicht die Gefahren, die auf diesem Bereich des Gehwegs lauerten, dort, wo vor allem Hunde es gewohnt sind, sich zu entleeren. Prompt erwischte ich einen der Haufen. Er blieb am Rad haften, gelangte mit einer halben Umdrehung zu mir hinauf und quoll zwischen meinen Fingern hervor wie ein Hefeteig. Angeekelt schaute ich auf meine Hand voller Scheiße und wunderte mich im ersten Moment, wo die so plötzlich herkam. Na toll, dachte ich, das ist also das tägliche Brot des Rollifahrers. Erster Versuch gescheitert, zurück zum Start. Kleinlaut passierte ich den Pförtner, dem ich gerade ein schönes Wochenende gewünscht hatte, hielt ihm meine Hand hin und meinte selbstironisch: »Das war wohl nichts.«

Frisch gewaschen, unternahm ich den zweiten Anlauf und gelangte tatsächlich ohne weitere Zwischenfälle zum Hauptbahnhof. Dank meiner Vorurteile gegenüber dem deutschen Beamtentum war eine Konfrontation vorprogrammiert. Dem Personal war es kaum begreiflich zu machen, dass sie mich nicht schieben müssen, dabei wollten sie doch nur helfen. Pikiert eskortierten sie mich durch die Katakomben der Gepäckabfertigung und warteten nur darauf, mir meine Hilfsbedürftigkeit unter Beweis zu stellen. Sie bekamen ihr Erfolgserlebnis. Es herrschten wahrlich steinzeitliche Verhältnisse bei der Bahn. Aufzüge und Rolltreppen warteten anscheinend noch darauf, erfunden zu werden. Ächzend schleppten sie mich daher über Treppen auf den Bahnsteig. Im Gepäckwagen hatten sie eine Ecke für mich frei geräumt, in die ich nun abgeschoben werden sollte. Es waren die Zeiten, als deutsche Richter noch der Meinung waren, dass Behinderte im Urlaubshotel für die anderen Gäste einen unzumutbaren Anblick und daher eine Minderung der Reisequalität darstellten. Man hatte in solchen Fällen eine gute Chance, den Reisepreis erstattet zu bekommen. Kein Wunder also, dass die beiden Beamten alles taten, um mir den Gepäckwagen schmackhaft zu machen. Da ich aber ein gültiges Ticket in der Hand hielt, war ich Passagier und kein Stückgut. Ohne selbst die Maße in den Waggons zu kennen, wies ich ihre Einwände, der Rolli sei für die Abteile zu breit, würde die Gänge verstopfen und passe auch nicht in die Toilette, zurück. Aber sie behielten recht. Ich verbrachte die Fahrt nach Hannover im Eingangsbereich bei der Kupplung, unfähig, ein Abteil oder gar die Toilette erreichen zu können.

Vielleicht hätte der Gepäckwagen sogar mehr Komfort geboten. Fünf Stunden sinnierte ich darüber, ob jetzt die Tür der Bahn zu schmal oder ich zu breit war. Letztendlich kam ich zu dem Schluss, dass es kurzfristig leichter war, den Rolli zu modifizieren, und langfristig nötig sein würde, der Bahn auf die Füße zu treten, um Besserungen zu erzwingen. Tatsächlich war mein Rollstuhl eine Krücke und behinderte mich sogar. Wieso um alles in der Welt, fragte ich mich, sitze ich hier wie in einem Fernsehsessel. Die ausladende Fußstütze verursachte einen riesigen Wendekreis. Den Armlehnen stand ich von Anfang an mit Misstrauen gegenüber, sie erschienen mir überflüssig, ja sogar hinderlich beim Rollen. Würde ich auf sie verzichten, könnte ich eine kleinere Rolli-Konfektionsgröße wählen und vielleicht wie ein normaler Mensch im Abteil reisen. Mit diesen Gedanken konnte ich mich recht lange über Wasser halten und mich von dem ablenken, was mich zu Hause erwarten würde. Denn ich empfand nicht nur Freude darüber, nach Hause zu kommen, meine Familie und die Freunde wiederzusehen und die Fortschritte auf der Baustelle für mein Haus zu begutachten. Mich beschlich auch ein zwiespältiges Gefühl. Der alte Bauernhof meines Vaters war alles andere als rollstuhlgerecht. Wie werde ich es ertragen, von jedem Hilfe annehmen zu müssen? Selbst bei der Besichtigung der Baustelle werde ich jemanden brauchen, der mich schiebt. Bin ich ab jetzt der kleine, hilflose Andreas mit einem hohen Anspruch auf Rücksichtnahme? Und wie wird sich das Verhältnis zu meinen früheren Motorradfreunden entwickeln?

Meine Sorgen bauten sich mit der Ankunft in Hannover zu einer Mauer der Angst auf. Fritz, mein Bruder, holte mich vom Bahnhof ab. Auf der Baustelle herrschte Hochbetrieb. Sicher zwanzig Arbeiter mauerten, mischten Zement oder schaufelten. Doch entgegen meinen Befürchtungen stellte sich bei der Begrüßung heraus, dass meine Freunde erheblich warmherziger und natürlicher mit mir umgingen, als ich es mir vorgestellt hatte. Sie behandelten mich ganz normal, so als wäre nichts gewesen. Oder haben sie eine professionelle Einweisung bekommen im Umgang mit frisch verletzten Querschnittsgelähmten? Selbst die coolsten Typen waren plötzlich ungewohnt zuvorkommend.

Quatsch, stellte ich nüchtern fest, die sind einfach so. Sonst würden sie hier auch nicht schuften. Ich stand einem Phänomen gegenüber. Seit Wochen traf sich die Dorfjugend aus dem Nachbarort mit Freunden und Bekannten der Umgebung nicht mehr an der Brücke, um zu klönen oder Bier zu trinken, sondern auf meiner Baustelle. Jeden Tag nach Feierabend und am Wochenende. Und fast nebenbei bauten sie mir ein Haus. Niemand wollte Geld dafür, es entsprang einfach aus ihrem Bedürfnis, helfen zu wollen. Fritz hatte es Wochen zuvor am Krankenbett angekündigt, ich wusste es die ganze Zeit, doch erst beim Anblick der Baustelle kamen mir Tränen der Rührung.

Sie rückten mich auch nicht in den Mittelpunkt ihrer Gespräche. Wie immer drehte sich alles ums Motorradfahren, um Tricks, wie man noch mehr PS aus dem Motor holen konnte, und die nächste Tour. Die führte uns meist zum Edersee bei Kassel, weil die Uferstraße die herrlichsten Kurven bot (inzwischen wegen der vielen Unfälle für Motorräder am Wochenende gesperrt). Die Abgehärteten unter uns ließen es sich auch nicht nehmen, im tiefsten Winter zum Elefantentreffen nach Österreich oder bei Schnee und Eis durch Norwegen zu fahren. Alfred, der inzwischen auf Gespanne umgestiegen war, hatte sich eine alte russische Dnepr mit Rückwärtsgang besorgt. Am Sonntag lud er mich zu einer Spritztour mit seiner archaischen Maschine ein. Ich spürte, er wollte mir das Motorradfahren wieder schmackhaft machen, daher tat ich ihm den Gefallen. Aber nein, ich sollte nicht im Beiwagen sitzen, sondern selbst fahren. Er hatte sich alles genau überlegt. Den Rollstuhl könne man rechts von der Maschine unterbringen, die Gangschaltung lag sowieso am Tank, und so müsse er nur die Bremse auf Handbedienung umstellen. Meine Füße sollten in einer Skibindung fixiert werden. Es war direkt rührend, wie sehr er sich um meine Integration bemühte. Daher brachte ich es nicht fertig, ihm reinen Wein einzuschenken. Denn Motorräder hatte ich längst aus meinem Leben gestrichen. Die daraus resultierende Entfremdung von meinem Freundeskreis spürte ich bereits, wenn ich nicht mehr mitreden konnte, als es um neue Modelle, Motortechnik oder einfach nur das Miteinander ging. Alfreds Wunsch, es doch einfach zu probieren, erfüllte ich ihm. Er half mir auf die Sitzbank und setzte sich selbst in den Beiwagen. Aber das Feeling kam nicht zurück. Ich war mir nicht einmal sicher, ob ich die Maschine fuhr oder sie mich. Alfred spürte das und fragte mich nie wieder danach.

Wie Steine sich in Pilgerstätten verwandeln

Wäre Mister Kumar nicht wie auch Nagender Besitzer einer Royal Enfield Silver Bullet, wir hätten ihn wohl kaum bemerkt. Einzig seine seltsame Ohrbehaarung, die ihm etwas Katzenhaftes verleiht, macht mich für einen Moment stutzig. Nagender, der den Schreck der gescheiterten Überfahrt längst überwunden hat, fachsimpelt mit ihm über die Bikes, während die Dhau neu beladen wird. Fast nebenbei erfahre ich, dass Mister Kumar auf Pilgerreise ist. Nicht auf Nagelbrettern oder auf allen Vieren, nicht als Asket oder in Sack und Asche, auch nicht zum Büßen oder Hungerleiden geht er auf Wallfahrt. Für Mister Kumar ist die Pilgerreise der größte Spaß im Jahr. Sein Superstar ist Ganesh. Abgöttisch liebt er ihn und hat sämtliche Tempel, die dem elefantenköpfigen Sohn Shivas geweiht sind, besucht. Gerade kommt er mit der Dhau aus Ganpatipule. Als Kameramann in Bollywood opfert er dafür seinen Jahresurlaub. »Morgen muss ich wieder zur Arbeit«, sind seine letzten Worte, er schwingt sich auf seinen Chopper und knattert davon.

Aus unserem zweiten Versuch, mit dem erheblich größeren Segler das andere Ufer zu erreichen, wird eine unaufgeregte Überfahrt ohne besondere Vorkommnisse. Kurz vor Einbruch der Dunkelheit treffen wir in Ganpatipule ein. Nagender ist ein echter Schatz. Im »See View Cottage« besorgt er uns einen »Delax Room« mit Terrasse und Blick auf die Konkanküste für nicht einmal acht Euro die Nacht.

Wie er das gemacht hat, bleibt mir schleierhaft. Es gibt traditionelles Thali, dazu Säfte, laut Speisekarte: »Jesus and Milk Shakes«.

Einst, vor tausendsechshundert Jahren, so die Legende, wanderte ein Mönch an der Konkanküste gen Süden und stolperte über einen merkwürdigen Stein, der aus dem Sand ragte. Er legte ihn frei und entdeckte nach längerer Betrachtung in ihm die Konturen des elefantenköpfigen Ganesh. Der Wandermönch wurde sesshaft, pinselte den Stein rosa an, und schon war ein weiterer Pilgerort für Ganeshanhänger geschaffen: Swayambhu Ganapati. Noch immer kann man den Stein bewundern, der nun von einem Tempel umbaut ist. Und wie damals der Mönch brauchen auch wir Zeit sowie eine gute Portion Phantasie, um in dem unförmigen Stein etwas Göttliches zu entdecken. »Jetzt habe ich ihn erkannt«, stößt Nagender nach intensiver Betrachtung hervor. »Nein, jetzt ist er wieder weg.«

Allen Darstellungen des Gottes Ganesh ist auch immer die Ratte, sein treuer Begleiter, zugeordnet. Aber weil der Stein selbst bei gründlichster Untersuchung keine Ratte aufweist, hat man sie aus Bronze überlebensgroß vor den Tempel gesetzt. Ihr Job ist es, die Wünsche, die ihr die Pilger ins Ohr flüstern, an Ganesh im Stein weiterzuleiten, denn er ist in der Lage, Hindernisse auf dem Weg zu ihrer Erfüllung aus dem Weg zu räumen. »Ich hätte gern gewusst, was die Leute sich von der Ratte so wünschen«, sage ich zu Nagender, als wir die Pilger beobachten.

»Das kann ich dir sagen«, antwortet er. »Morgen ist ein großes Kricketspiel. Die flüstern der Ratte lauter Spielstände ins Ohr.«

Skeptisch schaue ich Nagender an. »Und wenn das Spiel vorüber ist?«

»Weißt du, Andreas«, antwortet er abgeklärt, »wer kann schon von sich behaupten, wunschlos glücklich zu sein.

Irgendwas ist doch immer. Ganesh ist der Schutzheilige der Kaufleute und Garant für hohen Profit, also Fachmann in Wirtschaftsfragen. Wer vor wichtigen Geschäftsabschlüssen steht, wird schon wissen, was er der Ratte zu sagen hat. «

Pilger, die Bedarf haben, ihrem Wunsch Nachdruck zu verleihen, bestücken ihre Spendenschale nicht nur mit Süßigkeiten und Kokosnüssen, sondern legen auch gern einen kräftigen Geldbetrag dazu. Die Gaben werden dann voller Hoffnung im Tempel dem Priester überreicht. Als Mittler zwischen der profanen Welt und dem Sakralen reicht er Ganesh die Schale, entnimmt ihr danach das Bargeld und gibt das nun gesegnete Mahl an die Spender zurück. Einige Pilger werfen die Reste auf den Müll. Hunden und Krähen, die sich hinter dem Tempel streiten, schmecken die geweihten Lebensmittel ganz besonders gut.

Früh am nächsten Morgen sind wir wieder auf der Straße. Nur noch ein paar Kilometer bleibt uns die Küste erhalten. Bei Ratnagiri biegen wir ab nach Südosten Richtung Bijapur und erklimmen das Dekkan-Plateau. Der kleine Solex-Motor kämpft verbissen und braucht jetzt regelmäßig meine Unterstützung. Gern wäre ich an der Küste geblieben. Dies hätte aber bedeutet, durch Goa fahren zu müssen, und das wollte ich auf jeden Fall vermeiden, denn Weihnachten liegt vor uns. In dieser Zeit übt Goa plötzlich magische Anziehungskräfte auf Millionen Touristen aus.

Seit meinem letzten Besuch 1984 meide ich Goa. Meine Erinnerungen daran sind mit dem goldenen Pinsel gemalt, paradiesisch und einzigartig. Der Versuch, die schöne Zeit erneut zu erleben, würde scheitern und dieses Bild zerstören.

Ich kam damals nach Margao mit einer Adresse in der Tasche, die mir zwei Franzosen an der Ostküste gegeben hatten: Senhor José Gómez, Souza Vadoo House Nr. 98,

Colva Beach. Am besten ist es dort über Weihnachten, empfahlen sie mir, dann ist am Beach Party. Ich hatte das Alleinsein satt, daher kamen mir Strände, Palmen, Freaks und das Weihnachtsfest gerade recht. Einen halben Tag irrte ich durch lichte Wälder von Kokospalmen. Jeder, den ich fragte, hatte ein Zimmer zu vermieten, aber Senhor Gómez wollte niemand kennen. Erst als ein Schuljunge mir den Weg wies, begriff ich. Der Gesuchte war der Schandfleck des Dorfes. Stockbesoffen lag José auf der Terrasse seiner Villa. Eine Touristin, barfuß, eingehüllt in ein Batiktuch, stolperte fast über ihn, als ich mich lautstark bemerkbar machte. Sie muss schon lange hier sein, dachte ich mir, denn ihre Haut war so fleckig rotbraun, als hätte sie bereits mehrere Sonnenbrände über sich ergehen lassen. Maggie entschuldigte sich für das legere Verhalten des Hausbesitzers. Aber wenn er nüchtern sei, könne man erst recht nicht mit ihm reden.

Daher hätte ich Glück gehabt, mit ihr verhandeln zu dürfen. Die hohen Erwartungen, die das Gebäude von außen weckte, es war eine im portugiesischen Stil errichtete Kolonialvilla, freilich mit leichtem Schimmelbesatz, wurden derb enttäuscht. Von der breiten Terrasse kam ich in einen Patio, der einem Notlazarett glich. Kocher, Schlafsäcke und Utensilien von Backpackern lagen herum. Im ganzen Haus gab es kein einziges Möbelstück mehr. Strom und Wasser waren längst abgeschaltet. Maggie vermietete mir einen leeren Raum mit einer Matratze in der Ecke für zwanzig Rupien pro Nacht. »Im Voraus!«, warnte sie. Das war damals ziemlich genau eine Mark. Als Selbstversorger, ich kaufte Obst und Gemüse auf dem Markt, konnte ich mit fünfhundert Mark fast zwei Monate leben. Gleichzeitig wurde ich durch die Mieteinnahmen meines Hauses in Deutschland jeden Tag ein wenig reicher. Frisches Wasser gab es vom Brunnen. Die Toilette war über dem Trog der Schweine gebaut, die sich trefflich von allem ernährten, was herunterfiel, und wenn es um 19 Uhr dunkel war, ging man halt schlafen.

Es lebte sich herrlich. Die Umgebung glich einem Ort, an dem Harmonie und Freizügigkeit blühten. Früh am Morgen (zwischen 11 und 12 Uhr) krochen die Hippies aus ihren Behausungen. Es waren von übermäßiger Meditation, exzessivem Yoga oder zu viel Ganja gezeichnete Gestalten. In weite Pluderhosen gekleidet, behängt mit Stofftäschchen, pilgerten sie barfuß zum Strand. Dort warfen sie alle überflüssigen Textilien ab, um sich als Akteure einer Live-Peepshow Heerscharen voyeuristischer Jugendgruppen aus Bombay hinzugeben. Dort spezialisierten sich Reiseveranstalter auf Tagestouren: »Come to Goa, see nudists on the beach«.

Mit dem Nahen des Weihnachtsfestes erreichte die Fleischeslust der Inder ihren Höhepunkt. Endlich bekamen sie zu sehen, was ihnen selbst im Kino noch über Jahrzehnte verwehrt bleiben sollte: Zungenküsse. Doch auch hier hat das Internet alles kaputt gemacht. Heute müssen Touristen ohne Zuschauer sonnenbaden.

Solange Senhor Gómez betrunken war, herrschte im Haus Friede, Freude, Eierkuchen. Wehe aber, seine Flasche leerte sich ohne Aussicht auf Nachschub. Dann wurde er unausstehlich, und man versuchte ihm aus dem Weg zu gehen. Dabei war er im Grunde eine traurige Witzfigur. Sein Profil glich einem gestauchten Fragezeichen. Mit seinem gewaltigen Schmerbauch, dem Hohlkreuz und einem zu klein geratenen Po. Der steckte in einer durchlöcherten Badehose, die wohl einer seiner Gäste zurückgelassen hatte. Andere Kleidung trug er nie. Es sei denn, er verließ das Haus, um Schnaps zu kaufen. Dann warf er sich ein geripptes Unterhemd über, das seine besten Tage auch schon hinter sich hatte. Zuvor fegte er durch das Haus und forderte von jedem, der nicht rechtzeitig zum Strand geflüchtet war, einen Vorschuss. Natürlich war ich immer der Dumme, weil mal wieder jemand meine Rampe geklaut hatte. Der Bootsbauer von nebenan hatte sie mir gezimmert. Leider entpuppte sich der Mann als Halunke. Mit schöner Regelmäßigkeit stahl er die Bretter in der Nacht, um mir am nächsten Tag neue zu verkaufen. Auch der Buchhändler im Ort war ein dreister Halsabschneider. Wohl wissend, dass die Freaks, wenn sie nicht gerade bekifft waren, einen durchaus hohen Bedarf an Literatur hatten. Er verkaufte schmierige, abgegriffene Exemplare von Hermann Hesse bis Konsalik zum doppelten Neupreis, um sie danach für ein paar jämmerliche Rupien wieder zurückzunehmen. Denn kein Backpacker, das wusste er auch, schleppt ausgelesene Bücher mit sich herum. Die größte Frechheit leistete er sich mit Monate alten SPIEGEL-Magazinen zum Wucherpreis. In Zeiten ohne Internet und Handy waren diese Hefte unter den Hippies heiß begehrt.

Aber von solcherlei Unbill abgesehen, hatte ich unter den Palmen ein sorgenfreies Leben. So lange, bis mein Visum abgelaufen war. Dann musste ich nach Sri Lanka ausreisen, um es neu zu beantragen. Ein paar Tage vor meiner Abreise gab es noch eine Weihnachtsparty am Strand. Es kursierte das Gerücht, die Gruppe Boney M. würde dazu am Strand ein Konzert geben. Ich hielt es für einen schlechten Scherz, denn solcher Discoschmalz passte nun überhaupt nicht hierher. Tatsächlich glaubte ich meinen Augen nicht zu trauen, als ich Bobby Farrell vor der Gruppe herumhopsen sah. Wir machten uns über ihn lustig und vermuteten, dass der Tourismusminister von Goa Boney M. beauftragt hatte, die Hippies mit Daddy Cool zu vergraulen, damit Neckermann einziehen könne. Trotzdem wurde es eine tolle Party, nur getanzt hat niemand, außer Bobby.

Heute finde ich beim Googeln an der Stelle von Josés Haus ein Holiday Resort.

Hinter Miraj:
Nagender versteht nur noch Bahnhof

Nagenders Motorrad verträgt das Langsamfahren nicht. Vor allem an Steigungen, wo sich meine Geschwindigkeit auf zwanzig bis fünfzehn Stundenkilometer reduziert, fährt er voraus, um seinen Vergaser durchzupusten, wie er sagt. Aber auch mein Motor stottert häufig. Der Sprit ist einfach schlecht und verstopft die Düse. Das Problem war vorauszusehen, daher habe ich mehrere in der Tasche und wechsele sie kurzerhand aus. So verkürze ich die Zwischenstopps erheblich. Auf dem Dekkan-Plateau geht es wieder flott voran, und wir schaffen jeden Tag um die hundertfünfzig Kilometer. Weil wir inzwischen auf etwa sechshundert Höhenmeter sind, wird der Fahrtwind merklich kühler. Aber noch etwas verändert sich. Allmählich, ohne dass wir es bemerken, verlassen wir den indoarischen Sprachraum. Dann, mit der Überschreitung der Grenze zwischen Maharashtra und Karnataka, ist Nagender plötzlich nicht mehr in der Lage, sich mit seinen Landsleuten zu verständigen. Jenseits von Miraj wird nur noch Kannada gesprochen. Er steht wie der Ochs vorm Berge, als wir in einer Garküche an der Straße etwas zu essen bestellen wollen. Resigniert meint Nagender: » Diese Sprache klingt in meinen Ohren, als würde man Steine in einen Topf tun und schütteln, ich verstehe kein Wort. « In der Tat werden offiziell zweiundzwanzig unterschiedliche Sprachen in Indien gesprochen (Europa hat dreiundzwanzig), die sich noch einmal in eine Unzahl von Dialekten unterteilen. Daraus folgt, dass sich die Abgeordneten im indischen Parlament ohne Simultandolmetscher nicht verständigen können. Freilich, mit Dolmetschern geht's häufig auch nicht, wie in Brüssel.

Von nun an sind wir auf die beiden Amtssprachen Hindi und Englisch angewiesen.

Bijapur erreichen wir noch am selben Tag. Im Spätmittelalter regierten hier die Adil-Shahi-Könige, eine Dynastie von muslimischen Herrschern, die der Stadt ihren Stempel aufdrückten. Ich hatte es befürchtet, nach dem Tadsch Mahal wird mich kein islamisches Gebäude mehr vom Hocker reißen. Das Tadsch ist einfach nicht zu toppen. Vielleicht sollte ich nach dem Besuch in Agra meine hohen Ansprüche wieder auf ein Normalmaß herunterschrauben, um Architektur überhaupt noch genießen zu können. Das fällt mir nicht leicht angesichts des monströsen, in jeder Beziehung überdimensionierten Gol Gumbaz, dem Mausoleum des Adil Shah. Auf den ersten Blick ist es ein riesiger Klotz, vierzig Meter lang, vierzig Meter breit und dreißig Meter hoch, gekrönt von einer Kuppel, die aussieht wie ein riesiger Bubble Gum, der gleich platzt. Doch im Inneren werde ich von derselben Gigantik, die mich von außen noch abgestoßen hat, eines Besseren belehrt. Über dem Sarkophag erhebt sich die ungeheure Kuppel, so hoch wie der Himmel, und verleiht dem Herrscher vermeintlich posthum wahre Größe. Doch wirklich Ruhe hat er in seinem kühlen Grab bisher noch nicht gefunden. Er wird sich grämend von einer Seite auf die andere werfen und den Architekten verfluchen, denn unter der Kuppel herrscht ein zehnfaches Echo. Das – Inder sind nun mal so – möchte jeder ausprobieren. Unsensibel für den Ort der Andacht, verursachen Schulkinder, Reisegruppen und übermütige Jugendliche einen ohrenbetäubenden Lärm. Wirklich Ruhe gibt es für uns nur in den wenigen Minuten, die ich dem Wächter über die Schließzeit hinaus abkaufe. Nagender fand das nicht gut. Er meinte, mein Verhalten fördere die Korruption.

Der Architekt seines Vorgängers Adil Shah II. hatte da schon ein besseres Händchen für Proportionen. Sein Mausoleum, das Ibrahim Rouza, gilt mit den feinen Verzierungen und den schlanken Minaretten als harmonisch gelungenes Beispiel islamischer Baukunst.

Um unserer Sightseeingtour durch die historischen Gebäude der Shahs den letzten Kick zu geben, nehmen wir zum Abschluss die Freitagsmoschee in Angriff. Der Autor meines Reiseführers, immer kreativ, wenn es um die Verteilung von Superlativen geht, nennt sie die »schönste Moschee Indiens«. Dass ich in die nicht einfach so hereinkomme, ahne ich. Doch wider Erwarten kommen wir unbehelligt bis zu dem riesigen Schuhschrank und geben unsere Latschen ab. Wie es gläubige Moslems tun, waschen wir auch brav unsere Füße. Nagender wird vom Wachmann mit einem freundlichen »Salaam« in den breiten Arkadengang durchgewinkt. Ich jedoch sehe wieder nur eine abweisende Handbewegung, als wolle er sagen, das Berollen der Moschee von Christen ist verboten. Es ist wie bei Tom und Jerry. Ich fühle mich als Kater, dem es trotz aller Tricks nicht gelingen will, sein Ziel zu erreichen. Nagender zeigt sich entrüstet und will schon wieder eine Diskussion vom Zaun brechen. Es gäbe auf der Welt keinen Christen, der einem Moslem das Betreten einer Kirche verweigern würde. Mit welchem Recht also bleiben Moscheen für Christen so oft verschlossen? »Lass es, Nagender«, sage ich, »er wird dich nicht verstehen. Außerdem macht er nicht den Eindruck, als könntest du ihn umstimmen.«

Er sieht es ein und gibt mir ein Lehrstück, wie Vermeidung von Gesichtsverlust auf Indisch aussieht. Nagender wirft kurz einen Blick in die Moschee, kommt wieder heraus und sagt abfällig auf Hindi zu mir: »Lohnt sich nicht.« Dabei zeigt er dem Wachmann die kalte Schulter und verhält sich solidarisch: »Komm, Andreas, wir gehen wieder.«

Nagender schiebt mich über den Vorhof und würdigt den Mann keines Blickes mehr. Doch die Laune ist für diesen

Tag verdorben. »Nagender, du musst mich nicht schieben, fängst du jetzt auch schon so an«, maule ich, als wir wieder auf der Straße sind. »Entschuldige«, entgegnet er gestelzt und lässt mich selbst rollen. Bis wir am Hotel sind, fällt kein Wort mehr. Nagender ist über die Intoleranz seiner Landsleute verärgert, ich bin genervt, weil es mir so schwerfällt, einfach hinzunehmen, dass ich Abstriche machen muss. Ich sollte vielleicht wieder auf den Boden der Realität zurückkehren und froh darüber sein, überhaupt reisen zu können.

»Weißt du, Nagender«, sage ich beim Abendessen, als der Ärger etwas verflogen ist, »manchmal ist es wie bei einem Marathonläufer, dem das Überschreiten der Ziellinie verboten wird, weil er die falsche Religion hat.«

Er weiß sehr genau, was ich meine. Zu oft schon haben wir derartige Situationen erlebt. »Du solltest dich auf das Machbare konzentrieren und nicht immer das Unmögliche wollen«, versucht er zu trösten.

»Du bist ja lustig«, werfe ich ihm vor, »man muss doch Visionen haben. Und überhaupt«, füge ich an, »die Moschee zu besichtigen ist so utopisch nun auch wieder nicht.«

Er nickt nur zustimmend. »Wenn der Wachmann gewusst hätte, was für ein schlechter Christ ich bin, hätte er mich vielleicht hineingelassen.«

»Das glaube ich nicht«, entgegnet Nagender kategorisch, »Atheisten sind ihnen noch viel suspekter. Die werden mit Abscheu betrachtet.« Er wechselt das Thema. »Lass uns morgen weiterfahren, wir haben noch viel vor.«

Ein Schlagloch verordnet mir eine dreitägige Zwangspause

Laut Karte sind wir definitiv auf der falschen Straße. Ich hatte Nagender an der letzten Kreuzung gewarnt. Nach dem Weg sollte man niemals eine Suggestivfrage stellen. Bei dem harmoniesüchtigen Bauern provozierte das geradewegs eine falsche Antwort. Wahrscheinlich hat uns der Bauer sogar mit reinem Gewissen in die Irre geführt, denn es gibt nun mal nicht die eine, allumfassende Wahrheit, sie ist relativ und steht in Beziehung zur jeweiligen Situation. Nichts ist wirklich schwarz oder weiß, was heute richtig ist, kann morgen schon falsch sein, und wenn links die Sterne schlecht stehen, geht man besser nach rechts. Natürlich sollte ein Inder, wie auch wir, nicht lügen. Aber jede Handlung steht im Kontext zum Karma, und wenn der Bauer der Meinung war, dass es seinem Karma zuträglich ist, uns Richtung Westen zu schicken statt nach Süden, dann wird er seine Gründe dafür haben. Letztendlich führen alle Wege nach Rom. Natürlich kann es auch sein, dass der Bauer einfach keine Ahnung hatte, wo Badami liegt, oder er hat Nagenders Frage schlicht nicht verstanden.

Jetzt wundern wir uns über Dörfer, die es auf unserer Karte nicht gibt, und über den Krishna, den wir eigentlich viel später queren müssten. Er entspringt nicht einmal fünfzig Kilometer vor der indischen Westküste, mündet aber tausenddreihundert Kilometer entfernt in den Golf von Bengalen. Wir entschließen uns trotz allem, auf der Straße zu bleiben. Es ist uns egal, wo wir landen, völlig falsch kann es nicht sein, denn die Himmelsrichtung stimmt. Die Fahrt auf der Straße entwickelt sich zu einem herrlichen Schauspiel. Es ist eine dieser alten Alleen aus Banyanbäumen, deren Kronen sich über uns schließen. Luftwurzeln, die wie ein Vorhang von den Ästen herabhängen, machen aus der Straße eine Bühne. Wir fahren durch einen grünen Tunnel, abgeschirmt von der sengenden Sonne, vorbei an frisch gesetzten oder gerade abgeernteten Reisfeldern. Statt LKWs und Autos begegnen uns lediglich Ochsenkarren, Fahrräder und Herden von Wasserbüffeln, die die Straße zu einer Idylle machen. Abseits der Hauptverkehrsadern gibt es das Indien also noch, das ich vor dreißig Jahren kennen- und lieben gelernt hatte, ländlich abgeschieden und weit weg von der Welt. Nagender ist vorausgefahren, ich kann ihn schon nicht mehr sehen. Dass der Straßenbelag kontinuierlich schlechter wird, nehme ich kaum wahr. Es sind die Menschen an der Straße, denen meine Aufmerksamkeit gehört: dem Bauern auf dem Kutschbock seines Ochsenkarrens, aber vor allem einer Gruppe junger Feldarbeiterinnen, eine hübscher als die andere, mit denen ich ein jauchzendes Zuwinken austausche.

Die Strafe folgt auf dem Fuße. Unerheblich, ob Murphys Gesetz dahintersteckt (alles, was passieren kann, passiert auch – irgendwann), es geschieht einfach. Gerade noch sehe ich die Katastrophe auf mich zurasen, ein Schlagloch, so tief, dass der Grund nicht einmal sichtbar ist. Wer hackt hier Löcher in die Straße?, schießt es mir durch den Kopf. Keine Option verspricht Rettung. Ich werde mich überschlagen, egal, ob ich ausweiche oder darauf zuhalte. Reflexartig drücke ich die Kurbel, um es mit einer Vollbremsung zu versuchen. Mein größter Fehler. Ein hässliches Krachen ertönt von der Nabe, die Bremse blockiert, die Kurbel macht sich selbstständig, schlägt mir aus der Hand, womit alles außer Kontrolle gerät. Ich kippe und rutsche, eingezwängt in meinem Gefährt, über die Straße, knapp am Schlagloch vorbei. Es ist unglaublich, wie viele Gedanken mir beim Sturz durch den Kopf gehen. Gut abrollen, bloß nicht den Ochsenkarren erwischen, und dann fallen mir die Worte des TÜV-Prüfers plötzlich wieder ein, dem ich in einem Anfall von Größenwahn meine Konstruktion vorgestellt hatte, weil ich glaubte, dafür eine Zulassung zu bekommen. Der nämlich meinte, die Bremse sei für solche Geschwindigkeiten nicht ausgelegt: Eigentlich müsse er meinen Rollstuhl beschlagnahmen.

Auf der Straßenmitte bleibe ich liegen, immer noch in meinem Rollstuhl. Fluchtartig befreie ich mich daraus und krabbele an den Straßenrand.

Wer den Schaden hat, muss für den Spott nicht sorgen, besonders in Indien, wo peinliche Situationen mit einem Lachen neutralisiert werden. Statt mir zu helfen, gackern die Mädels auf dem Feld nur, als sie registrieren, dass scheinbar alles in Ordnung ist. Ich mache aus der Not eine Tugend und lache zurück, auch wenn mir zum Weinen ist. Lediglich der alte Bauer vom Ochsenkarren hockt bei mir und redet unverständlich auf mich ein. Wahrscheinlich bietet er mir gerade an, mich zu einem Wucherpreis ins nächste Dorf zu kutschieren. Bevor ich ihn bitten kann, mein Gefährt von der Straße zu holen, ist auch Nagender da. » Alles okay mit dir? «, fragt er mich aufgeregt. » Alles in Ordnung so weit «, lautet meine Antwort. Aber sicher bin ich mir da nicht. Innere Verletzungen oder Beinbrüche zeigen sich später, wenn Fieber auftritt oder irgendwo etwas anschwillt. Zu spüren ist nichts. Die größte Sorge gilt meinem empfindlichen Po. Dort genügt eine leichte Abschürfung, um der Reise ein Ende zu machen.

Nagender fällt natürlich nichts Besseres ein, als zu fotografieren, wie ich da sitze, am Straßenrand im Dreck, und gerade mein Gesicht verliere. » Lass das, hol lieber meinen Rolli von der Straße «, schimpfe ich. Die Bestandsaufnahme der Schäden ist erdrückend. Die Nabe hat sich beim Bremsen von der Halterung gelöst und den Schaltzug aufge-

wickelt. Ich muss ihn durchkneifen, um das Rad freizube-
kommen. Nun kann ich weder bremsen noch schalten.
Alle übrigen Schäden, etwa die verbogene Handkurbel
und der gebrochene Gepäckträger, lassen sich in der nächsten Werkstatt reparieren. Der Solex-Motor springt zwar an,
aber ohne Bremse fahren? Unmöglich.

Nagender hat eine Idee. Er schwatzt dem Bauern fünf
Meter Seil ab und verbindet damit seinen Lenker mit meinem Rolli. »Das nennt man in Indien Jugar, Improvisa-
tion«, sagt er stolz. »Fahr los, ich bremse dich, falls nötig.«
Alles sträubt sich dagegen, vor allem der an hohe Sicher-
heitsstandards gewöhnte deutsche Verkehrsteilnehmer in
mir. Den muss ich jetzt unterdrücken und warne Nagender
noch: »Denk daran, wenn du voll in die Eisen gehst, zer-
reißt es mich, und du legst dich auf die Klappe.« Die kommenden dreißig Kilometer nach Badami sind brandgefähr-
lich. Jede spontan um die Ecke biegende Kuh, jeder Köter
auf der Straße stellt plötzlich eine immense Gefahr dar. Die
Tour endet nicht im noblen Hotel Badami Court, wie ich
gehofft hatte, sondern entsprechend unserem Outfit – wir
sind völlig verdreckt – in einer schmierigen Kaschemme.
Sogleich öffne ich die Nabe, denn ich muss herausfinden,
was die Bremse blockiert hat. Das Ergebnis ist ernüchternd.
Mehrere gebrochene Ringe kommen mir entgegen, ich entdecke Metallsplitter und Teile aus einem Kugellager.
Nagender, den nichts erschüttern kann, ist überzeugt, mit
seinem Super-Metallkleber alles zusammenflicken zu können. Während er sich unerschrocken an die Arbeit macht,
habe ich den Glauben daran längst verloren. Nur eine
neue Nabe kann mich retten, doch die gibt es auf dem ganzen Subkontinent nicht. Es ist 23 Uhr. Rechne ich die Zeit-
verschiebung ab, komme ich zu dem Schluss, dass mit
etwas Glück bei meinem Sponsor in Deutschland noch jemand in der Werkstatt sein müsste. Spontan gehe ich nach

draußen, um ein Netz zu finden, ich will keine Zeit verlieren: »Hallo, Michael, ich rufe aus Indien an, kannst du mir eine neue Nabe schicken, ich hatte einen Unfall.« Er reagiert sofort, ohne überflüssige Fragen zu stellen: »Warte, ich schaue nach, ob noch eine da ist. Ruf mich gleich noch mal an.« Ich rede auf Nagender ein: »Lass es sein, es hat keinen Zweck, so etwas kann man nicht kleben.« Aber seine Hände sind bereits vom Öl pechschwarz.

»Hallo, Michael, ich bin es noch mal.«

»Andreas, eine einzelne Nabe habe ich nicht mehr, nur ein ganzes Vorderrad, es ist bereits verpackt, welcher Flughafen liegt in deiner Nähe?«

»Bangalore«, antworte ich ihm.

»Okay, in drei Tagen ist es da, viel Glück.«

Mir fällt ein Stein vom Herzen.

Der kleine Moslem Najim entwaffnet die religiösen Fundamentalisten

Ohne es so recht zu merken, sind wir in der Wiege südindischer Tempelarchitektur gelandet. Badami war vor tausendfünfhundert Jahren Hauptstadt des Chalukya-Imperiums, schon lange bevor der Islam nach Indien kam. Mehr als hundertfünfzig Tempel lassen erahnen, wie hoch der Bedarf an göttlichem Beistand gewesen sein muss. Nur ein Tempel wird als solcher noch genutzt und zieht Pilger an. Die Übrigen dienen Touristen als Sehenswürdigkeit oder Fledermäusen zum Übernachten.

Ein schwarzer Jeep fährt vor, der mir gefährlich bekannt vorkommt. Aus ihm quillt ein nicht enden wollender Strom von gut zwei Dutzend schwarz gekleideten Ayappapilgern, die umgehend in den Höhlentempeln verschwinden. Gutgläubig lassen sie die Fenster offen und das Fahrzeug unbewacht mit sämtlichem Gepäck auf dem Dach stehen. Mutig, denke ich noch, oder naiv. Glauben die denn, dass Pilger nicht beklaut werden? Vielleicht ist es der gleiche gottgläubige Fatalismus, mit dem sie die Straßen unsicher machen. Das Treiben der Pilger auf dem Parkplatz wird aber nicht nur von mir genau beobachtet. Als der Letzte von ihnen im Tempel verschwunden ist, stürzt sich eine Familie Rhesusaffen auf das Fahrzeug. Ich sehe, sie sind Profis, wissen genau, wo Pilger ihre Leckereien verbergen. Gepäckstücke fliegen vom Dach, entleerte Plastiktüten segeln durch die Luft, sie streiten sich um Chapatis und Bananen, um Orangen und Kekse, behalten dabei aber immer den Tempel im Auge, um sich den Fluchtweg freizuhalten. Ich könnte jetzt hingehen und Alarm schlagen, bin aber der Meinung, dass ich in den Lauf der Dinge nicht eingreifen sollte. Mit Genugtuung sehe ich es als Strafe der Götter – wie sie sich auch immer nennen – für ihr lebensgefährliches Überholmanöver an der Küste.

Nagender hat inzwischen einen Fahrer aufgetrieben, der mich mit seinem Minibus nach Bangalore bringen will. In Indien ist alles groß. Die Berge und Täler, die Kultur und die Geschichte, die Demokratie und die Korruption, die Armut und der Reichtum sowie die Schere dazwischen. Nur die Menschen in Südindien scheinen kleiner zu sein, kleiner als wir Europäer. Und wenn etwas mit Mini bezeichnet wird, dann ist es wirklich klein. Nagender schaut etwas verlegen, als er sieht, dass das Fahrzeug nicht für hochgewachsene Europäer gebaut ist. Mit dem Kopf stoße ich an den Himmel, meine Knie drücken bei jeder Bremsung das Handschuhfach auf. Rollstuhl und Handbike passen nur auf den Dachgepäckträger, obwohl es ein Neunsitzer ist. Mein Fahrer Najim, von normaler indischer Statur, wundert sich etwas über den Riesen, der nur schräg auf den Sitz passt.

Die Windschutzscheibe ist ein Bild für die Götter. Beklebt mit den Schutzheiligen aller Weltreligionen, wird einem der Durchblick stark erschwert. Immer bleibt man mit den Augen an Shiva und Parvati hängen, an Buddha, Jesus und Maria, den jainistischen Thirtankas und dem Guru Nanak der Sikhs. Nur Allah und Mohammed fehlen – siehe Bilderverbot. Die lassen sich von beschützenden Koransuren vertreten. Am Rückspiegel baumelt ein Traumfänger, der den Fahrer hoffentlich wachhält, zumindest aber alle schlechten Gedanken von ihm abhalten soll. Der Star im Pantheon der gelben Engel sitzt auf dem Armaturenbrett: Ganesh, mit einem Heiligenschein aus blinkenden Leuchtdioden. Er räumt alle Hindernisse auf unserem Weg nach Bangalore beiseite. Wichtiger aber als himmlischer Beistand ist eine funktionstüchtige Hupe, DAS Kommunikationsmittel auf Indiens Straßen.

»Najim, woran glaubst du?«, frage ich ihn angesichts der Armee von Beschützern vor uns.

»Ich bin Moslem«, lautet seine knappe Antwort, und er deutet dabei auf das Bild der Kaaba am Himmel über ihm. Irgendwas stimmt hier nicht. Millionenfach wiederholen die Moslems in ihrem Gebet das Dogma: »Es gibt nur einen Gott«, und Najim lässt sein Auto von Heiligenfiguren aller Religionen beschützen. Gerade so, als traue er Allah den Job allein nicht zu.

In der Tat, mit seinem Benehmen auf der Straße muss er einen hohen Verschleiß an Schutzengeln haben, er fährt, als hätte er noch drei Leben in der Tasche und eines für mich in Reserve. Gegenverkehr hält ihn nicht vom Überholen ab, unübersichtliche Kurven werden generell geschnitten und Ortschaften ohne Minderung der Geschwindigkeit mithilfe der Dauerhupe durchpflügt. Scheinbar leidet Najim unter einer Bremshemmung, denn er meidet dieses Pedal wie der Teufel das Weihwasser.

»Najim«, ermahne ich ihn, »wir müssen erst in drei Tagen in Bangalore sein, bitte fahr langsamer. Nagender kommt kaum hinterher.« Er zeigt auf seine Armbanduhr und sagt: »Praying time.« Mir geht ein Licht auf, er braucht eine Moschee. In der nächsten Kleinstadt findet er sie, verrichtet sein Gebet und fährt danach wie gezähmt. Ich lerne es zu schätzen, einen gläubigen Moslem als Fahrer zu haben, denn es gibt immer genug Pinkelpausen, und ich kann mich fünfmal am Tag entknittern. Hundertfünfzig Kilometer vor Bangalore, in dem kleinen Örtchen Sira, ist wieder einmal Gebetszeit. Doch eine Moschee lässt sich beim besten Willen nicht auftreiben, lediglich eine kleine Kirche befindet sich im Dorf.

Najim wird nervös, als müsste er mal. Er stoppt und springt hinaus. Ich rufe ihm hinterher: »He, Najim, das ist eine Kirche.« Ohne sich umzudrehen, antwortet er: »No problem«, und ist darin verschwunden. Ich bitte Nagender, den Rolli zu holen, und folge ihm. Das muss ich sehen. Wirklich, Najim hockt mit gefalteten Händen vor dem Altar, wie es ein Christ tut. Als wir wieder unterwegs sind, frage ich ihn: »Sag mal, glaubst du an Jesus?« Er wackelt mit dem Kopf, als hätte er gerade seine Halswirbel ausgeklinkt. Es ist die indische Art, wohlwollend zuzustimmen. »Natürlich, er war ein Prophet und Nachfahre Ibrahims«, lautet seine Antwort. Aber Najims religiöse Freizügigkeit geht noch viel weiter. Als ein paar Stunden später auch keine Kirche mehr zur Verfügung steht, ist er sich nicht zu schade, in einem Hindutempel seinen Gott anzubeten. Als ich von ihm eine Erklärung verlange, sagt er, dass es doch nicht auf den Namen des Gottes ankäme. Ob er sich nun Shiva, Ganesh oder Allah nenne, sei letzten Endes unerheblich, denn es ginge doch nur um den einen Schöpfer, an den alle glauben, und den finde er in jedem Gotteshaus. Staunend schaue ich ihn an: »Najim, wenn alle Gläubigen so denken würden wie du, hätten wir ein paar Probleme weniger auf der Welt.« Abgeklärt nickt er nur.

Dir werden wir Beine machen!

Es kann nichts Gutes bedeuten, wenn zwei Pfleger das Zimmer mit der Drohung betreten: »So, dann wollen wir mal.« Zu allem Unglück hatten sie auch noch ein neues Gesicht dabei, einen Weißkittel aus der orthopädischen Werkstatt, der mit Eimer und Gipsbinden erste Vorkehrungen traf.

»Was habt ihr denn jetzt wieder ausgeheckt?«, erkundigte ich mich bei Kurt.

»Keine Angst«, erklärte er gut gelaunt, »wir machen jetzt einen schönen Gipsabdruck von deinen Beinen.«

»Und wozu, bitte schön, soll das gut sein, wenn ich fragen darf?«

»Daraus baut dann Hänschen ein paar Gehschienen, damit du wieder auf die Beine kommst.« Dabei tätschelte er dem Orthopäden liebevoll die Schulter.

Ich schaute Kurt nur verständnislos an. »Toll, und dann laufe ich im Marathon nach Hause, ja?«

Während sie meine Beine in Gipsbinden einpackten, erklärte Kurt, dass eine Reha selten so erfolgreich verläuft wie bei mir. Aber auch meine Knochen könnten wie Glas zerbrechen, wenn sie nicht mehr belastet werden. Es reiche schon eine leichte Torsion beim Ankleiden, und knacks, sei es passiert. Nur eine Stunde am Tag mit den Schienen in einem Barren stehen oder ein paar Schritte gehen würde das vermeiden, sagte Kurt. Vielleicht wollte er mich damit aufmuntern. Aber das Gegenteil erreichte er. In mir brach eine Welt zusammen. Als sie mit ihrer Ausbeute, den vier Halbschalen meiner Beine, das Zimmer wieder verließen, wurde mir klar, dass meine Träume von einer Indienreise damit in unerreichbare Ferne rückten. Wie sollte ich um Himmels willen auch noch Gehschienen mit mir herumschleppen, geschweige denn in Indien einen Barren finden?

Drei Wochen später stand ich zum ersten Mal wieder auf meinen Beinen. Ich musste zugeben, keine schlechte Erfahrung. Renate war überhaupt nicht so groß, wie ich dachte. Jetzt musste sie sogar zu mir aufschauen. Das reichte mir als Genugtuung für die erlittenen Qualen der letzten Monate. Damit hatte es sich aber auch schon. Einen weiteren Nutzen konnte ich meinen Beinen nicht abgewinnen. Woher auch, fixiert zwischen dem Barren und zwei Helfern, erschien mir die Übung eher wie ein grotesker Versuch, etwas zu beleben, das definitiv verloren war. Kurts Andeutung, damit sogar gehen zu können, reduzierte sich auf das Hochstützen im Barren. Und wenn die Schuhe, gefüllt mit meinen Füßen, ein paar Zentimeter weiter aufsetzten, war das für ihn ein Schritt.

Die Geschichte mit den Glasknochen bekam erste Risse, als einige alte Hasen, die sich mittwochs in der Sporthalle zum Basketballtraining trafen, mir hinter vorgehaltener Hand steckten, dass ihre Gehschienen seit Jahren im Keller verstaubten, ohne dass sie Knochenbrüche erlitten hätten. Auch die tägliche Physiotherapie und den Nutzen der Kompressionsstrümpfe würden sie anzweifeln. Aber laut dürfe man das nicht sagen, schließlich wolle man hier in der Klinik nur das Beste für die Patienten. Eine Ahnung sagte mir, dass sich die Gehschienen so gut zum Gehen eignen wie ein Zitronenfalter zum Zitronen falten. Ich beschloss für mich, den Spaß am Stehtraining darin zu sehen, einmal am Tag den Physiotherapeuten auf den Kopf zu gucken. Die wiederum präsentierten mich als Musterpatient in der Ausbildung junger Berufsanfänger.

Es konnte also nur noch besser werden. Immerhin war mein sitzendes Leben erst ein paar Monate alt. So viel gab es noch zu lernen und zu vergessen.

Vor allem die Sporthalle war ein Quell ausschweifender Mobilität. Wir machten Exkursionen in die böse Welt da draußen und ließen Federn. Der Kinobesuch scheiterte an den Sicherheitsvorschriften. Es sollte doch niemand auf dem Weg zu den Notausgängen über Rollstuhlfahrer stolpern. Die Kneipentour schlug fehl, weil wir mit unserem hohen Platzbedarf dem Wirt das Geschäft verdarben, und im Supermarkt verkeilte ich mich in der Karussellschleuse. Öffentliche Verkehrsmittel und Rollstühle stellten damals einen Widerspruch in sich dar: Busse und Bahnen hatten Stufen und enge Türen. Aber vor allem waren wir darin unerwünscht. Ich suchte nach Strategien, um andere Wege zu gehen. Einer davon war, mir ein dickes Fell zuzulegen, nicht bei jedem Rückschlag die Flinte ins Korn zu werfen und, wenn es sein musste, in der Lage zu sein, das, was unabänderlich war, einfach hinzunehmen.

Nach dem Prinzip: so viel Hilfe wie nötig, aber so wenig wie möglich, hatte ich nicht nur mein Haus einrichten lassen. Denn mit Griffen an der Toilette, mit Strickleitern über der Badewanne und einem Galgen am Bett, wollte ich mein neues Heim nicht verunstalten. Auf diese Hilfsmittel konnte ich verzichten und hielt mich damit gleichzeitig fit für Reisen in exotische Länder.

Ich wollte diesem Grundsatz generell folgen. Es fiel mir auch leichter, Hilfe abzulehnen, ob aus verletztem Stolz oder warum auch immer, als sie anzunehmen. Wenn es an der Rheinböschung in Koblenz einmal steil wurde, fand ich es erniedrigender, ungefragt geschoben zu werden, als mich aus eigener Kraft im Schneckentempo die Steigung hinaufzuquälen. Ich tat den armen Menschen den Gefallen, damit sie ihr Helfersyndrom an mir ausleben konnten. Wie sollten sie auch wissen, dass die Böschung zu meinem täglichen Training gehörte. Am Ende suchte ich mir Zeiten, in denen wenig Spaziergänger unterwegs waren, damit ich mein Jogging durchziehen konnte, ohne dass mich jemand schob.

Zu viel des Guten sind Menschen, die, sobald sie einen Rollstuhl sehen, alles hinschmeißen und selbst da, wo es nichts zu helfen gibt, zugreifen. Gegen solche Zeitgenossen hatte ich frühzeitig eindeutige Körpersignale entwickelt: selbstsicheres und souveränes Auftreten, zügiges Handeln und beim Türenöffnen nicht zögern, denn das ist das Hauptbetätigungsfeld von notorischen Zuvorkommern.

Verständlich, dass bei Hilfebedarf meine Hemmungen, fremde Menschen anzusprechen, anfangs vielem im Wege stand.

Ein Schlüsselerlebnis an der Bordsteinkante vor der Klinik führte mir vor Augen, dass auch die anderen Komplexe haben können. Eine Frau, die ich bat, mich zu schieben, meinte, ihr sei ein Stein vom Herzen gefallen, denn selbst wagte sie es nicht, mir ihre Hilfe anzubieten. Zu oft schon sei sie von Rollifahrern barsch angestänkert worden. Daraus lernte ich, dass sich viele Türen öffnen ließen, indem ich gerade nicht den Behinderten mit dem gesenkten Kopf oder die beleidigte Leberwurst spielte, sondern offensiv auf meine Mitmenschen zuging.

Arno brachte uns die verrücktesten Kunststücke bei. Vor einer Rolltreppe sagte er mir, ich solle darauf zufahren und mich von ihr erfassen lassen. Ich wusste, er scherzte nicht, obwohl man seine Anweisung wirklich so auffassen konnte. Arno machte es vor, setzte sich in einen Rolli und demonstrierte, was ich zu tun hatte.

Sobald ich die Stufe erreicht hatte, ergriff ich die schwarzen Laufbänder, um mich daran festzuhalten. Meine Räder blieben an einer Stufe hängen. Der Rest lief wie von selbst. Hinunterfahren erforderte dagegen erheblich mehr Mut. Dieses Mal musste ich die Treppe rückwärts nehmen. Ein Fehlgriff, und ich würde samt Rolli erbarmungslos hinunterpurzeln. Abgesehen von der neu gewonnenen Fähigkeit, ist es mir bis heute ein Spaß zu sehen, wie den Passanten die Panik ins Gesicht schießt, wenn ich rückwärts auf Rolltreppen zufahre.

Arno brachte mir auch etwas bei, das sich auf späteren Reisen immer wieder bewährte. In der Lage zu sein, eine Treppe herunterzufahren. Die Klinik hatte eine Testtreppe. Einzige Voraussetzung waren Courage und ein stabiles Geländer. Daran musste ich mich nur festhalten und den Rolli rückwärts, mit der rechten Hand am Rad, Stufe für Stufe ablassen. Es war ein beruhigendes Gefühl, im Notfall nicht auf Aufzüge angewiesen zu sein.

Nach sieben Monaten Rehabilitation hatte ich meine Zeit abgesessen, ich war reif für die Gesellschaft. Keine noch so mitfühlenden Blicke auf die arme Sau im Rollstuhl konnten mich täuschen. Ich hatte den Umgang mit den vermeintlichen Gutmenschen gelernt, deren geringes Selbstwertgefühl sich in der Sucht, helfen zu müssen, äußert. Und Ignoranten strafte ich mit ihren eigenen Waffen. Am liebsten umgab ich mich mit Leuten, die keinen Zirkus daraus machten.

Ausgestattet mit einem starken Glauben an das Potenzial meiner Selbstheilungskräfte, verließ ich die Klinik. Nein, nicht voller Hoffnung, wieder auf die Beine zu kommen, davon wagte ich allenfalls noch zu träumen. Der Glaube an mich selbst gab mir Kraft, nicht in Siechtum und Depression zu verfallen, sondern dem neuen Leben mit Zuversicht und Freude einen neuen Sinn zu geben. Ich wollte meine zweite Chance nutzen.

Wenn Nagender beim Motorradfahren den Helm am Arm trägt und seinen Kopf auf die Schulter legt, schläft er nicht etwa, sondern er telefoniert. Entweder er flirtet mit Vandana, oder er spricht mit seiner Mutter. In diesem Fall besorgt er uns in Bangalore eine Bleibe, denn die Stadt ist teuer. Ein Freund eines Freundes von ihm kennt jemanden dort, bei dem wir übernachten können. Es sind Raghu und seine Frau Priyanka, die uns ihr Gästezimmer zur Verfügung stellen. Zwei Neureiche, die im Zuge des Booms wohlhabend geworden sind und mehr Geld verdienen, als sie ausgeben können. Sie sind noch jung, keine dreißig Jahre alt, haben aber schon die Attitüde der Upperclass übernommen, frei nach dem Motto: mein Haus, mein Auto, mein Fernseher. Wie aber um alles in der Welt, frage ich mich, kann man sich in einer Wohnung wohlfühlen, die den Charme eines Operationssaales hat? Selbst Nagender, der gewöhnlich hart im Nehmen ist, findet die vielen Fliesen zu steril. Priyanka ist Büroleiterin in einem Softwareunternehmen, und Raghu arbeitet als Sales Manager.

Despektierlich wie jemand, dem Erfolg und Wohlstand über den Kopf gewachsen sind, teilt er mit, dass es für ihn unbegreiflich sei, wie man dieses Land im Rollstuhl durchqueren könne. Dafür gebe es wirklich komfortablere Lösungen. Warum wir denn nicht mit einem Auto fahren, will er wissen. Sich die Hände schmutzig machen, um Indien aus einer anderen Perspektive zu erfahren, ist für ihn nicht nachvollziehbar. Damit gibt mir Raghu zu verstehen, dass ich weit ausholen muss, um ihm meine Gründe für diese Art des Reisens verständlich zu machen. Ich versuche es, erkläre, dass sich häufig erst dann Türen öffnen, wenn man langsam reist. Einblicke werden nicht dem vorüberhastenden Fremden gewährt. Nur wer sich Zeit nimmt, hat die Chance, dem Geheimnis eines Landes auf die Spur zu kommen. Vieles müssen wir uns mit schweißtreibendem Einsatz erarbeiten, aber am Ende lohnt es sich immer.

Ich hätte mir meinen Vortrag sparen können. Sein großzügiges Angebot, uns einen allradgetriebenen AC-Jeep zu besorgen, zeigt mir, dass er nicht zugehört hat.

Er ist ein bisschen schwer zu ertragen. Raghu behauptet nämlich allen Ernstes, Indien würde in spätestens fünf Jahren die führende Weltwirtschaftsmacht sein. Ich muss sagen, wer einen solchen Satz aus einem styroporgefüllten Stoffsessel heraus von sich gibt, mit einem Scotch auf Eis in der Hand, wirkt zwangsläufig arrogant. Aus seiner Sicht mag das zwar durchaus so erscheinen. Ich bin da allerdings etwas skeptisch. Wie das denn gehen solle, frage ich ihn, fast die Hälfte der Inder sind Analphabeten, und ob er denn nicht wisse, dass in der Boomtown Mumbai gleichzeitig der größte Slum Asiens liegt. Nagender schaut beschwichtigend zu mir herüber. Raghu ist nicht der Typ, der sich in seinen eigenen vier Wänden widersprechen lässt. Es ist wohl besser, wenn ich das Thema wechsle.

In der Wohnung, die kaum persönliche Gegenstände aufweist, erscheint mir der kleine Schrein, der auf einer Fußbank in der Ecke platziert ist, wie ein Fremdkörper. Er ist Sai Baba gewidmet, dem Guru im Afrolook. Millionen von Jüngern aus der ganzen Welt hängen an seinen Lippen. Sein Foto schmücken Blumenkränze, Räucherstäbchen glimmen, und für das leibliche Wohl ist auch gesorgt, in einer Schale steht Prasad bereit, Süßigkeiten für die Götter. Er bezeichnet sich als Wiedergeburt des wohl berühmtesten Gurus, Shirdi Sai Baba, und predigt die eine universelle Wahrheit – Bhakti, aufopfernde Liebe zu einem Gott.

Obwohl mir Sai Baba ein Begriff ist (ich habe einmal im

Fernsehen gesehen, wie er einen Berg Asche aus dem Ärmel geschüttelt hat), gebe ich den Ahnungslosen und frage Raghu: »Wer ist das?«

Ohne über meine dumme Frage entrüstet zu sein, beginnt er zu erklären: »Sai Baba ist für uns ein Gott. Wir fahren regelmäßig zum Ashram nach Whitefield, um Kraft zu tanken. Und wir spenden auch Geld, das ist mit unserem Glauben eng verbunden. Damit werden Universitäten und Krankenhäuser finanziert. Unser Symbol ist die Einheit der Weltreligionen.«

»Seid ihr Hindus?«, frage ich nach.

»Ja, schon, aber wir wenden uns mehr und mehr der Lehre Sai Babas zu.«

Zu dem Thema hätte ich zwar auch noch eine Meinung, aber über den Glauben zu streiten ist ein fruchtloses Unterfangen. Wenn der Heilige, wie er sich selbst bezeichnet, Geburtstag hat, ziehen Pilger aus aller Welt nach Indien, um ihm zu gratulieren. Ganze Stadien bringt er mit einem dankbaren Lächeln in Verzückung. Wo auf der Erde kann man einem Allmächtigen schon persönlich begegnen? Da interessiert es seine Anhänger nicht, dass ihr Idol Reichtümer anhäuft, in Saus und Braus lebt, Zirkustricks als »Wunder« verkauft und im Internet mit verdächtig vielen Anschuldigungen wegen sexuellen Missbrauchs konfrontiert wird. Wer bereits zu Lebzeiten Gott ist, an dem prallen solch profane Angelegenheiten ab. Ich muss Nagender nicht nach seiner Meinung fragen, wir sind uns einig, dass man Gutes tun kann, ohne einem Sterblichen (Sai Baba sitzt inzwischen im Rollstuhl) göttliche Attribute anzudichten.

Die liebevolle Hingabe zu Gurus, Avataren, Gottmenschen und Heilern ist im spirituellen Leben vieler Inder tief verwurzelt.

Der Fernsehprediger Asharam Bapu (der Vater) verzaubert seine Anhänger mit einem durchdringenden Blick,

Amma (die Mutter) hat inzwischen sechsundzwanzig Millionen Menschen für karitative Zwecke umarmt, Shri Nirmala Devi (die Reine) entwickelte das Sahaja Yoga zur Selbstverwirklichung, Shirdi Sai Baba heilte Menschen mit geweihter Asche, Sathya Sai Baba (der heilige Vater) predigt Liebe, und Bhagwan (der Gesegnete) versprach seinen Sannyasins Therapie durch Meditation. Bekanntlich setzte er sich dann umgehend mit Taschen voller Geld nach Oregon ab.

Der Bedarf an Idolen, denen man Wunderkräfte zuschreiben kann, ist groß. So wachsen kontinuierlich neue Gurus nach, die es dabei zu beachtlichem Reichtum bringen.

Ihnen gemein sind Millionen Anhänger aller Konfessionen aus der ganzen Welt, die auf der Suche nach der Glückseligkeit gen Indien pilgern und auch immer etwas Geld mitbringen. Was mich an Raghu und Najim begeistert, ist die Unaufgeregtheit, mit der alles geschieht. Neben der Christenverfolgung, den blutigen Auseinandersetzungen zwischen Moslems und Hindus und der Jagd auf Sikhs (in den Tagen nach der Ermordung Indira Ghandis) existiert eine bemerkenswerte religiöse Toleranz in Indien.

Abschließend will ich von Raghu noch wissen, ob er mit Priyanka auch auf Pilgerreise geht. »Nein, dazu haben wir keine Zeit. Im Urlaub fahren wir nach Whitefield zu Sai Baba, das ist alles. Unsere Puja, die regelmäßige Ehrerbietung, machen wir im Internet.« Er zeigt mir die Webseite des Tempels. »Hier kann ich die Spenden einzahlen, und dort wird dann angeklickt, welche Zeremonien vom Priester in meinem Namen durchgeführt werden, ganz einfach.«

»Super«, sage ich begeistert, »dann könnt ihr euch den Tempelbesuch sparen.«

»Im Prinzip ja«, bestätigt er.

Begegnung mit Shudras, Pilgern auf dem Weg nach Palani

Endlich hat uns die Straße wieder. Das neue Vorderrad traf pünktlich ein, und mit Raghus Hilfe fanden wir eine Werkstatt, in der mein Bike wieder zusammengeflickt wurde. Nach zwei Tagen wusste ich auch, wie ich Raghu nehmen musste, sodass hinter seiner coolen Fassade ein hilfsbereiter, netter Kerl zum Vorschein kam. Als Dankeschön lud ich alle am letzten Abend zum Essen ein, bat ihn, ein angemessenes Restaurant auszuwählen. Das Essen war bezahlbar, aber das Restaurant gehörte, wie sich später herausstellte, zu den teuersten der Stadt. Keine Diskussionen über die Wirtschaft oder religiöse Themen trübten die Stimmung, ja, Raghu zeigte sich sogar von seiner sympathischen Seite. Vielleicht lag das an seinem Schwager Vikram, der in einem Callcenter arbeitet und sich kurzerhand mit einlud. Ein Zeitgenosse, dem der Schalk im Nacken saß. Er besaß nicht nur trockenen Humor, sondern konnte seine Witze auch mit jedem halbwegs bekannten amerikanischen Dialekt zum Besten geben. Das Gestammel des George Bush imitierte er so perfekt, dass ich sogar das passende Gesicht vor Augen hatte. Vikram meinte: »Ich bin wohl der einzige Mensch auf der Welt, der es bedauert, dass Bush nun in Vergessenheit gerät.« Er verließ den Tisch vorzeitig und entschuldigte sich: »Die Nachtschicht ruft, meine Kunden sitzen in den Südstaaten der USA und kriechen gerade aus dem Bett. Ich berate Kreditkartenbesitzer. Die dürfen nicht wissen, dass sie mit jemandem vom anderen Ende der Welt reden, der noch nie eine Kreditkarte in der Hand gehabt hat.« Er warf sich die Jacke über die Schulter und machte sich davon.

Früh in den Morgenstunden sind wir in Bangalore aufgebrochen, um der Rushhour zu entgehen. Jetzt meldet sich der leere Magen. Es ist nicht einfach, in einem Land mit dreihundertneunundvierzig Menschen pro Quadratkilometer ein ruhiges Plätzchen für eine Mittagspause zu finden. Schaulustige finden sich immer, zumal bei der nicht alltäglichen Kombination von einem Inder und einem Deutschen. Da kann einem schon mal der Appetit vergehen, wenn jeder Bissen von neugierigen Augen verfolgt wird. Aber wir schaffen es. Am Straßenrand bei einem Zuckerrohrfeld finden wir ein schattiges Plätzchen. Absolute Stille umgibt uns, ein ungewohntes Gefühl. Nicht einmal die Krähen schreien. Gehören sie doch zu Indien wie die Ratte zu Ganesh. Ich wickele aus der Plastiktüte, die Priyanka uns mitgegeben hat, die Chapatis von gestern aus und teile sie mit Nagender. Ihr unappetitliches Aussehen verspricht nichts Gutes. Nagender meint angewidert: »Schmeckt wie nasse Pappe. Chapatis sollte man nur frisch essen. Hier, nimm die Banane und wickele sie ein, dann hast du eine Falafel«, tröste ich ihn. Brav essen wir unsere »gefüllte Pappe«, aber satt macht sie uns nicht. Zum Nachtisch besorgt uns Nagender vom Feld nebenan zwei Stangen Zuckerrohr. Mit den Zähnen quetschen wir aus dem faserigen Strunk den Glukosesaft wie bei einem zähen Kaugummi. Er ist lecker, frisch und gibt uns wahrscheinlich mehr Energie als die pappige Falafel. Und dann lerne ich, was eine Nungupalme ist. Das heißt, ich kenne sie schon lange. Sie wächst in der Umgebung am Rande der Reisfelder und hat eine runde Krone mit fächerartigen Wedeln. Ein Motorrad, hoch beladen mit Nungupalmnüssen, nähert sich. Der Fahrer stoppt und verkauft uns den Saft der Nuss in zu Schiffchen geformten Palmwedeln. Jetzt fehlt nur noch der Eiswagen. Aber der kommt nicht.

Mit geschlossenen Augen genießen wir die absolute Ruhe. Ein Zustand, der natürlich in Indien nicht von Dauer sein kann. Ein Geräusch dringt an mein Ohr, das mich an Rajasthan erinnert, patsch patsch patsch macht es, wie nackte Füße auf dem Asphalt. Bestimmt haben die Kinder aus dem Nachbardorf uns entdeckt. Aber es sind zwei Dutzend Erwachsene, Frauen und Männer jedes Alters, uneinheitlich gekleidet im Sari und Lungi, im Feinripphemd oder zugeknöpft, manche mit einem Geschirrtuch über der Schulter und alles schön bunt, das Übliche eben. Kein Grund zur Aufregung, und doch ist an ihnen etwas anders, etwas, das ich erst auf den zweiten Blick entdecke. Sie gehen, wie bei den Olympischen Spielen, forschen Schrittes, als könnten sie ihren Zug verpassen. Vielleicht geht man in den großen Städten so, dort, wo die Menschen keine Zeit haben, aber doch nicht auf dem Lande. Und noch etwas fällt mir auf, niemand trägt Schuhe. Ich bin verwundert, weil mich das stutzig macht, barfuß laufen ist doch in Indien nichts Außergewöhnliches.

» Nagender, wach auf «, rufe ich, » was ist das? «

Er öffnet die Augen und guckt verdattert nach links und rechts. Lakonisch meint er nur: » Pilger, vielleicht Shudras aus einer unteren Kaste. «

» Woran erkennst du das? «, will ich wissen.

In seiner Antwort höre ich einen leicht spöttischen Unterton: » Nur Pilger rennen so. «

» Shudras, sagst du, warum, glaubst du, sind das keine Kaufleute? «

» Schau dir doch die Gesichter an, sonnengegerbt, die Hände grob, voller Schwielen. Die arbeiten unter freiem Himmel, und dann die Füße, diese Menschen tragen nie Schuhe, auch wenn sie nicht auf Pilgerfahrt sind. «

» Und wenn dir äußerliche Merkmale nicht zur Verfügung stehen, sagen wir, am Telefon? «

» Dann sind es meistens der eingeschränkte Wortschatz und die Art, wie sie reden, woran ich mich orientiere. « Um sicherzugehen, dass ich seine Äußerungen nicht falsch verstehe, weist er mich übereifrig darauf hin, dass er das Kastensystem strickt ablehnt.

» Es ist gut, Nagender «, sage ich entnervt, » ich glaube dir, dass du kein Rassist bist. «

Widerwillig lässt sich die Gruppe von mir aufhalten: » Nagender, frag bitte, wohin sie gehen. «

» Sie werden mich nicht verstehen, sie sprechen kein Hindi. « Mit Händen und Füßen bekommen wir heraus, dass die Gruppe nach Palani will, um ihrem Gott Murgan Opfer zu bringen.

Wie ein Kind, das die Welt nicht versteht, schaue ich zu meinem Freund hoch: » Nagender, bitte sag mir, wer um Himmels willen ist Murgan? «

» Nagel mich nicht drauf fest, ich glaube, er ist mit Ganesh verwandt. «

Ich suche im Lonely Planet Guide nach den Stammbäumen indischer Götter. » Du bist mir ein schöner Fremdenführer, hast keine Ahnung, hier, da steht es, Murgan ist der Sohn von Shiva und Parvati. «

» Ja, und Ganesh ist ihr zweiter Sohn «, klärt er mich auf, » also der Bruder von Murgan. «

» Okay, okay, ich gebe mich geschlagen. «

Nach dem Besuch des Jain-Heiligtums: zu Gast bei Unberührbaren

Wie auf einem Ameisenpfad zieht es den Strom der Pilger hinauf zum Gipfel des Vindhyagiri Hill. Ich stehe am Fuße des Felsens vor sechshundertvierzig Stufen, an deren Ende eines der größten Heiligtümer der Jains verehrt wird. Kein Aufzug, keine Seilbahn, keine Chance. Das ist mein Berufsrisiko. Aber Sravanabelgola hat eine Überraschung für mich parat: Fußlahme werden getragen. Als wäre ich der Kaiser von China, nähern sich vier Diener im Laufschritt eilfertig mit einem Korbsessel. Ich nehme mir vor, bei den Preisverhandlungen Härte zu zeigen, aber das wird mir von ihrem Sprecher sogleich erschwert. Er erklärt, hinter jedem Träger stehe eine hungrige Familie. Dass sich aber vier weitere Träger meinen Rollstuhl teilen, der nicht einmal zehn Kilo wiegt, was den Preis natürlich verdoppelt, halte ich für übertrieben. Nun gut, sei's drum, schließlich kann ich über den Service froh sein. Sonst hätte ich am Fuße des Felsens ziemlich dumm ausgesehen, denn Nagender wäre mit mir auf dem Rücken nicht weit gekommen.

Seit unserem Fahrradabenteuer durch Iran hat er Probleme mit seinem rechten Knie. Er behauptet zwar, das käme von der Rikscha, die ihn einmal angefahren hat, aber ich glaube ihm das nicht. Vermutlich waren die Steigungen im iranischen Hochland der Grund dafür. Wie ich ihn kenne, will er nicht, dass ich deswegen ein schlechtes Gewissen bekomme. Als ich ihn einmal fragte, ob er sich nicht operieren lassen wolle, meinte er, nicht versichert zu sein, und aus eigener Tasche könne er die Behandlung nicht bezahlen. Er warte lieber ab, bis ihn mal wieder jemand anfährt, dann könne er den Knieschaden dem Gegner anlasten, sofern der versichert ist.

Nagender hat genug zu schleppen. Mit den beiden Kameras und dem Camcorder, den ich ihm umgehängt habe, sieht er aus wie ein übergeschnappter Paparazzo. Er keucht nebenher, vorweg und hintendran, um das Schauspiel in Bild und Ton festzuhalten, während acht Porter mich und meinen Rolli sanft hinauftragen. Die sechshundertvierzig Stufen sind zwar nichts im Vergleich zu dem Trekkingpfad hinauf zur Gangesquelle im Himalaja vor ein paar Jahren, aber Lob haben meine Träger trotzdem verdient.

Inmitten des ummauerten Tempels, der nach oben offen ist, erhebt sich siebzehn Meter hoch Bahubali, die größte aus einem Fels gehauene menschliche Darstellung in Indien. Doch es geht nicht um solche Superlative. Er verkörpert religiöse Hingabe und absolute Entsagung. Aufrecht und völlig unbekleidet steht er da, mit einem entrückt in die Ferne gerichteten Blick. Kletterpflanzen winden sich an ihm hoch als Zeugnis, dass sein Körper nur noch Hülle ist. Seine tief herunterhängenden Ohrläppchen symbolisieren schweren Goldbehang und vergangenen Reichtum. Als Sohn eines Herrschers entschloss er sich, alles Materielle abzulegen und ein Leben in Meditation zu verbringen, bis er die Erlösung der Wiedergeburten erlangte.

Mahavira, der Begründer dieser Religion, ein Zeitgenosse Buddhas und letzter Thirtanka in einer Reihe von geistigen Führern, predigte Gewaltfreiheit gegenüber allen Lebewesen, Askese und Besitzlosigkeit. Das führt so weit, dass die Digambaras auch auf jegliche Kleidung verzichten. Nicht einmal den Besitz eines Dhotis billigen sie sich zu. Der Kontrast könnte größer nicht sein. Vor der gewaltigen Statue beten die in Weiß gehüllten Nonnen neben den » luftgekleideten « Digambaras, völlig nackten Männern. Ein verwirrender Anblick.

Manche von ihnen haben Hunderte von Kilometern zurückgelegt, um nun ehrfurchtsvoll vor ihrem Wegbereiter zu stehen. Während Nagender all seine Landsleute anspricht, die nicht gerade in religiöser Verzückung geistig abwesend sind, und auf Hindi um ein Foto bittet, ist für mich hier die Grenze erreicht. Ich bin immer wieder verblüfft über die große Diskrepanz zwischen unseren Ansichten, was mit der Kamera in der Hand noch ethisch vertretbar ist. Niemals würde er eine verkohlte Leiche am Ganges fotografieren, wie auch die Verbrennungen der Toten für ihn aus Respekt vor den Personen tabu sind. Doch Protagonisten, die noch leben und die man um Erlaubnis fragen kann, stellen für ihn kein Problem dar, auch wenn sie völlig unbekleidet oder in rituelle Handlungen vertieft sind. Er setzt seine Modelle ins rechte Licht, rückt ihnen auf die Pelle, als wolle er eine Nahaufnahme machen. Und alle lassen es sich gefallen, ja einige bitten ihn sogar, fotografiert zu werden.

Darüber rede ich mit ihm im vegetarischen Restaurant bei einem Masala Dosa. Es versteht sich von selbst, dass in dieser Hochburg der Jains nichts serviert wird, was unterhalb der Ackerkrume wächst, keine Eier, geschweige denn Fleisch. Auch Alkohol ist hier tabu. Mein Teller wird von einer gewaltigen Teigtasche beherrscht, die nur mit den bloßen Händen zu bewältigen ist. Barbarische Mordwerkzeuge wie Messer und Gabel, mit denen man sich und andere verletzen könnte, stoßen in einfachen Restaurants auf Unverständnis. Allenfalls ein Aluminiumlöffel liegt bereit, mit dem die Soße geschöpft wird. Nagender beschreibt den Mann am Nachbartisch als Paradebeispiel südindischer Esskultur.

Während Nordinder den Reis mit den Fingerspitzen zu einer Kugel formen, greift man hier in die Vollen. Die ganze Hand verschwindet im Essen, was dem Vorgang selbst für meine ungeübten Augen etwas Grobes gibt. »Unfein will ich nicht sagen «, meint Nagender, » aber es ist schon etwas befremdlich für mich. « Wie auch immer die Mahlzeit vorbereitet wird, mit den Fingerspitzen oder der ganzen Hand, zum Duft und dem visuellen Eindruck gesellt sich auch der Tastsinn der Hände, bevor die Geschmacksknospen der Zunge ihre Aufgabe erfüllen.

Eine Art der Nahrungsaufnahme, die ich an Indien ganz besonders schätze. Essgeräusche, die in Deutschland nur ungehobelte Flegel von sich geben, gehören in unserem Restaurant zum guten Ton und signalisieren, dass es einem schmeckt. Jedes Mal, wenn ich nach Indien komme, dauert es eine Weile, bis ich mich an das Rülpsen und Schmatzen gewöhnt habe. Ebenso schwer fällt es mir nach meiner Rückkehr, die freie Meinungsäußerung am Tisch wieder abzulegen.

Genau fünfundsiebzig Kilometer südlich von Mysore, am Ortseingang von Sorgur, einem kleinen Dorf von nicht mehr als dreißig Häusern, geschieht das, was ich habe kommen sehen. Der Reifen ist total abgefahren und verliert nun mit einem kurzen Zischen seine Luft. Es war wohl die falsche Gummimischung, die da aus Deutschland mitgeliefert wurde. Große Sorgen glaube ich mir darum nicht machen zu müssen, schließlich gibt es in Indien, wo ein großer Teil der Güter auf Fahrrädern transportiert wird, noch im kleinsten Kuhkaff einen Reifenflicker. Die Kommunikation mit dem alten Mann, der da auf dem Lehmboden mit meinem Reifen in der Hand sitzt, gestaltet sich schwierig. Aber ich begreife, auch ohne die Sprache verstehen zu können, was er meint: Diese Reifengröße ist zu speziell, und wir sollten es in Bangalore probieren.

Nagender entschließt sich, sofort loszufahren, mit etwas Glück könnte er am späten Abend wieder zurück sein. Das Dorf bietet einen kläglichen Strich Mobilnetz, über das mich Nagender auf dem Laufenden halten will. Mein Handbike und unser Gepäck deponiere ich beim Reifenflicker. Am dringendsten benötige ich zunächst ein ruhiges Plätzchen zum Pinkeln, aber meine Suche danach gleicht einem Spießrutenlauf. Kinder umschwärmen mich wie Mücken eine Laterne. Kreischend schieben sie mich im Slalom von einem Haus zum nächsten. Jedem Bewohner müssen sie das Unikum vorführen, während ich in heller Panik alle Kunst aufbieten muss, nicht im nächsten Schlagloch einen Salto aus dem Stuhl zu machen.

Hier einen Baum zu finden, hinter dem ich mich unbeobachtet erleichtern kann, ist pure Illusion. Ich werde am nächsten Haus fragen, ob sie für mich ein Klo haben. Bei Mister Rai, Friseur von Beruf, werde ich fündig. Die ergrauten Haare, lockig und störrisch, fallen ihm weit in den Nacken und umrahmen ein Gesicht, das ebenfalls weitgehend zugewachsen ist. Friseure hatte ich mir eigentlich anders vorgestellt. Vielleicht meinte er auch nur, einen Friseur zu benötigen. Sein breites Lachen entblößt kreuz und quer gewachsene Zähne, an denen unser Kieferorthopäde seine Freude hätte. Meine gestikulierte Frage nach einer Toilette versteht er sofort und bietet mir die kurze Dornenhecke hinter seiner Lehmhütte an. Dem Geruch nach zu urteilen, ist das hier nicht nur die Gästetoilette, hier pinkeln alle hin. Der Hof ist blitzblank gefegt, aber hinter der Hecke stapelt sich der Hausmüll.

Das erinnert mich an Nagenders Worte. »Inder sind saubere Menschen«, sagte er einmal, »in einem schmutzigen Land.« Sie achten peinlich genau auf Reinlichkeit in ihrem häuslichen Umfeld, ohne sich am Dreck im öffentlichen Raum auch nur im Geringsten zu stören. Müll, der aus dem Fenster geworfen wird, ist aus den Augen, aus dem Sinn und folglich entsorgt.

Mister Rai ist ein netter Kerl. Er hat alle Kinder verscheucht. Natürlich habe ich Kinder gern. Aber wenn es zu viele sind, die mich umzingeln, wenn unter ihnen freche Bengel meine Reizbarkeit auf die Probe stellen wollen, wenn erste Steine fliegen, dann bin ich froh, wenn mich jemand vor ihnen beschützt.

An der Hütte stellt er mir seine Frau und die beiden kleinen Kinder vor, er bietet mir freundlich Tee an und redet unermüdlich auf mich ein, obschon ich ihm klargemacht hatte, dass ich ihn nicht verstehe. Ein Stöckchen, mit dem wir Symbole auf den gestampften Lehm malen, ersetzt die verbale Kommunikation perfekt. Frau Rai serviert mir auf dem Schoß eine Schale Currysoße und klebrigen, klumpigen Reis. Ideal zum Essen mit der Hand. Einen kurzen Moment weiche ich zurück. Durchfall in diesem Dorf, mehrere Tagesreisen von der nächsten Toilette entfernt, kann ich mir einfach nicht leisten. Noch weniger kann ich es aber Familie Rai antun, ihre Herzlichkeit abzuweisen, außerdem habe ich Hunger.

Nagender hat große Probleme, die Reifengröße in Mysore zu finden. Zwei Tage wird er brauchen, um zurückzukommen. Die Gastfreundschaft der Familie werde ich also weiter strapazieren müssen. Wo sollte ich auch hin. Wie ich später erst bemerkte, hatten sie selbst kaum genug zu essen. Sie richteten mir in dem engen Wohnraum ein Charpoi her, das typische indische Bettgestell, während die Familie auf dem Lehmboden schlief. Wenn sie mir zu essen gaben, schauten alle zu, bis ich fertig war. Später dann, als sie glaubten, ich bemerke es nicht, aßen sie die Reste. Die Behauptung meines Gastgebers, er sei Friseur, diente allein der Wahrung seines Ansehens mir gegenüber. Ein kastenloser Tagelöhner zu sein, der auch noch arbeitslos ist, das gibt in Indien niemand gerne zu. Auch nicht, wie sehr er auf das Geld angewiesen war, das ich ihm heimlich gab, als die Nachbarn beim Abschied herumstanden. Bei der Bezahlung durfte ich keinesfalls Herrn Rais Stolz verletzen.

Vieles habe ich erst später von Nagender erfahren. Zum Beispiel, dass seine ältesten Söhne Tagelöhner sind und beim Zamindar, einem Großgrundbesitzer, viele hundert Kilometer entfernt arbeiten und dass die beiden Kleinen nie zur Schule werden gehen können, weil das Geld dafür nicht reicht. Und dann sagte mir Nagender auch noch, dass der Reifenflicker und ein Großteil des Dorfes höchst irritiert darüber waren, dass ich bei einem Unberührbaren übernachtet hatte. Damit wäre ich nach Ansicht der meisten Bewohner in die unterste Schublade der indischen Gesellschaft gerutscht.

» Andreas «, schloss Nagender seinen Vortrag, » du hast in diesem Dorf dein Gesicht unwiederbringlich verloren. «

» Nagender, das wird mich nicht in Depressionen stürzen, verlass dich darauf. « Ob denn wenigstens etwas von meiner Geltung in die der Familie Rai gewandert ist, will ich wissen.

» Keine Chance «, entgegnet er, » Neid und Missgunst werden ihnen von nun an das Leben noch schwerer machen. «

Kurbeln Richtung Kerala

In den kommenden Tagen nähern wir uns erneut der Küste und haben damit Goa großräumig umfahren. Um die Nilgiriberge wollen wir einen nordwestlichen Bogen machen und bei Guruvayur wieder das Meer erreichen. Der Staat Karnataka liegt bald hinter uns. Dann überschreiten wir die Grenze zu Kerala. Nach weit über tausend Kilometern zeigen sich erste Verschleißerscheinungen am Motor. Die Zylinderfußdichtung leckt. Zu spüren bekomme ich das an meiner Kleidung, an den Händen, und selbst im Gesicht glaube ich einen Ölfilm zu haben. Zusätzlich hat der Auspuff, vermutlich vom Unfall, an der oberen Schelle einen Riss, der Tag für Tag größer wird. So sitze ich im Dunst der Abgase und rieche entsprechend. Man könnte ein paar Tage Arbeit investieren und die Schäden beheben, aber ich beginne die Lust an dem Motor zu verlieren. Manchmal, wenn wir Zeit haben und die Landschaft schön ist, schalte ich ihn einfach aus und kurbele mich in Handarbeit voran, wie früher. Auch wenn es anstrengt und mich nur halb so schnell voranbringt, genieße ich die ruhige Art des Reisens. Für Nagenders Enfield ist die Geschwindigkeit zu langsam, er fährt dann immer voraus.

Pilger auf ihrem Weg nach Palani sind inzwischen zu unseren stetigen Begleitern geworden. Wir begegnen ihnen an Verkaufsständen, in Garküchen, aber in erster Linie als wandernde Gesellen am Straßenrand. Einigen von ihnen konnten wir inzwischen wichtige Informationen entlocken. Vor allem, dass die große Party zu Ehren des Gottes Murgan am nächsten Vollmond stattfinden wird. Der ist in vier Wochen, die wir dazu nutzen wollen, der Küste um Indiens Südspitze herum bis hinauf nach Chennai zu folgen. An einer Kreuzung kurz vor Bandipur biegen wir rechts ab und verlassen die Laufrichtung der Pilger, die nach Süden wandern.

Unsere kleine, wenig befahrene Straße durchquert eine Kette von Naturschutzgebieten und Nationalparks am Fuße der Nilgiris, der höchsten Berge Südindiens. Bei einer Höhe von über zweitausend Metern fühlten sich die englischen Besatzer in der nebligen Hillstation dort oben wie zu Hause.

Die Besiedlung wird spürbar dünner, schon den ganzen Tag über ist uns keine Menschenseele begegnet. Am Straßenrand, der bisher von Feldern geprägt war, beginnt nun undurchdringlicher Dschungel. Keine kläffenden Straßenköter verfolgen uns, keine Krähe gibt ihren Kommentar dazu ab.

Hin und wieder fahren wir durch schlanke, hohe Eukalyptuswälder. Wie gemalt, geben die bis zur Krone astfreien Bäume dem Wald einen märchenhaften Charakter. Als wollten sie sich häuten, werfen die Bäume Teile ihrer Rinde in langen Streifen ab, die den ganzen Waldboden bedecken. Das geschlossene Kronendach verschleiert die Sonne komplett, und doch ist es nicht dunkel. Surreales, gleichmäßiges Licht durchflutet den Wald.

Dann wieder tauchen wir in einen dunklen Tunnel von Bambus ein. Zehn Meter über uns schließt sich das Dach aus dem leicht gebogenen Rohr. Aus dem undurchdringlichen Unterholz dringen neue Waldgeräusche. Hanuman-Languren warnen alle Waldbewohner vor den Fremden. Aufgeregt springen sie im sicheren Abstand zur Straße umher und behalten uns abschätzend im Auge. An der Peripherie des Nationalparks weisen Warnschilder darauf hin, dass wir nun den Kernbereich durchfahren. »Tiger Project« und »Beware Elephants« lese ich. Die Vorstellung, dass uns hier ein Tiger begegnet oder eine Horde Elefanten über den Weg läuft, ist für mich geradezu abwegig. »Schau mal, Nagender« sage ich belustigt, »die Schilder stammen wohl noch aus dem vorletzten Jahrhundert.« Er blickt mich nur verständnislos an. Manchmal versteht Nagender meinen Humor nicht, dann guckt er nur. Ich schreibe das einem letzten minimalen kulturellen Unterschied zwischen uns zu und denke nicht weiter darüber nach. Dass er meinen Witz nicht nachvollziehen konnte, hatte seinen Grund. Ihm war nämlich, im Gegensatz zu mir, durchaus die Gefahr bewusst, vom Großwild überrascht zu werden. Vier Wochen später sollten wir das noch am eigenen Leibe zu spüren bekommen.

An der Küste ist es mit dem Spaß vorbei. Wir sind in

Kerala, dem Sonnenstaat, dem Land der Kokospalmen, des Ayurveda und der paradiesischen Lagunenlandschaften. Kerala besitzt das höchste Pro-Kopf-Einkommen, eine europäische Alphabetisierungsrate und die zweithöchste Bevölkerungsdichte. Bis zu tausend Menschen pro Quadratkilometer quetschen sich auf dem Küstenstreifen, was zur Folge hat, dass die Ortschaften und Städte auf den folgenden fünfhundert Kilometern ineinander übergehen. Meine Hoffnung, der relativ hohe Anteil an Christen in Kerala führe vielleicht zu einem humaneren oder rücksichtsvolleren Verkehrsverhalten, löst sich im Dieselruß auf. Hinterm Steuer verpufft die viel beschworene christliche Nächstenliebe. Jenseits von Guruvayur biegen wir ab Richtung Süden. Auf dem National Highway Nummer siebzehn fahren die LKWs die Rallye Monte Carlo als Hardcoreversion mit Gegenverkehr. Offiziell herrscht Linksverkehr, doch alle bevorzugen die optimale Fahrspur. Die liegt auf der Straßenmitte. Kurven werden generell geschnitten, auch die unübersichtlichen. Das geht so lange gut, bis entgegenkommende Fahrzeuglenker nach dem gleichen Prinzip rasen. Wie zwei Platzhirsche im Kampf um das Territorium stürzen die Kontrahenten aufeinander zu, wild entschlossen, nicht auszuweichen. Gerade so, als wäre Bremsen oder Rücksichtnehmen ein Zeichen von Feigheit. Buchstäblich in letzter Sekunde reißen sie das Lenkrad nach links herum und geraten mit mir in Konflikt. Doch meine Wenigkeit interessiert sie nicht. Ich habe das Nachsehen und muss meine Haut retten. Auf den siebzig Kilometern bleibt uns die Schönheit Keralas verschlossen. Stattdessen erleben wir Stress und Lebensgefahr pur. Selbst Nagender, den nicht viel erschüttern kann, schimpft über die Rücksichtslosigkeit und das herrschende Gesetz des Stärkeren im Straßenverkehr. Vor ein paar Jahren, als er in Deutschland zu Besuch war und mich auf einer Vortrags-

tournee begleitet hatte, lobte er meine umsichtige Fahrweise. Wie rücksichtsvoll es sei, bei Gegenverkehr abzublen-
den, Fußgängern den Vortritt zu lassen und selbst beim
Spurwechsel auf der Autobahn zu blinken. Alles sei so
schön ordentlich. Da hätten die Inder noch Nachholbedarf.

Dass wir die siebzig Kilometer nach Ernakulam lebend
überstanden haben, gleicht einem Wunder. Es kann nur
einer der vielen Götter gewesen sein, der uns vor dem
Schlimmsten bewahrte.

In der Tourist Lodge fallen wir erschöpft in einen tiefen
Schlaf.

Ein Christ aus hoher Kaste rät mir
zur Lady of good Health

Das Haus, das um einen begrünten Innenhof liegt, ist eine
Oase für gestresste Backpacker. Sie sitzen vertieft in Bücher
und Zeitungen unter hohen Topfpflanzen und lassen es sich
gut gehen. Immer mit einem seligen Lächeln auf den Lip-
pen. Lauter Gutmenschen. Abgesehen von Nagender treten
Inder hier nur als Personal in Erscheinung, bringen Cheese
Toast, Müsli und Fruchtsalat. Draußen vor der Tür tobt das
Leben. Welch ein Kontrast zur unberührten Natur vor zwei
Tagen.

Am Marine Drive ist Ernakulam seiner Zeit voraus.
Quirlig, modern, geprägt von Shopping Malls hinter Glas-
fassaden, gefliesten Fast-Food-Läden, einer hübschen Ufer-
promenade und dem allgegenwärtigen Stadtstau, der allen
Metropolen der Welt zu eigen ist. Die große Zahl moderner
Frauen in Jeans, die mit schicken Einkaufstüten an den
Schaufenstern der Modegeschäfte entlangflanieren, er-

scheint mir wie eine Metapher für das moderne Indien. Hier wirkt eine Motorriksha oder der alte Ambassador auf der Straße bereits wie ein Relikt aus längst vergangener Zeit.

Nur einen Steinwurf entfernt, auf der Halbinsel Kochi, zeigt uns Indien, wie untypisch es zugleich sein kann. Ein Konglomerat aus Niederlassungen holländischer, portugiesischer und englischer Gewürzhändler, das durchsetzt ist von Kirchen, Moscheen, Hindutempeln und einer Synagoge, gibt Cochin den Charme eines lebendigen Museumsdorfes. Am Ufer hängen chinesische Fischernetze, die wie riesige Krakenarme ins Meer greifen. Mithilfe von Findlingen als Gegengewicht für die riesigen Gestelle schöpfen sechs Fischer einen armseligen Ertrag aus dem Meer, der vermutlich weit unter dem Kalorienverbrauch für diese Knochenarbeit liegt.

Mit kostenpflichtigen Fotokonzessionen an die Touristen erzielen sie beachtliche Nebeneinkünfte. Vor allem wenn am späten Vormittag Sightseeingbusse ihre Fracht entladen und sich Kakihemd und Blümchenkleid um die Netze scharen. Dann heben und senken sie sich plötzlich in einem wundersamen Aktionismus. Fische lassen sich zu dieser ungünstigen Zeit nicht fangen.

Unsere Nase sagt uns beim Erkunden der Insel, dass der Handel mit Gewürzen keinesfalls Geschichte ist. Nagender identifiziert sie alle, die Edelsteine der Pfefferküste: Nelken und Zimt, Kardamom und Ingwer, Tee, Kaffee, Kakao und Kokos. Düfte, die aus den Hinterhöfen, aus Fenstern und Türen auf die Straße wehen und sich dort zu einer exotischen Mixtur vereinen.

Symbole aller Weltreligionen an den Häusern der Kaufleute sind das Bekenntnis für den aufgeschlossenen Charakter, der Kerala durch den freien Handel über alle Glaubensgrenzen hinweg geprägt hat.

Jemand aus der Nachbarschaft öffnet uns das vergitterte

Tor zum holländischen Friedhof, der unmittelbar am Ufer liegt. Kapitäne und reiche Kaufleute, die in Indien eine neue Heimat gefunden hatten, fanden hier ihre letzte Ruhe. Die Inschriften der Grabsteine, die mit maritimen Symbolen verziert sind, fast dreihundert Jahre alt, sind die letzten Zeugen der holländischen Handelsniederlassung in Indien. Einiges kann ich entziffern: »Hier ruht mej Frouw Esther Dulcina van Hovingen, Gemaalinne van den agtbaaren Heer …« Dann wird es unleserlich.

Ein alter Mann betritt das ummauerte Gelände und beobachtet uns. Wegen der Gräber ist er nicht hier, offensichtlich sucht er Kontakt. Er trägt ein weißes Hemd und einen Dhoti, den er sich nun von hinten zwischen den Beinen hindurchzieht. So hockt er sich in den Schatten, die gestreckten Arme auf die Knie gestützt, wie es Inder tun, wenn ihnen die Hektik zu viel wird. Während Nagender die Inschriften fotografiert, geselle ich mich zu ihm. Wie erwartet, sucht er das Gespräch. Im Singsang des indischen Englisch, das kein th kennt und f wie ein p klingen lässt, klagt er über den Wandel der Zeit. Traurig sei es, meint er, dass dieser Friedhof so schlecht gepflegt sei, schließlich habe Kochi den hier beigesetzten Holländern einen Teil seines Wohlstandes zu verdanken. Mit deutlich hörbarem Stolz in der Stimme hebt er hervor, dass er sich zur Gemeinde der Thomaschristen zählt. Sie seien Abkömmlinge des Apostels Thomas, der bereits im ersten Jahrhundert Brahmanen zum Christentum bekehrte.

Ich frage ihn, ob es denn einen Unterschied innerhalb der Christen Keralas gebe.

»Natürlich gibt es den«, bestätigt er. »Wir Thomaschristen stammen einer hohen Kaste ab. Manchmal werden wir auch als ›Brahmin Katholik‹ bezeichnet.«

»Und die Übrigen?«

Er antwortet nicht abfällig, aber ich spüre, dass das hierarchische System unter Hindus auch die Christen beeinflusst. » Das sind Konvertiten, meist kastenlose Hindus. «

In der Tat, aufgrund ihrer diskriminierenden Stellung gibt es eine starke Tendenz der Dalits (auch als Paria bezeichnet) hin zum Islam, zum Christentum oder dem Buddhismus. Doch es wäre blauäugig zu glauben, in einer Gesellschaft, die bis ins Mark vom Kastendenken geprägt ist, das Stigma der Unberührbarkeit von heute auf morgen mit dem Wechsel der Konfession abschütteln zu können. Die soziale Stellung der Dalit-Christen, in der sie gebrandmarkt sind, bleibt die gleiche. Mancherorts gibt es für sie sogar eigene Gebetsräume, Leichenwagen und Friedhöfe.

Inzwischen hat sich Nagender zu uns gesetzt und begrüßt meinen Gesprächspartner: » Namaste, uncle. « Ich will von dem gläubigen Christen wissen, ob es denn angesichts der Tatsache, dass Inder Weltmeister im Pilgern sind, auch für ihn einen Wallfahrtsort gibt. » Oh, durchaus «, antwortet er, ohne weiter ins Detail zu gehen. Stattdessen stellt er eine Gegenfrage: » Bist du Christ? «

Jetzt hat er mich kalt erwischt. Ich will nicht lügen und sage nur die halbe Wahrheit: » Ja, aber ich gehe nicht regelmäßig in die Kirche. «

» Dann solltest du nach Vailankanni zur Basilika of our Lady of good Health reisen. « Sein Blick wandert auf meinen Rolli herunter. Mit seinen alten krummen Fingern berührt er das Rad und meint: » Sie wird dich davon befreien. « Im ersten Moment begreife ich nicht, was er meint, wovon ich befreit werden sollte.

Sein nächster Satz lässt keine Zweifel mehr zu. » Schon viele Krüppel sind von ihr geheilt worden. « Mir sträuben sich die Nackenhaare. Wie ein Stromschlag fährt es mir durch die Glieder. Wenn es ein Wort gibt, das ich hasse, dann dieses. Kann er nicht » disabled « oder » handicapped « sagen? Als » crippled « fühle ich mich wie ein Halbtoter aus

dem Mittelalter. Ich schaue ihn an und stelle mir vor, wie ich ihm die Gurgel zudrücke, um es aus seinem Vokabular zu eliminieren, damit er es nicht wiederholen kann. Allein mein Verstand gebietet Rücksicht und hält mich davon ab zuzugreifen.

Ich muss freundlich bleiben, er weiß es doch nicht besser. Aber ich kann nicht über meinen Schatten springen, das gute Gespräch ist zum Scheitern verurteilt. Statt ihn tätlich anzugreifen, revanchiere ich mich mit der Frage, ob denn die Maria ihn auch schon geheilt habe. Aber mit seinem christlichen Gleichmut nimmt er mir den Wind aus den Segeln: »Jedes Jahr unternehme ich eine Wallfahrt zu ihr. Nun schau mich an, ich bin fünfundsiebzig. Gibt es einen besseren Beweis für ihre wundersame Heilung?«

Auf seinen Vorschlag, mich von Maria in der Basilika heilen zu lassen, gehe ich nicht ein. Zu oft schon haben mir gutgläubige Menschen Visitenkarten von Schamanen, Geistheilern und Gurus zugesteckt, Empfehlungen ausgesprochen, nach Lourdes oder an andere Orte zu reisen, an denen Maria in Erscheinung getreten ist. Dabei bin ich durchaus davon überzeugt, dass es alternative Heilungsformen gibt. Schließlich hat ein »Besprecher« bei uns im Dorf meine Geschwister und mich dauerhaft von einer Rinderflechte geheilt. Nach ein paar Sitzungen beim »Pusteonkel« waren die Ausschläge verschwunden. Aber eine Querschnittslähmung lässt sich nicht besprechen und von keiner Maria heilen. Da kommt es eher darauf an, was man daraus macht.

Als das Friedhofstor hinter uns wieder geschlossen wird, habe ich für Nagender einen Vorschlag: »Sag mal, wenn wir an der Ostküste hochfahren, könnten wir doch bei Maria in der Basilika vorbeischauen, kostet ja nichts.«

»Ja, ein guter Gedanke, Vailankanni liegt auf dem Weg«, antwortet er.

Grinsend füge ich an: »Dann kann sie sich bei der Gelegenheit auch gleich dein Knie ansehen.«

Nagender legt seine Hand auf meine Schulter: »Andreas«, belehrt er mich, »deine Idee hat einen Haken, überleg doch mal, man muss daran glauben.«

»Richtig«, stimme ich zu, »daran wird es scheitern.«

Auf dem Weg nach Kanyakumari: Hier trifft sich Indien

»Wenn du nach Kerala kommst, musst du unbedingt meine Familie besuchen. Dort oben in den Bergen von Kattappana könnt ihr wunderbar ausspannen.« Das schlug mir vor der Abreise Martin Cherian, der Vorsitzende der Deutsch-Indischen Gesellschaft in Winsen, vor, mit dem ich seit vielen Jahren in einer lockeren Verbindung stehe. Mein erster Gedanke war: Ausspannen? Dafür reise ich nicht nach Indien, ich will etwas erleben. Aber auch Nagender meint, dass wir nicht immer nur den Pilgern hinterherjagen sollten, Indien hat mehr zu bieten. So stehen unsere Fahrzeuge bereits seit ein paar Tagen still. Dafür schippern wir auf Kähnen durch die Backwaters, eine Wasserwelt aus Kanälen, Seen und Buchten, umsäumt von Kokospalmen. Kein ernst zu nehmender Tourist, der nach Kerala reist, lässt sich dieses Highlight entgehen. Abgerundet wird die Tour durch die Verjüngungskur in einer Ayurvedaklinik und den obligatorischen Kathakali-Tanz. Letzterer ist eine Spezialität aus Kerala, in dem zwei Akteure die Legenden des Ramayana und Mahabharata, das Heldenepos um Gott Rama und Sita, pantomimisch darstellen.

Die spektakuläre Maskierung der Tänzer auf der Bühne,

ihre Bemalung, die Kostüme, die Gestik und Mimik machen es für mich leicht, die Handlung nachzuvollziehen. Ich bin fasziniert und fotografiere, was der Akku hergibt. Nur über Nagender wundere ich mich etwas, der mit verschränkten Armen am Rand sitzt und sich viel mehr für die Touristen im Saal interessiert. Irgendetwas passt ihm nicht. Nach zwei Stunden, der Akku ist leer, die Speicherkarte voll, der Tanz vorüber, frage ich ihn, ob ihm eine Laus über die Leber gelaufen sei. Wutschnaubend regt er sich über den Touristennepp auf. Die Veranstaltung sei armselig und dilettantisch gewesen und habe überhaupt nur zwei Stunden gedauert, wo doch üblicherweise die ganze Nacht getanzt wird. Das war eine billige Demoversion. »Jetzt zeige ich dir richtige Profis«, meint er, als wir den Kulturkalender der Stadt durchforsten. Während der Aufführung im nahe gelegenen Tempel haben wir uns dann die Nacht um die Ohren gehauen. Von der Geschichte begriff ich nichts, mit der Ausnahme, dass am Ende das Böse besiegt wurde. Wenn Nagender das nächste Mal nach Deutschland kommt, werde ich ihn in eine Oper schleppen, dann kann er mal sehen, wie das ist.

Auf der Rücksitzbank eines Ambassadors schaukeln wir hinauf in die Kardamomberge, um Martins Familie für ein paar Tage zu besuchen. Teeplantagen dominieren die Hänge der Berge, zwischen denen schön bunt die Pflückerinnen arbeiten oder Männer mit Giftspritzen auf dem Rücken das satte Grün in einen toxischen Nebel hüllen. Wenn Nagender mit dem Auto fährt und nicht gerade hinter dem Steuer sitzt, schläft er ein. Da ist er ganz Inder. Nun aber hält ihn die faszinierende Landschaft hellwach.

Ich nutze die Gunst der Stunde, um ihn etwas zu fragen, das ich seit geraumer Zeit auf meinen Reisen durch Indien bemerke. Denn alle reden mich mit »uncle« an. Ich will von Nagender wissen, ob sich in Bezug auf die Umgangsformen in Indien etwas geändert hätte. Nie hat man mich früher mit » uncle « angesprochen.

» Willst du das wirklich wissen? «, fragt er mich eindringlich.

» Klar, würde ich sonst fragen? «

Wieder legt er seine Hand auf meine Schulter. Das tut er immer, wenn es gilt, mir Sachverhalte schonend beizubringen. So, als wolle er ein Aufbrausen verhindern. » Also, pass auf, bei uns in Indien wird alten Leuten mit Respekt begegnet. Eine Form der Anrede älterer Menschen ist die Bezeichnung ›uncle‹. Das ist doch schön, oder? «

Geknickt schaue ich aus dem Fenster. Die Tatsache, nicht mehr der Jüngste zu sein, habe ich akzeptiert. Mit der Definition » uncle « dagegen kann ich mich keinesfalls anfreunden. » Und woher bitte schön, wissen die Inder, wann ich ein uncle bin? «

» Na ja, du hast graue Haare. «

» Nagender, wenn du ein einziges Mal uncle zu mir sagst «, warne ich ihn, » sind wir geschiedene Leute. «

Johnny, Martins Bruder, empfängt uns am Hoftor mit Herzlichkeit und Überschwang, als würden wir uns eine Ewigkeit kennen. Er lebt mit seiner Frau, den beiden Töchtern und seinen Eltern in einem wahren Garten Eden. All die Gewürze, für die todesmutige Kapitäne vor dreihundert Jahren Mannschaft und Schiff bei der Umfahrung des Kaps der Guten Hoffnung aufs Spiel gesetzt haben, kommen von hier. Erntezeit ist das ganze Jahr über. Gerade trocknen auf dem blitzblank gefegten Hof Millionen schwarzer Pfefferkörner in der Sonne. Johnnys pubertierende Töchter finden diese naturnahe Abgeschiedenheit nicht so lustig. Sie wollen und müssen eines Tages fort. Denn so schön ihr Paradies auch ist, ernähren kann es nicht alle. Ihre Neugier scheint grenzenlos. Alles Technische, das wir im Gepäck haben, zieht sie magisch an, vor allem das Handy vom » uncle «.

In den Tagen unseres Aufenthalts sehen wir aber auch die Schattenseiten der Idylle, sehen Menschen, die in Hütten leben, die denen an Mumbais Abwasserkanälen in nichts nachstehen, sehen, dass sie nicht einmal das Nötigste zum Überleben besitzen, und sehen, wie einfach Hilfe zur Selbsthilfe geleistet werden kann. Die Kinder hier, so erzählt uns Johnny, müssen von klein auf mitarbeiten, um den Lebensunterhalt zu sichern. Ein Schulbesuch ist da nicht drin. Wieder erkenne ich Parallelen zu den Jungs in der Familie Rai oder Deepak und Krishna vom Bahnsteig sieben in Mumbai, die von zu Hause ausgerissen sind, weil es nichts mehr zu essen gab.

Johnny zeigt uns Hütten der schlimmsten Sorte, aus Blättern, Ästen und Plastikplanen. Mit dem Geld aus Spendenaktionen, die Martin in Deutschland organisiert, werden ihnen feste Häuser gebaut, den Familien Starthilfen gegeben und die Kinder mit Uniformen und Büchern ausgestattet, um ihnen den Schulbesuch zu ermöglichen. Mich begeistern die Effizienz und die simple Art, so viele Menschen mit wenig Geld aus ihrem Elend zu holen, ohne eine große Organisation im Hintergrund zu haben. Nach zwei Tagen bin ich überzeugt, ich muss auch etwas tun. Ich werde dieses Hilfsprojekt in den Vortrag mit einflechten. Auf dem Rückweg äußert sich Nagender darüber, wie beschämend er es fände, dass es dem indischen Staat so schwerfällt, sich selbst um die Menschen zu kümmern, und wie traurig es sei, auf Spenden aus dem Ausland angewiesen zu sein.

Ohne Vorankündigung bremst der Fahrer plötzlich an einer Kreuzung. Er stützt den Ellenbogen auf die Rückenlehne, um uns auf der Rücksitzbank nach Manier eines Fremdenführers zu erklären, was hier in ein paar Wochen los sein wird. Es ist keine touristische Sehenswürdigkeit, die er da anpreist, sondern der größte Pilgerzug der Welt.

Von hier beginnt der Endspurt, ein harter Sechzig-Kilometer-Marsch. Ob mir schon die Ayappapilger aufgefallen seien, fragt er.

»Das kann man wohl sagen, die hätten mich fast umgefahren«, entgegne ich wissend.

»Entschuldigung«, sagt er, »manchmal sind sie etwas ungestüm, das muss man ihnen verzeihen.« Er erzählt, dass letztes Jahr mehrere Millionen gekommen sind, um hinauf nach Sabarimala zu klettern, eine nicht enden wollende Kette schwarz gekleideter Ayappaanhänger. Als ich mich danach erkundige, wer denn Ayappa sei, tischt er mir eine haarsträubende Geschichte auf, wie sie einem nur in Indien erzählt werden kann. Darin bat König Rajasekar Shiva um einen Nachkommen, da seine Gemahlin unfruchtbar war. Shiva bemühte sich bei Vishnu um die Erfüllung des Wunsches, der, obwohl männlich, am Ende tatsächlich schwanger wurde. Aus seinem Oberschenkel gebar er das Kind Ayappa für das Königspaar.

So lerne ich, dass die männliche Leihmutterschaft eine indische Erfindung ist.

Diese wundersame Fruchtbarkeit zieht Pilger, die sich ebenfalls Nachwuchs oder eine bessere Ernte wünschen, im Frühjahr zum Tempel hinauf. Alle weibliche Potenz dagegen muss vom Tempel ferngehalten werden. Frauen im gebärfähigen Alter (von zehn bis sechzig Jahren) dürfen sich nicht einmal in der Nähe sehen lassen. Jetzt begreife ich auch, warum Ayappapilger generell männlich sind. Mit dem Gedanken im Hinterkopf, einen Abstecher in die Berge zu unternehmen, frage ich ihn, ob da jeder hinaufdarf. Der Fahrer erklärt, dass man sich erst nach zweimonatiger sexueller Enthaltsamkeit ein Anrecht zum Aufstieg erwirbt. Fragend schaue ich Nagender an. »Vergiss es«, sagt er, »ich bekomme nicht einmal fünf Wochen zusammen, außerdem, überleg mal, das sind sechzig Kilometer ausgetretene Pfade,

Stufen, und es gibt keine Träger, wir werden nicht zum Pusam-Fest können, weil sich die Daten überschneiden, und dann noch etwas, du hast doch zwei Kinder, was willst du mehr. « Ich gebe ihm recht und bitte den Fahrer zu starten, schließlich kann man nicht auf zwei Hochzeiten gleichzeitig tanzen.

Drei Tage später sind wir wieder in unserem Element. Allein das Singen des Reifenprofils auf der Straße lässt mein Herz höherschlagen. Ich rolle wieder in Handarbeit. Der Motor liegt im Hotel in Alappuzhar (früher Allepey) – deponiert und vergessen. Eines Tages werde ich ihn abholen, oder auch nicht. Er ist Geschichte. Ich hatte es satt, immer ölige Hände zu haben, nach Abgasen zu stinken und alle dreihundert Kilometer den Reifen wechseln zu müssen. Jetzt reise ich entlastet und entschleunigt, auf das Wesentliche reduziert und rieche höchstens noch nach Schweiß. Es könnte der reinste Spaß sein, wäre da nicht der kamikazeartige Fahrstil der Trucker.

In Trivandrum, nur eine Tagesreise von Kanyakumari, der Südspitze Indiens, entfernt, unterbrechen wir unsere Tour für eine ganz besondere Sehenswürdigkeit. Nagender muss sich in der Stadt lange durchfragen, bis wir in einer Seitenstraße vor einem unscheinbaren Backsteingebäude stehen, über dem mit großen Lettern C V N Kalari steht. Früh um sechs treffen sich hier die Kalarippayat-Kämpfer zum Training. Auf einem Balkon über der Arena bittet man uns Platz zu nehmen. Wir blicken auf einen Kampfplatz von nicht mehr als hundert Quadratmeter Größe herab. An den Wänden sind Porträts großer Persönlichkeiten zu bestaunen, die ihre beachtlichen Muskelpakete zur Schau stellen. In den vier Ecken befindet sich jeweils ein kleiner Schrein zu Ehren diverser Hindugötter. Das Licht ist gut, der Blick auf das Geschehen ebenso, aber Fotografieren bleibt uns streng verboten. Der mit Sand gefüllte Turnierplatz ist geweihter Boden und darf niemals von unbeteiligten Personen betreten werden.

Ursprünglich war es eine Kampfkunst, die eingesetzt wurde, um unnötiges Blutvergießen zu vermeiden. Anstelle ganzer Armeen mussten zwei Kalarippayat-Kämpfer auf Leben und Tod gegeneinander antreten. Drahtige Gesellen betreten den Schauplatz, indem sie ehrfurchtsvoll den Boden berühren. Sie sind lediglich mit einer Art Lendenschurz bekleidet, den sie zwischen den Beinen hindurch, einer Windel nicht unähnlich, verknotet haben. Eingeölt und aalglatt, soll dem Gegner der Angriff in diesem Ringkampf erschwert werden. Auch Waffen wie Schwerter und Knüppel kommen zum Einsatz. Um die Atmosphäre nicht zu stören, flüstere ich Nagender zu, dass es eine große Herausforderung wäre, hier zu fotografieren, und es mir in den Fingern juckt. » Ich will mal sehen, was sich machen lässt. «

Er hängt sich zusätzlich meine Kamera mit langem Objektiv um die Schulter und meint: » Ich muss Eindruck schinden. « Dann geht er in das Büro, wo der Trainer mit Papierkram beschäftigt ist. Nach einem kurzen Gespräch tauschen sie die Visitenkarten aus und reichen sich die Hände. Kein schlechtes Zeichen. Dann kommt Nagender strahlend zurück. » Morgen früh dürfen wir in die Arena. «

» Auch im Rollstuhl? «, frage ich ungläubig.

» Na klar, was denn sonst. «

» Du hast wirklich Talent. « Mir ist klar, wie er das gemacht hat. Nagender würde nie jemanden bestechen, aber er kann verdammt freundlich sein. Sein Charme und die Begabung, jemandem Honig ums Maul zu schmieren, ohne dass derjenige etwas davon spürt, sind seine große Stärke.

» Aber der Trainer war eine harte Nuss «, meint Nagender. Er musste seinen letzten Trumpf aus der Tasche ziehen und behaupten, für *National Geographic* zu arbeiten. Grinsend fügt er an: » Das zieht in Indien immer. «

Am nächsten Morgen entstand eine unserer besten Foto-
serien.

Noch am selben Abend erreichen wir bei trübem, wol-
kenverhangenem Himmel Indiens Südspitze, Kanyakumari.
Es ist ein Ort der Superlative: Drei Meere treffen hier aufeinander, über denen man den Sonnenauf- und -untergang
sehen kann, ohne den Standort wechseln zu müssen. Im
April gesellt sich sogar noch der Vollmond dem Schauspiel
hinzu. Darüber hinaus ist es ein beliebtes Urlaubsziel und
für gläubige Hindus ein Ort religiöser Erquickung, an dem
Kanya Devi gehuldigt wird, eine Inkarnation Parvatis.
Selbst einen Badestrand gibt es hier am Kap Comorin.

Draußen auf dem Meer ist dem wohl berühmtesten Pilger
Indiens, Swami Vivekananda, ein Museum gewidmet. Vor
hundertzwanzig Jahren durchstreifte er den Subkontinent
von Nord nach Süd, von Küste zu Küste. Am Ende kam er
zu der Erkenntnis, so lese ich in seiner Biografie, dass jeder
Mensch seinen eigenen Weg zu Gott finden muss. Vielleicht
ist das der Grund für das massenhafte Pilgertum in Indien.
Täglich schieben sich Tausende seiner Anhänger durch das
Gebäude.

Und als wäre dieser Ort nicht schon bedeutungsschwanger genug, hat die Regierung von Tamil Nadu auch noch
eine vierzig Meter hohe Statue des Dichters Thiruvalluvar
ins Meer gesetzt. Diese geballte Ladung Sensationen zieht
die Inder an wie ein triefender Bollywoodschinken, es ist
ein Masala der Volksgruppen. Und plötzlich entdecke ich
in den Augen der Menschen Indiens Nationalstolz, er
scheint mit Händen greifbar. Hier muss man also gewesen
sein, hier trifft sich Indien. Alle sind sie gekommen: hoch-
mütige Rajputen, deren gewaltige Turbane in Signalfarben
leuchten, gebildete Bengalen, beleibte Sikhs, Moslems mit
rot gefärbten Bärten und Inder, die, im Anzug oder mit
Jeans und T-Shirt bekleidet, als Weltbürger ihre Herkunft

verbergen. Sie kommen von überall her. Schließlich ist fast jeder fünfte Erdbewohner ein Inder. In Kanyakumari liegt ein Schmelzpunkt kollektiver Identität. Solche Orte, an denen das nationale Bewusstsein zutage tritt, kennt jedes Land. Wir haben dafür unser Brandenburger Tor, das man gesehen haben muss.

Davon war jedenfalls mein Vater überzeugt. Er schleppte seine Kinder, koste es, was es wolle, zu den magischen Orten Europas, um uns für einen Moment den Hauch der Geschichte atmen zu lassen. Er war ein reiselustiger Mensch, und wenn ich eines von ihm geerbt habe, dann sind es die Hummeln im Hintern. Schon der bloße Anblick eines Atlas kann Neugier und Reisefieber in mir wecken.

Ein Killerkommando rollt auf mich zu

Kap Comorin ist nicht nur ein geografisch bedeutender Ort auf unserer Reise, wir haben auch eine Wetterscheide überschritten. Nach weniger als fünf Kilometern an der Küstenstraße Richtung Norden empfängt uns eine graue Wolkenfront. Es regnet in Strömen. Die nächste Stadt, Tiruchendur, mit einer minimalen Hoffnung auf Unterkünfte werden wir, wenn alles gut geht, am späten Nachmittag erreichen. Dazwischen liegen kleine Dörfer, die allenfalls rudimentäres Obdach bieten. Jeder halbwegs vernünftige Mensch würde umdrehen und es morgen noch mal versuchen. Aber vernünftig zu sein kann langweilen. Daher kommt zurückfahren nicht infrage. So retten wir uns von einer Bushaltestelle zur nächsten, warten, gucken betrübt in den Himmel, bis der Leidensdruck der Langeweile wieder größer ist als die Abscheu vor dem fiesen Gefühl von

Regen im Nacken. Dann fahren wir wieder, machen uns die indische Mentalität zu eigen und fügen uns der höheren Gewalt mit größtmöglicher Gleichgültigkeit gegenüber einer durchnässten Hose.

Der eine Geistesblitz, den ich an diesem verregneten Tag zu melden habe, ist die Erkenntnis, dass die Landschaft aus dieser verdrießlich nasskalten Perspektive ihren Charme eingebüßt hat. Windgepeitschte Kokospalmen bei Nieselregen, Reisfelder grau in grau und üppige Vegetation ohne Sonnenlicht sind jetzt ungefähr so anmutig wie der Nebel zwischen Leer und Wilhelmshaven.

Der zweite Geistesblitz: Läuft mir Regen aus dem Hosenbein, kann ich nasser nicht mehr sein.

Trotz aller Apathie erwische ich mich dabei, wie ich den Horizont absuche nach ein klein bisschen Helligkeit im Einheitsgrau, mutig und zuversichtlich, dass nach Regen immer und überall auf der Welt Sonnenschein folgt. Es fragt sich nur, wann.

Okay, ich gebe zu, die Sprüche des Tages beweisen nicht gerade philosophisches Talent, aber die Gewissheit, heute nicht mehr trocken zu werden, kann ich nur ertragen, indem ich mir kompliziertes Denken abgewöhne. Ich werde mich brav in mein Schicksal fügen und rolle wie am Fließband, ohne mir den Kopf über das Wetter zu zerbrechen, das ich ohnehin nicht ändern kann. Nagender habe ich vorgeschickt, er soll sich ein trockenes Plätzchen suchen und auf mich warten.

Inder sind in der Regel nette Menschen, aber manchmal trifft man auf echte Lumpen. Der Chef vom Hotel Tamil Nadu ist so einer. Kaum hat er gesehen, dass sein Landsmann auf dem Motorrad einen weißen Freund im Schlepptau hat, der auch noch klitschnass ist, verdoppelt er kurzerhand die Zimmerpreise. Wir sollen freundlich übers Ohr gehauen werden. »For you sixhundred rupees only«, sagt er mit Engelszungen. Was er mit » only « meint, ist eine hundertprozentige Preiserhöhung.

» Der kann uns mal gerne haben «, sage ich zu Nagender, » komm, wir versuchen es woanders. « Im gleichen Moment wird mir klar, dass ich vor Erschöpfung kaum noch sitzen kann, geschweige denn, die Stadt nach Hotels absuchen. » Vergiss es «, meint Nagender, » dies ist das Einzige. « Er regt sich höllisch auf, der Manager gibt uns großzügig Rabatt, ich fülle den Anmeldebogen aus, und wenige Minuten später fallen wir erschöpft ins Bett oder in das, was als solches bezeichnet wird. Warum kann man in Indien nicht normal einchecken wie in jedem Hotel? Anmelden, bezahlen, und gut ist. Dass das » Bad « ein Kakerlakenpfuhl ist, habe ich gesehen, als ich durch die Tür kam. Nagender schnarcht schon, den bekomme ich heute nicht mehr wach. Der Manager muss her. Ich quäle mich noch einmal hoch und beschwere mich beim Chef. Mit der hohlen Hand geht er auf die Jagd, als stünden Kakerlaken unter Naturschutz. Eine nach der anderen wirft er aus dem Fenster, und ich könnte darauf wetten, dass sie hintenherum durch das Abwasserrohr schnurstracks wieder zurückkrabbeln. Sisyphos hätte seine helle Freude.

Das Frühstück ist nicht besser als das Bett. Er hat zwar eine gigantische Speisekarte, aber heute gibt's nur Idli ohne Soße, also *plain idli,* warmen Reiskuchen, der etwa so feurig ist wie die Oblate beim Abendmahl. Wir sind die Einzigen im Hotel, deshalb bleibt die Küche kalt, und wir müssen das spartanische Mahl vom Boss teilen.

In den Hotels diktatorisch geführter Länder prangt über der Rezeption in der Regel das Foto des jeweiligen Lokaldespoten. In Indien, der größten Demokratie der Welt, bleibt es dem Personal selbst überlassen, welchem Idol der Ehrenplatz gebührt. Das Bild, welches hier, mit Blumenkränzen und Räucherstäbchen geschmückt, die Eingangshalle dominiert, kann nur einen Gott darstellen. Mit Air-brush-Technik weichgezeichnet, für meinen Geschmack zu kitschig, zeigt es das Porträt eines vielleicht zehnjährigen Knaben mit einer runden Kinnpartie, Stupsnase und Augen, die eine Idee zu groß geraten sind. Süß und niedlich. Die eine Hand hält einen Speer, die andere ruht auf dem Rücken eines Pfaus. Beim Bezahlen fällt dem Chef mein Interesse an dem Bild auf. »Das ist Sri Murgan, der Tempel liegt am Ende der Straße«, erklärt er, bevor der Tourist ihn mit dummen Fragen nervt.

»Oh, Murgan, von dem habe ich schon mal was gehört. Nagender«, rufe ich, »schau mal, das ist der Gott in Palani, wo das große Fest stattfindet.«

»Ach, wie bezaubernd.«

Bevor wir Tiruchendur verlassen, statten wir dem Tempel einen Besuch ab. Nagender hat freien Eintritt, ich dagegen muss den Nichthinduaufpreis von hundert Rupien zahlen. Etwas verwundert starre ich auf Murgan, der plötzlich als alter Asket erscheint. Aber dafür gibt es eine Erklärung, denn hier ist Murgan nicht Murgan, der ewig Jugendliche, sondern Subramanya, der Absolute. Bei Madurai, so belehrt mich der Priester, gebe es dann noch einen Tempel, in dem Murgan als Shanmuga, der mit den vielen Gesichtern, verehrt wird. Bevor ich völlig im Chaos der Hindugötter und ihren Inkarnationen versinke, machen wir uns wieder auf die Straße.

Die ist heute trocken. Aber sie ist – irgendwo hakt es ja immer – nun derart von LKWs befahren, dass mir Angst und Bange wird. Vielleicht war die Entscheidung, den Umweg über Madurai nach Rameshwaram zu wählen, falsch. Müßig, darüber nachzudenken, denn wie gesagt, ein Zurück gibt es nicht. Wieder sehe ich mich im ungleichen Zweikampf mit halsbrecherischen Spediteuren, die am Lenkrad wie im Slalom kurbeln, um einfach nur geradeaus zu fahren.

Manche sind außerstande, die Spur zu halten. Vor meinem inneren Auge brechen ausgeschlagene Gelenke, Kugelköpfe zerfallen, und überlastete Achsschenkel biegen sich wie Gummi.

Einziger Vorteil der hohen Fahrzeugdichte auf dieser Straße sind die vielen Raststätten. Mit dem Brennwert der Idlis von heute Morgen ist es nicht weit her. Bereits nach zehn Kilometern saugt mir der Blutzuckerabfall die Kraft aus den Muskeln. Der erste Truck Stopp ist unser, wo ich mit Heißhunger Cola und Spiegelei auf Toast bestelle (Schwarzbrot und Schinken gibt es hier ja nicht, zu viele Moslems). Da sitzen sie also, die Schurken, die mir an den Kragen wollen, düstere Zeitgenossen, die für Nagender die größten Killer im Land sind. Die mit ihrer rabiaten Fahrweise als Verursacher schlimmster Unfälle gelten.

Jetzt aber, wo ich ihnen ins Antlitz sehen kann, ohne dass sie ihre Höllenmaschinen unterm Hintern haben, sind es plötzlich ganz normale Menschen, die, anders als auf der Straße, durchaus gute Manieren haben. Alle tragen sie karierte Dhotis, ein weit aufgeknöpftes Oberhemd und das obligatorische Geschirrtuch über der Schulter, das zum Abwischen für fast alles dient.

Wie so oft im Leben ergibt sich bei objektiver Betrachtung des Sachverhaltes ein völlig anderes Bild. Die Fahrer, so lesen wir später in der *Indian Times,* treten nicht deshalb so ungehemmt aufs Gas, weil sie sich und anderen einen möglichst schnellen Wechsel ins nächste Leben verschaffen wollen, sondern wegen der Bezahlung nach Tonnen. Bedenkt man, dass sie ihre eigenen TÜV-Prüfer sind, bedarf es nur noch wenig Phantasie, sich vorzustellen, was daraus folgt. Der Begriff »Überladung« muss da völlig neu definiert werden.

Wieder auf der Straße, wird mein Plädoyer für die armen Lastwagenfahrer sogleich weggefegt, ja, der alte Hass kommt wieder hoch. Wie eine Walze, die die komplette Fahrbahn einnimmt, rollen mir zwei einander überholende Monster entgegen, als wollten sie sagen: Verlass die Straße oder stirb. Und sie meinen es ernst, denn keiner von ihnen ist in der Lage zu reagieren. Würden sie bremsen, gäbe es einen Auffahrunfall mit den unmittelbar nachfolgenden LKWs. Ein Ausweichen auf den abfallenden und unbefestigten Fahrbahnrand hätte bei der hohen Beladung ein Umstürzen zur Folge. Ich bin es, der flüchten muss. Wenn ich aber bei der geringen Spurweite meines Rollis nicht selbst umkippen will, muss ich stoppen und im rechten Winkel die Straße verlassen. Das kostet Zeit und reicht ein paar Mal nur, um um Haaresbreite der Katastrophe zu entgehen. Und jedes Mal, wenn die Ungetüme mit Dauerhupe vorbeidonnern, habe ich die Vision, als sei es der zynische Hauch des Todes gewesen, der mir die Mütze vom Kopf fegt. Es muss eine ganze Armee von Schutzengeln sein, die an mir Schwerstarbeit leistet.

Entgegen unseren Hoffnungen, der Verkehr könnte nachlassen, geraten wir in ein dichtes Industriegebiet, das mehr Verkehr zur Folge hat. Nagender beschließt, sich zu opfern und sich mit seiner Maschine unmittelbar vor mich zu setzen, um unseren Feinden Paroli zu bieten. Aber auch er ist sich bewusst, dass er für mich im Notfall nichts weiter als eine schlechte Knautschzone ist. Ich glaube nicht an Vorahnungen, aber plötzlich sagt mir eine innere Stimme mit einer Gewissheit, die mich erst verwirrt und dann erstarren lässt: Diese Straße wirst du nicht überleben. Wie durch einen geöffneten Vorhang sehe ich plötzlich, in welcher Lebensgefahr ich mich befinde. Es ist kein Geheimnis, dass die LKW-Fahrer ihren Knochenjob nur unter Drogen durchstehen können, vom morbiden Zustand der Fahrzeuge gar nicht zu sprechen. Notarztwagen und Rettungshubschrauber – Pustekuchen. Ich sehe mich schon schwer verletzt in einer Lehmhütte an der Straße inmitten von ratlos dreinschauenden Bauern verbluten.

Bevor meine Prophezeiung sich selbst erfüllt, mache ich dem Spuk an der nächsten Raststätte ein Ende: »Nagender«, sage ich dezidiert, »ich liebe Indien, meistens jedenfalls, aber jetzt ist meine Zuneigung erschöpft. Auf einer solchen Straße zu fahren ist kein Abenteuer, das ist bescheuert. Ich fahre keinen Meter weiter.« Als fiele ihm ein Stein vom Herzen, schlägt er mir vor, auf eine Nebenstraße nach Tirunelveli abzubiegen, dort könne ich die Zugverbindung nach Madurai nehmen. Er ist überzeugt davon, auch weiterhin den LKW-Fahrern die Stirn bieten zu müssen. »O.k., wir treffen uns morgen am Osttor des Tempels. Fahr vorsichtig.«

Niemand sollte behaupten, der Eisenbahnminister kümmere sich nicht um die Schwachen und Minderheiten unter seinen Fahrgästen. Es gibt Sitzplätze und Abteile, die Frauen vorbehalten sind, ja, ganze Waggons bleiben wegen der Grabscherei für Männer gesperrt. Das fängt sogar schon beim Ticketkauf an. Am Schalter für »Ladys, Behinderte und Freiheitskämpfer«, an dem die längste Schlange steht – anscheinend sind alle irgendwie betroffen –, bekomme ich mit entsprechendem Durchsetzungsvermögen meine Fahrkarte. Die Bordtoiletten dagegen werden nach wie vor stiefmütterlich behandelt, daran muss noch gearbeitet werden.

Badetag der Götter und Karneval der Kühe

Wer als gläubiger Hindu auf Wallfahrt geht, der sollte aske-
tisch leben und wenigstens in dieser Zeit allen fleischlichen
Gelüsten entsagen. Dahinter steckt der Glaube, Sexualität
in spirituelle Macht umwandeln zu können. Auf die Spitze
treiben es in dieser Hinsicht die Sadhus und Gurus, die sich
demonstrativ Keuschheitsgürtel mit schweren Ketten um-
binden oder mit ihrem Penis Gewichte anheben, um ihre
sexuelle Entsagung zu unterstreichen. Typisch für Indien
und seine ständigen Widersprüche stehen dagegen die tan-
trischen Darstellungen auf den Tempelfriesen von Khaju-
raho und Bhubaneshwar. Wie ein bebildertes Kamasutra
wird dort in akrobatischen Übungen munter oralem Sex
und Sodomie nachgegangen. Ebenso kennzeichnend ist
auch die Meldung, die ich beim Frühstück in der Zeitung
lese: Gegen Richard Gere wurde ein Haftbefehl erlassen,
weil er seine indische Schauspielerkollegin öffentlich auf
die Wange geküsst hatte. Heißblütige Hindu-Fundamenta-
listen verbrannten unverzüglich Puppen auf den Straßen,
Hasstiraden wurden skandiert, und jetzt erst, ein Jahr später, ist der Haftbefehl aufgehoben worden. Was um alles in
der Welt hat die Inder so prüde gemacht? Selbst der indische Psychologe Sudhir Kakar hält die indische Gesellschaft
für sexuell verklemmt und fragt sich in seinen Büchern,
weshalb sein Volk die Erotik in die Wüste geschickt hat
und zum Küssen in den Keller geht.

Die Götter in der indischen Mythologie indessen lassen
sich keine Schranken auferlegen. Da wird mit allen Reizen
gespielt, geliebt und verführt, vergöttert und verdammt, geheiratet und betrogen, wie im täglichen Leben.

Davon erzählt uns im Tempel von Madurai der dicke

Brahmane, den Nagender beim rituellen Reinigen des Gottes Sugriva fragt, was er denn da tue. Mit Hingabe und nach scheinbar festen Regeln übergießt er die meterhohe Statue mit Milch und diversen Flüssigkeiten, um sie danach wieder von allem zu befreien und neu einzukleiden. Mich erinnert das stark an die Vorfreude meiner kleinen Kinder auf den Badetag und den Spaß, den wir als Eltern dabei hatten. Die Zuneigung ist unverkennbar, mit der er letzte Hand anlegt, um den Faltenwurf des Gewandes zu drapieren.

Der Sri-Meenakshi-Tempel ist ein Labyrinth aus Säulengängen, Hallen, Schreinen und Winkeln, die Unmengen von Götterstatuen beherbergen. Der Ruß aus beständig brennenden Kerzen und Öllampen überzieht Ganesh und Krishna, Kali und Hanuman mit einem schwarzen Schleier, der alle Konturen verwischt. Nur da, wo die Pilger ihre Idole Millionen Male zärtlich berührt haben, ist der nackte Stein sichtbar. Wie auch der schwangere Bauch der Göttin ohne Namen, die ausschließlich von Frauen bekniet wird. Sie verspricht reichen Kindersegen, so der Brahmane, und wer Bares in den Tresor wirft, kann seinem Wunsch wirkungsvoll Dringlichkeit verleihen.

So, jetzt müsse er aber los, sonst komme er zu spät zur Abendzeremonie. Wenn wir wollen, dürfen wir zuschauen. Es geht um das Ehepaar Shiva und Parvati, denn sie sind die wirklichen Stars im Tempel. Alle Priester fassen mit an, um die Bronzestatuen in die mit Blumenkränzen reich geschmückte Sänfte zu heben. Dann werden sie unter dem Getöse der Tempelkapelle und schnellen Schrittes einmal um das Heiligtum und zu guter Letzt in ihre Gemächer getragen. Als hätten sie es eilig, ins Bett zu kommen. Was darin geschieht, dürfen wir nicht sehen, aber der Priester erzählt es uns. Vorsichtig wird Meenakshi der Nasenring entfernt, schließlich soll sich niemand in der Hitze der Nacht verletzen. Die Priester stimmen noch ein Schlaflied an, und dann Licht aus und Augen zu.

Als ich den Priester, den wir auf dem Weg zu seiner Wohnung begleiten, frage, was er denn glaube, was da in dem Schlafzimmer vor sich gehe, wird er einsilbig. Eine Antwort gibt er uns erst vor seiner Haustür: »Sagen wir es einmal so, jeden Morgen wird in Indien ein neuer Gott geboren.«

Früh am Morgen starten wir mit leichtem Gepäck zu einer Tagestour rund um Madurai, denn es gibt in der Umgebung eine ganze Reihe kleiner Tempel, deren Besuch sich lohnen soll. Schnell wird es ländlich, und die Dörfer strahlen idyllische Harmonie aus. Alles scheint in Ordnung. Doch von den Tempeln sehen wir nicht viel. Das Pongal-Fest zu Ehren der Kuh stellt alle Sehenswürdigkeiten in den Schatten.

Dass die indische Kuh heilig ist, könnte man als Binsenweisheit bezeichnen. Das jedoch schützt sie nicht vor den Stockschlägen ihrer Besitzer. Besonders, wenn sie angespannt im Ochsenkarren zu viel Eigenwilligkeit zeigt. Wir überholen einen Bauern, der mit solcher Wucht auf das sakrale Tier eindrischt, dass es Nagender zu viel wird. Er stoppt und attackiert den prügelnden Bauern verbal in einer Weise, wie ich es von ihm selten gehört habe. Der wiederum guckt erst verdutzt, schließlich versteht er von Nagenders Zetern kein Wort. Weil aber über alle Sprachbarrieren hinweg klar ist, wer hier dem höheren Kastenstand angehört, und der Bauer wohl auch begreift, dass es hier um seine Kuh geht, gibt er klein bei und lässt von ihr ab.

Auch wenn die Kuh also nicht immer mit Liebe behandelt wird, so ist doch das Pongal-Fest, das indische Erntedankfest, vor allem ihr gewidmet. Dann ist sie besonders heilig, und es gibt das leckerste Essen, was sogar beim dritten Wiederkäuen noch gut schmeckt. Damit nicht genug. In den Dörfern, durch die wir kommen, kocht Reis in riesigen

Töpfen auf offenem Feuer. Als Dank für ihre Arbeit auf den Feldern, für das Lebenselixier Milch, das sie spendet, und den wertvollen Dung wird der Kuh der erste Reis vom Topf kredenzt. Überall sehen wir, wie Kühe mit Wasser und Seife geduscht und abgeschrubbt werden. Selbst eine Unterbodenwäsche gehört dazu, und auch die erogenen Zonen sind nicht tabu. Sie lassen sich hofieren, ausführen und genießen ihren Ehrentag in vollen Zügen.

Dass heute arbeitsfrei ist, versteht sich von selbst. Aber wir wären nicht in Indien, würden sich die Kühe damit zufriedengeben. Geschmückt mit Halsbändern, Blumenkränzen und lustigen Glöckchen, werden sie zu den Tempeln geführt, wo ihnen die Priester das Tilak, das Segenszeichen und Symbol für das dritte Auge, zwischen die Hörner malen. Zu guter Letzt streichen die Bauern ihre Kühe an. Inder haben bekanntlich Freude an grellen Farben. Ob die Kühe das ebenso lustig finden, bleibt ein Rätsel. Stoisch lassen sie schließlich auch die künstlerischen Ergüsse ihrer Besitzer über sich ergehen.

So fahren wir durch Dörfer, in denen grüne, gelbe, blaue, rote und sogar lila Kühe am Straßenrand stehen. Mit Streifen wie Zebras, mit Punkten wie die Tiger oder avantgardistisch in einem quirligen Farbrausch. Die wahren Schwarzbunten leben halt nur in Indien. Apropos heilige Kuh und ihre Unantastbarkeit: All das ist relativ. Brasilien, als größter Rindfleischlieferant der EU hat seine Zebu-Rinder aus Indien importiert. Sie sind genügsam, geben wenig Milch und viel Fleisch. Nur ihre sakrale Eigenschaft ist ihnen irgendwo auf dem Weg nach Südamerika abhandengekommen.

Mit Ayappapilgern auf Wallfahrt nach Rameshwaram

Bevor ich mit der Eisenbahn nach Rameshwaram weiterreise, statten wir Shiva und Parvati noch einen Besuch ab, um zu erfahren, wie die Nacht war. Der Priester, der wieder mit der Puja an diversen Götterstatuen beschäftigt ist, meint, es habe keine besonderen Vorkommnisse gegeben, alles sei wie jeden Morgen in bester Ordnung. Nun, bei einem Ehepaar, das seit der Erschaffung des Universums miteinander verheiratet ist, hatte ich nichts anderes erwartet.

Draußen vor dem Eingang begrüßt der Tempelelefant jeden Besucher mit einem saftigen Kuss auf die Stirn. Natürlich hat das seinen Preis. Die Rüsselkollekte nimmt nur Bares, und zwar im Voraus. Unweit sitzt eine kleine Gruppe Ayappas im Kreis und macht sich mit Gesängen an ihren Gott fit für den Tag. Sie wollen mit ihrem Jeep auch nach Rameshwaram und bieten mir einen Lift an. Angesichts meiner Erfahrungen mit ihren Glaubensgenossen auf der Straße lehne ich dankend ab und bin, was die Begründung angeht, auch ganz ehrlich: »Ayappapilger fahren mir zu hastig.« In bestem Englisch versprechen sie mir, das Gegenteil zu beweisen. Ich lasse mich darauf ein. Aber nicht ihre Beteuerungen, vorsichtig zu fahren, stimmen mich um, sondern die beiden Kinder unter ihnen. Wer seinen Nachwuchs im Auto hat, so mein Kalkül, fährt vermutlich umsichtiger.

Ich bitte Nagender, meinen Rolli und das Bike auf dem Dach des Jeeps gründlich zu vertäuen. Er selbst folgt uns mit seinem Motorrad. Auf der Fahrt verpasst mir Swami, der Fahrer, einen Crashkurs in Religion, der es in sich hat. Er ist froh, dass sich jemand mit ihm unterhält, denn hinten im Wagen herrscht Jubelstimmung, an der er sich nicht beteiligen kann.

»Wenn wir auf Pilgerfahrt gehen«, so die erste Lektion, »sind wir alle gleich. Die Kaste spielt keine Rolle, wir tragen gleiche Namen, und wie du siehst, sind alle in schwarze Dhotis gekleidet.« Ich hatte mich schon gewundert, warum jeder jeden mit Swami anredet, was einerseits zu Verwirrungen führte, wenn nicht klar war, welcher Swami denn jetzt gemeint war. Andererseits hat das auch Vorteile, denn der Fahrer kann so seine Swamis kollektiv zur Ruhe mahnen, oder er ruft nach hinten: »Swami-Pinkelpause!«, und alle stürzen in die Raststätte, wo wir Nagender treffen. Wie schwierig aber die Kommunikation wird, wenn Millionen Swamis nach Sabarimala hinaufsteigen, mag ich mir nicht vorstellen. Dafür, so erfahre ich, als ich nachfrage, haben die Swamis ihre Tricks. Als solle es Ayappa nicht hören, flüstert mir Swami zu, dass sie im Notfall ihren richtigen Namen anhängen. Ich könne ihn Swami Ashok nennen. O.k., sage ich ihm und reiche meine Hand, ich bin Swami Andreas, und darf ich vorstellen, Swami Nagender.

Dass ganz Indien ein einziges Paradoxon ist, manifestiert sich an diesem klebrigen Raststättentisch. Mit einer Hand voll Reis im Mund behauptet Swami Ashok allen Ernstes, sich gerade in strenger Fastenzeit zu befinden. Widerspruch zwecklos. Der wird auch nicht gewährt, wenn man unter die gleichmacherischen Dhotis schauen würde, denn da spielt der Kastenstand eine durchaus wichtige Rolle. Meine Pilger stammen aus einer Sippe. Es geht ihnen bei der Wallfahrt auch nicht um Nachwuchs oder eine reiche Ernte, wie mir noch vor einer Woche weisgemacht wurde – die Swamis im Jeep wollen nichts weiter, als Ayappa um eine sorgenfreie Zukunft zu bitten. Und weil ich mit Swami Ashok einen wirklich kundigen Hindu an der Seite habe, besser, als es Nagender je sein kann, nutze ich die Gelegenheit, mein

Halbwissen über die Verwandtschaftsverhältnisse der Hindugötter zu vervollständigen. Auf einem großen Blatt Papier malt er einen Stammbaum mit drei Hauptästen für Brahma, Shiva und Vishnu, die das Trimurti, die hinduistische Trinität, Symbol für Erschaffung, Erhalt und Zerstörung des Universums, darstellen.

Ihnen fügt er die Ehefrauen Sarasvati, Parvati und Lakshmi hinzu, wobei Shiva noch zusätzlich mit Meenakshi verheiratet ist. So weit, so gut, doch jetzt wird es konfus. Eine Inkarnation Shivas ist Sai Baba, den kenne ich schon. Die restlichen tausend Erscheinungsformen des Gottes fallen Swami Ashoks Zensur zum Opfer. Parvatis Ebenbild ist, neben vielen anderen, Kali, die blutrünstige Göttin. Unser lieber Ganesh sowie Murgan und Kattikeya sind Kinder Shivas und Parvatis.

Vishnu erscheint auch als Sri Balaji, Buddha, Narashima oder Krishna. Er gilt seinen Anhängern als Inkarnation des Höchsten und ist nach der Überzeugung der Vaishnavas Vater von Jesus Christus. Damit ist der Zettel voll, und die Idole fast aller Religionen sind im Hinduismus vereint. Ich bin sicher, Allah findet auch noch Platz, und ich erinnere mich an Najim, für den es letzten Endes nur einen Allmächtigen gibt.

Auf ihrer Pilgerreise besuchen sie in einundvierzig Tagen einundvierzig Tempel. Denn die Vier symbolisiert Vishnu und die Eins Shiva, womit am Ziel im Tempel Ayappas die Symbiose des Gottes der Zerstörung mit dem Bewahrer vollzogen wird.

Mit einer globalen Geste untermauert Swami Ashok seinen theatralischen Schlusssatz: »Und über allem steht Brahma, der Schöpfer.« Sein Knie übernimmt indessen das Lenken.

Die Touristen auf den Spuren der Götter opfern ihren gesamten Jahresurlaub und kommen mit gereinigter Seele wieder zurück. Ihre Halsketten aus Rudraksha-Samen, den Tränen Shivas, helfen ihnen dabei, die Tour ohne Blessuren zu überstehen.

Als wir Rameshwaram erreichen, meint der Swami neben mir mit erhobenem Zeigefinger, dass wir uns nun im Allerheiligsten befänden, was Indien zu bieten hat. Ich mache ein ehrfürchtiges Gesicht, muss allerdings innerlich schmunzeln, denn dieses Attribut wurde schon einem Dutzend anderer Orte auf unserem Weg zugeschrieben. Inzwischen bin ich zu der Einsicht gekommen, dass über ganz Indien ein riesiger Heiligenschein strahlt.

Dass diese Stadt einen spirituellen Logenplatz besitzt, fällt zunächst an den vielen Bettlern auf, die mir, ohne jegliche Gebrechen vorweisen zu können, ihre Almosenschale unter die Nase halten. Das ist nicht Größenwahn oder Impertinenz, sondern zunächst sehr clever. Eingeweihten gilt das als Indiz für einen bedeutenden Wallfahrtsort. Eine endlose Reihe orange gekleideter Wandermönche, Gurus, Sadhus, Heiliger und solcher, die es noch werden wollen, zieht sich bis ans Meer. Mit dem entsprechenden Cashflow aus meiner Tasche könnte ich glatt das nächste Leben überspringen. Aber wer weiß, was ich da verpasse, deswegen bleibe ich lieber sparsam. Auch unsere Swamis denken so und Nagender allemal. Die Bettler überbieten sich gegenseitig in ihrem pittoresken Aussehen, um authentisch ihre Askese zur Schau zu stellen. Auf den lukrativsten Plätzen, am Anfang des Spaliers, da, wo das Geld der Spender noch locker sitzt, kauern Bettelmönche, die durchaus glaubwürdig wirken. Den Letzten allerdings nehme ich ihr Auftreten nicht mehr ab. Swami Ashok bestätigt meine Vermutung. Er meint abfällig, viele von denen seien nichts weiter als Schnorrer, faule Säcke und Nestflüchter, die unter dem Deckmäntelchen der selbst auferlegten Askese ihre Familien verlassen haben, um auf Kosten von Spenden ein sorgenfreies Leben führen zu können. Vielen Spendern ist das egal, denn die milde Gabe ist letzten Endes eine Investition in die eigene Tasche.

Am Ende des » Spaliers für eine bessere Zukunft « stehen wir am Strand. Als hätten unsere Swamis eine zermürbende Wüstendurchquerung hinter sich, stürzen sie jauchzend in die Fluten. Aber nur bis zur Hüfte, denn schwimmen können sie nicht. » Es ist heiliges Wasser, in das sie sich da selbst dippen «, klärt Nagender mich auf. Das hätte ich mir doch denken können, der Nimbus über Indien strahlt also auch auf die Meere ab. » Sie reinigen sich für die Puja am Shiva Lingam. « Dabei zeigt er auf die Spitze des Gopurams, des Eingangstores des Tempels. Das Lingam, das Symbol der Vereinigung Shivas mit Vishnu, zieht jährlich Millionen Pilger nach Rameshwaram.

Es stört die Swamis nicht im Geringsten, dass sie ein paar Schritte weiter hilflos ertrinken würden. Hier am Ufer sind sie in ihrem Element. Glücklich springen und hüpfen sie im Wasser umher, sie beten zur aufgehenden Sonne oder stehen einfach nur ergriffen da. Nagenders Blick wandert zum Horizont über dem Meer, und jetzt wird er plötzlich sentimental: » Es ist ein wahrhaftig magischer Ort «, sagt er andächtig. Mir liegt es schon auf der Zunge, ihn zu fragen, ob jetzt plötzlich der Hindu in ihm erwacht. Aber ich verkneife mir den Spruch, denn tatsächlich hängt hier etwas in der Luft.

Pilger, die das Bad bereits beendet haben, halten ihren Dhoti wie eine Fahne in den Wind. Der Eismann hat sein Fahrrad am Strand aufgebockt, aber er macht keinen Versuch, etwas zu verkaufen. Vom Schrein am Ufer ertönen die ersten Glocken zur Morgenpuja. Die Idylle könnte perfekter nicht sein, alles ist stimmig. Kühe, die den Strand bevölkern und darauf warten, dass ihnen die Sonne das Fell trocknet, stehen kreuz und quer herum, als hätte sie jemand willkürlich abgestellt. Und doch vollenden sie die Szene wie das i-Tüpfelchen auf einem Gemälde.

Hier kommt das Indien wieder durch, abgekoppelt vom rasenden Lauf der Welt. Wo es zeitlos ist, wo es seit hundert Jahren unverändert ist und scheinbar ewig Bestand hat. Nagender stimmt mit mir überein: Wenn unsere Urenkel eines Tages hier stehen werden, sind vielleicht die Kühe ausgetauscht, und der Eisverkäufer hat ein neues Fahrrad, aber der Spirit über dem Strand wird der gleiche sein.

Etwas abseits steckt ein großer, schwarzer Sonnenschirm schräg im Sand. Geflickt und porös, bietet der dünne Stoff dem alten Mann unter ihm nur dürftigen Schutz. Es ist ein gekrümmter Methusalem, lediglich mit der Schnur des Brahmanen bekleidet. Pilgern, die es sich leisten können, liest er aus den Händen, was die Zukunft bringt. Er scheint nur aus Knochen und faltiger Haut zu bestehen, die ihm wie ein Vorhang von den Schultern hängt. Vielleicht ist gerade sein greisenhaftes Alter das Erfolgsrezept. So einem glaubt man mehr. Die Pilger stehen Schlange, um seinen Rat einzuholen. Auch Swami Ashok will von ihm wissen, was die Zukunft bringt.

Ich muss Nagender nur anschauen, um zu sehen, was er davon hält. Die Skepsis ist ihm ins Gesicht geschrieben. Kopfschüttelnd meint er: »Der verspricht ihm das Blaue vom Himmel.« Aber Nagender bleibt versöhnlich: »Ohne diesen Brahmanen wäre der Strand nicht komplett.« Mit heiligem Tulsigras in den gefalteten Händen spricht Swami dem Priester Mantras nach. Dazu vollführt er mit Kokosnüssen, Reiskörnern und diversen Flüssigkeiten endlose Riten, die auch noch ständig wiederholt werden müssen, weil Swami die Anweisungen falsch durchgeführt hat.

Nagender wendet sich ab und meint spöttisch: »Du musst ihm nur genug Geld geben, dann ist deine Zukunft gesichert. Bei Bedarf prophezeit er jedem, der es sich leisten kann, reichen Kindersegen, eine gute Ernte oder Glück im Spiel. Der Glaube übernimmt dann den Rest. «

» Ja «, stimme ich zu, » das nennt man self-fulfilling prophecy. «

Bevor wir unsere Weiterreise antreten, begleiten wir die Pilger zum Höhepunkt ihres Besuchs in Rameshwaram, dem Lingam, dem Heiligtum des Tempels. In der Vorfreude auf das Darshan, das Vorgelassenwerden vor dem Gott, gehen sie singend und klatschend die schmale Straße hinauf zum Gopuram, der den Eingang des Tempels markiert. Wie es zu erwarten war, machen die Priester uns Probleme, weil unser Outfit ganz und gar nicht dem eines Pilgers entspricht. Nagender hat zu viele Kameras um den Hals hängen, und mir sieht man es schon an der Nase an, dass ich kein Hindu-Wallfahrer bin, obwohl ich mich fast schon wie ein solcher fühle. Swami Ashok legt für uns ein gutes Wort ein, das es uns ermöglicht, bis ins Foyer des Heiligtums vorgelassen zu werden. Die Szene gleicht der eines Spaßbades zwischen Whirlpool und Wellenbad. Klitschnass, mit blauen Lippen und zähneklappernd huschen frierende Gestalten von einem Becken zum nächsten, um sich von Tempeldienern jeweils mit einem Eimer Wasser überschütten zu lassen. Nach zweiundzwanzig solcher Duschen sind sie nun äußerlich gereinigt, und auch jeder innere Makel ist fortgespült – die Eintrittskarte ins Herz des Tempels. Gebückt, mit verschränkten Armen, dazu schlotternd vor Kälte bitten sie nun um Einlass. Ihre Saris und Lungis kleben ihnen an der Haut und geben die Konturen der Pobacken gnadenlos preis. Brustwarzen schwellen an wie Eiszapfen. Amüsiert schüttelt Nagender den Kopf. Sein knapper Kommentar lautet: » Asterix würde sagen, die spinnen, die Inder. «

» Aber du siehst «, relativiere ich, » sie sind glücklich, und nur darum geht es. «

Die Polizei, dein Feind und Halsabschneider

Die Landschaft hat geradezu etwas Friesisches, wenn ich mir die Palmen, die Reisfelder und die Hitze wegdenke. Was übrig bleibt, ist eine unerhörte Plattheit. Seit Tagen fahren wir auf kaum mehr als Meeresspiegelhöhe Richtung Norden, entlang dem Ufer der Bucht von Bengalen. Die LKW-Fahrer haben sich jemand anderen zum Ärgern ausgesucht, einsam, wie bei einem Fahrverbot, liegt die Straße vor uns. Zu den idealen Bedingungen schiebt mich auch noch eine frische Brise, so, wie es mir prophezeit wurde. Am Strand von Rameshwaram hatte ich nämlich Swami gebeten, den alten Priester zu fragen, ob er mir denn eine Wettervorhersage für die nächsten Tage machen könne. Nach entsprechender Vorkasse versprach er mir, ohne meine Handlinien sehen zu wollen, Rückenwind bis Chennai. Ich bin perplex, er hat recht behalten.

In den Dörfern spiele ich wieder Ziege im Streichelzoo, während Nagender vom neugierigen Volk mit Fragen gelöchert wird. Wie es kommt, dass ein Inder mit einem Deutschen reist, und warum ich im Rolli sitze. Meistens erzählt er ihnen, dass ich vom Baum gefallen bin, das geht am schnellsten, und das kapiert hier auch jeder.

Wenn er gut drauf ist, und jemand versteht seine Sprache, tischt er ihnen haarsträubende Märchen auf – wenn ihn die Fragerei nervt, sagt er den Leuten nur, sie sollen sich selbst bei mir erkundigen. Wie auch immer, bei jeder Pause verursachen wir eine Zusammenrottung von Menschen, die den Durchgangsverkehr zum Erliegen bringt. Dann läuft es immer nach dem gleichem Muster ab: Der Dorfpolizist kommt, verjagt mit seinem Bambusprügel die Menge, und wir haben unsere Ruhe.

Nur in Tondi nimmt der Verlauf eine unerwartete Wendung. Breitbeinig stellt sich der Uniformierte vor Nagender auf, um ihn zu fragen, warum ich im Rollstuhl sitze. Das bedeutet, an diesem Punkt ist der Spaß für uns vorbei, denn Nagender versteht sich mit Polizisten ungefähr so gut wie Köln mit Düsseldorf. Für ihn ist der aufgeblasene Gockel vor ihm nichts weiter als ein tumber Provinzling, der vor den Dorfbewohnern den Macker macht und seine fehlende Schulbildung mit Konservenenglisch kaschieren will: »Where you from?«

So charmant er sein kann, so sehr ist er auch in der Lage, mit Blicken zu töten. Nagender antwortet einfach nicht und nippt weiter an seinem Kaffee. Ein Affront, den die Staatsgewalt nicht ungesühnt hinnehmen kann. Er zückt seinen Block mit Strafzetteln und verlangt für die Verkehrsbehinderung hundert Rupien. Im gleichen Atemzug bietet er uns fünfzig Prozent Discount an, wenn wir auf die Quittung verzichten. Resigniert schaut Nagender zu mir herüber und sagt: »Das ist die Spitze des Eisberges der Korruption in Indien.« Nagender ist sich bewusst, wer hier den Knüppel in der Hand hält und damit das überzeugendere Argument hat. Er zückt sein Portemonnaie und sagt zum Polizisten: »Einmal mit Quittung bitte, und schreiben Sie Ihren Namen deutlich, damit ich mich bei Ihren Vorgesetzten beschweren kann.«

Nagender kann sich herrlich über die Korruption, die »Made im Fleische seines Volkes«, aufregen. Der größte Kleptomane unter den indischen Politikern sei der Eisenbahnminister Lalu, der als Ministerpräsident von Bihar zurücktreten musste und seiner Frau, einer Analphabetin, den Posten zuschanzte. Bei solchen Vorbildern und dem miserablen Gehalt für Dorfpolizisten sei die Selbstbedienungsmentalität des Polizisten kein Wunder.

Die Basilika von Vailankanni:
das indische Lourdes

Es ist eine arme Gegend, ohne touristische Highlights. Dementsprechend sehen unsere Unterkünfte aus. Wir nächtigen im Gartenhaus eines Tempels, im Dak-Bungalow, den Herbergen für Regierungsangestellte, im Gästehaus des Pfarrers, und ganz selten finden wir einfache Hotels. Die Fischer, die Bauern und die Arbeiter auf den Salzfeldern haben nicht viel zu lachen, denn der Tsunami zermalmte hier noch weit im Inland ganze Dörfer. Die Spuren sind nach wie vor unverkennbar: abgeknickte Palmen, Ruinen und Dünen von Muschelkalk an der Straße.

Nur die großen Gotteshäuser, Tempel, Moscheen und Kirchen, konnten der Gewalt widerstehen. Eine solche ist die Basilika von Vailankanni. Mächtig, mit zwei Kirchtürmen und einem massiven Schiff, blendend weiß getüncht, als sollte dadurch die unbefleckte Reinheit der Maria noch unterstrichen werden. Es ist das Lourdes für die Christen unter den Indern, von denen jährlich Millionen aufbrechen, um von ihr Heilung oder die Lösung privater Probleme zu erbitten. Schließlich ist sie schon dreimal in Erscheinung getreten und hat Wundersames vollbracht.

Das zu beweisen ist Aufgabe eines speziellen Museums, in dem kuriose Dankesgaben Geheilter zur Schau stehen. Unmengen von Briefen und Fotos konkurrieren in den Vitrinen mit nutzlos gewordenen Krückstöcken, einem Rollstuhl und Nachbildungen von menschlichen Gliedmaßen. Nagender schaut mich auffordernd an: »Und, was ist jetzt, wollen wir unser Glück versuchen?« Gemeinsam entzünden wir zwei Kerzen, eine für Nagenders Knie und eine für meinen Rücken.

Draußen auf dem Vorplatz der Basilika kommen wir mit einem älteren Herrn mit ergrautem Bart ins Gespräch, der da, wo ihm die Haare ausgegangen sind, ein gehäkeltes Häubchen trägt. Wir sollten keinesfalls die Fähigkeiten Marias überschätzen und uns nicht allzu viel Hoffnung auf Heilung machen, meint er. Bei der Tsunami-Katastrophe habe es gerade in Vailankanni extrem hohe Opferzahlen gegeben. Maria sei nicht allmächtig.

Freundschaftlich sage ich ihm, dass seine Meinung wohl vom Koran etwas grün eingefärbt sei und dass es Christen gebe, die mit eigenen Augen gesehen haben wollen, dass sich die große Welle am Tor der Basilika geteilt habe. Er antwortet mit einem Schmunzeln und weicht versöhnlich aus. Maria sei auch für ihn eine Heilige, denn schließlich ist sie die Mutter Jesu, der im Koran als wichtigster Prophet nach Mohammed rangiert. Den Kultstatus lehne er zwar ab, aber in seinem Geschäft sei die Maria mit dem Kinde der absolute Renner. Ob wir denn nicht einmal vorbeischauen wollten, es sei gleich um die Ecke.

Wie es sich für einen anständigen Wallfahrtsort gehört, lebt man vom After-Pray-Shopping. Das Bedürfnis der Pilger, einen Beweis, etwas Bleibendes für die Kommode mit nach Hause zu nehmen, wird in einem Spalier von Devotionalienläden umsatzfördernd befriedigt.

Ein weiterer Teil der Bewohner verdingt sich als »Special Guide«, selbst ernannte Fremdenführer, Historiker und Koryphäen in Kirchenbaukunst, die es geschickt verstehen, Touristen zufällig über den Weg zu laufen.

Wer Maria ganz besonders beeindrucken möchte, kann über das reine Gebet hinaus selbst Hand anlegen und sein Haar opfern. Bei der Tonsur, dem Symbol des Büßers, einem bereits im europäischen Mittelalter gängigen Zeichen besonderer Spiritualität, helfen den Gläubigen spezielle Frisierstuben, in denen nicht mit Kamm und Schere gearbeitet wird. Ausschließlich das Rasiermesser kommt hier zum Einsatz. Mit Glatze um Marias Beistand zu bitten wird als effektiver angesehen. Aber auch als Dank, im Nachhinein für erfüllte Wünsche, lässt man Haare.

Auroville, Stadt der Morgenröte

Nur zwei Tage später erreichen wir eine Pilgerstätte der besonderen Art. Schon der verwirrende Name Pondicherry klingt nicht indisch und erinnert vielleicht an die englische Riviera zur Kirschblüte. Pondicherry war aber bis 1954 die Hauptstadt Französisch-Indiens. Ein koloniales Konstrukt, von dem außer Straßennamen kaum etwas geblieben ist. Heute ist es ein Mekka für Anhänger des indischen Philosophen Sri Aurobindo, die in seinem Ashram Yoga und Meditation erlernen wollen. Ein Bedürfnis, an dem Inder offensichtlich wenig Bedarf haben, denn im Ashram wandeln überwiegend in weißes Leinen gekleidete Europäer. Eine hohe Mauer schützt sie beim Erlernen der Integration von Körper und Seele vor störenden Einflüssen wie Straßenlärm, neugierigen Blicken und den Kameras der Touristen. Nagender und ich sind in dieser Beziehung Banausen, denen sich der wohltuende Effekt des indischen Yoga noch nicht eröffnet hat. Daher ziehen wir ernsthaft einen dreitägigen Kurs im Ashram in Betracht. Zumal das integrale Yoga verschiedene Praktiken vereint.

Aber unser Vorhaben steht unter einem schlechten Stern. Es geht schon damit los, dass uns Berufsverbot erteilt wird. Unübersehbar, sosehr wir uns auch Mühe geben, prangt am Tor das verhasste Schild mit der Aufschrift: » Cameras not allowed. « Auch Mobiltelefone sollen ausgeschaltet bleiben. Als würde das nicht genügen, wird das Eingangstor von einem grimmigen Aufpasser gehütet, der die Security an jedem Flughafen in den Schatten stellen könnte. Obwohl wir die Kameras in Rucksäcken und unter dem Rolli verborgen halten, sieht er uns die Heimlichtuerei wohl an unseren verstohlenen Blicken an. Ohne überhaupt die Taschen sehen zu wollen, pickt er uns aus der Warteschlange und schickt uns mit dem Hinweis auf das Verbotsschild einfach weg. Ertappt stehen wir da und schauen dumm aus der Wäsche.

Unser Hotel macht einen vertrauenswürdigen Eindruck, daher wagen wir es zum ersten Mal seit Monaten, uns von den Kameras zu trennen und sie im Zimmer zurückzulassen. Kein schönes Gefühl, so nackt durch die Straßen zu gehen. Am Ashram heben wir vorauseilend, bereit zum Bodycheck, die Arme. Aber der alte Quälgeist hat einen guten Riecher, er weiß auch so, dass wir sauber sind. Freundlich heißt er uns willkommen.

Wenig Erbauliches erfahren wir von der gestrengen Mitarbeiterin des Informationszentrums. Sie gibt uns eine Einweisung in die Grundlagen des Yoga, die mit der Einsicht endet, dass wir während eines Drei-Tage-Schnupperkurses sicher nicht das Supermind, also die höchste mentale Ebene, erreichen können. Außerdem sollen wir es uns zum Ziel machen, unser Ego abzulegen und körperliche Begierden zu zügeln, und keinen Alkohol mehr trinken. Flehentlich schaut Nagender mich an, als wolle er mich bitten, noch einmal über die Sache zu reden.

Die Dame im Sari meint, da es bei mir mit dem Kopfstand und einigen anderen Asanas etwas schwierig sei, müsse ich meine Schwerpunkte auf Meditation und Atemübungen legen. Aber Nagenders körperlicher Zustand sei durchaus für alle Übungen geeignet.

Im Hof des Ashrams, wo laute Unterhaltungen verpönt

sind, redet Nagender im Flüsterton auf mich ein: »Du willst also drei Tage in Askese leben? Kein Fotografieren, kein Bier, kein Tandoori Chicken. Nur meditieren. Das hältst du nie aus. Du solltest dann auch diese Kleidung tragen«, dabei wirft er einen Blick auf ein in grobes Leinen gehülltes Pärchen mit Rastalocken und beseeltem Gesichtsausdruck.

»Quatsch, wir können so gehen, wie wir sind. Außerdem, du warst es doch, der Yoga lernen wollte. Ich kann die Übungen ohnehin nicht machen.«

Nagender spielt den Empörten: »Nein, das hast du falsch verstanden, ich bin nur als dein Begleiter mitgekommen.«

Angesichts der trüben Aussicht auf drei anstrengende Tage im Kampf mit unserem inneren Schweinehund, in denen wir spartanisch leben werden und uns freiwillig der strengen Hausordnung im Ashram unterwerfen müssen, kommen wir zu dem Schluss, dass wir nichts überstürzen und erst einmal darüber schlafen sollten. Außerdem knurrt uns der Magen.

Mit einer Yogabroschüre in der Hand und dem festen Vorsatz, gleich heute Abend im Hotel damit zu beginnen, verlassen wir den Ashram. Und beide haben wir das gute Gefühl im Magen, dass dieser Kelch an uns vorübergegangen ist. Es wäre auch zu schade gewesen, denn das Bier ist in Pondi besonders billig, und es gibt einige wirklich hervorragende französische Restaurants.

Voller Tatendrang beginnen wir vor dem Schlafengehen mit den Übungen aus der Broschüre. Kopfüber macht Nagender auf dem Bettvorleger eine Kerze, die ihm aber nicht bekommt, die Bouillabaisse rutscht ihm in die Speiseröhre zurück. Ich dagegen falle nach meinen Atemübungen auf dem Bett übergangslos in einen Tiefschlaf.

Mira Alfassa, die Lebensgefährtin des Philosophen Sri

Aurobindo, hatte vor fünfzig Jahren eine Vision, die sich Tausende ihrer Anhänger zur Lebensgrundlage machten:

» Es sollte irgendwo auf der Erde einen Ort geben, den keine Nation als ihr Eigentum beanspruchen könnte, wo alle … Menschen … als Weltbürger leben und nur … der höchsten Wahrheit gehorchen … Denn an diesem Ort wäre Geld nicht mehr der unumschränkte Herrscher. Der individuelle Wert des Menschen wäre von größerer Bedeutung als materieller Reichtum und soziale Position. Arbeit wäre hier nicht ein Mittel, seinen Lebensunterhalt zu verdienen, sondern, sich auszudrücken und seine Fähigkeiten zu entwickeln … Zugleich würde er der Gemeinschaft dienen, die dann ihrerseits für den Unterhalt des Einzelnen aufkommt … Dies wird ein Ort des Friedens, der Eintracht und der Harmonie sein. «

Dieser revolutionäre, freilich nicht neue Gedanke gärte noch fast zwanzig Jahre, bis sich genug Anhänger fanden, die ihrem Leben einen neuen Anfang geben wollten. Der indische Staat stellte Grund und Boden für das Experiment der internationalen Stadt Auroville zur Verfügung.

Nur zehn Kilometer nördlich von Pondicherry wurde 1968 in einer trostlosen, von ausgelaugten Böden geprägten Landschaft der Grundstein gelegt. Die Pioniere lebten und arbeiteten erdnah. Drei Millionen Bäume wurden gepflanzt und gepflegt. Heute wohnen auf dem zehn Quadratkilometer großen Waldgebiet etwa tausendachthundert Menschen aller Generationen aus der ganzen Welt.

Aber auch hier ist das Leben kein Ponyhof, und ein Softi oder Hippie zu sein reicht allein nicht. Jeder muss für Kost und Logis täglich mindestens sechs Stunden Arbeit der Gemeinschaft widmen. Und wer keine Erbschaft zu verprassen hat und auch nicht Rente aus dem Heimatland bezieht, braucht gute Ideen, die noch niemand hatte, um überleben zu können. Alle Übrigen müssen ihren Lebensstandard auf ein Robinsondasein herunterschrauben.

Wie lebt es sich als armer indischer Bauer mit deutscher Herkunft? Eine Frage, die uns brennend interessiert und für die wir frühmorgens um sechs auf die Suche nach einer Antwort gehen. In einer Cashewnusspflanzung werden wir fündig. Ganz und gar in sich versunken, gräbt ein etwa fünfzigjähriger Mann in kurzer Hose Wasserrinnen unter den Bäumchen.

»Halt, Nagender, der da drüben könnte deutsch sein.«

»Woher willst du das denn wissen«, spöttelt er, »Europäer sehen doch alle so aus.«

»Nagender, bitte«, sage ich empört und gedehnt. »So etwas rieche ich, das ist der Stallgeruch. Komm, wir gehen und fragen ihn.«

Ich hatte recht, Nial kommt aus Berlin und ist bereits seit über fünfzehn Jahren echter Aurovillianer. Ohne seine Arbeit zu unterbrechen, erzählt er, wie die tamilischen Bauern ihn ausgelacht haben, weil er Cashewnüsse ohne Pestizide ernten wollte. Wie hämisch sie nach einem Jahr seine kümmerliche Ernte belächelten und wie sie am Ende dann doch über den intensiven Geschmack der Ökonüsse gestaunt haben, die auch noch einen höheren Preis brachten. Eine Saison später hatte er alle Tamilen als Konkurrenten. Heute ist er wieder Alleinproduzent von Ökonüssen, weil den Bauern die »Pulerei« an den Bäumen zu viel ist. »Die loofen lieba mit der Jiftspritze rum«, schimpft er. Ihm kann das nur recht sein, so hat er sein Auskommen. Als ich auf das Leben in Auroville zu sprechen komme, verdüstert sich sein Gesicht. »Früher sind wir alle Fahrrad jefahrn. Das tut heute keena mehr. Die jagen mit ihren Mopeds, dat eenem Angst und Bange wird. Sie stinken und machen Lärm.

Da kommen immer mehr Leute, für die is Ökologie 'n Fremdwort. Die bauen kleene Paläste, duschen dreimal am Tach und verbrauchen so viel Strom wien janzed Tamilendorf. Aber Rejeln für umweltbewusstes Bauen – nee, man könnte sich ja bevormundet fühlen.« Nial ist trotz aller Probleme optimistisch. » Et jipt noch viel zu tun. «

Tja, und dann ist da das Matrimandir, das sakrale Gebäude im Zentrum Aurovilles, das für Meditation und Kontemplation gedacht ist. Es gleicht einem gigantischen Golfball, oder sollte ich Goldball sagen, beides trifft zu. In einer Parkanlage, die – passenderweise – einem Golfplatz gleicht. Ein Paradoxon aus Versehen. Wie das Kreuz am Ostberliner Funkturm, das bei Sonnenschein auf dem Statussymbol der DDR strahlte, scheint auch hier der ungewollte Bezug zu einer Sportart zu entstehen, der den Ideologen ein Dorn im Auge sein muss.

Was hat die Aurovillianer dabei bloß geritten, den Golfball auch noch Muttertempel zu nennen. Wird hier etwa schon wieder ein Mensch zum Gott gemacht? Betreten dürfen wir die Kugel nicht, ich glaube, den Volunteers, die im Park keinen Meter von uns weichen, hängt zu viel Kamera an unseren Hälsen.

Auroville ist ein faszinierender Ort, an dem Aussteiger einen Traum haben Wirklichkeit werden lassen. Nicht abgekoppelt von der Welt und somit konfrontiert mit allen menschlichen Schwächen, ihren Widersprüchen, mit den Schattenseiten, die Gewinnstreben, Ungleichheit und wirtschaftliches Wachstum mit sich bringen. Viele Vorsätze, wie zum Beispiel der eines friedlichen Zusammenlebens unter Gleichgesinnten, konnten verwirklicht werden, andere dagegen sind auf der Strecke geblieben. Eine beispielhafte Ökostadt ist Auroville bis heute nicht.

Bezeichnendes Eingeständnis dafür sind die hässlichen

Stapelstühle aus weißem Kunststoff im neu eröffneten Restaurant des Dorfes. Diese Stühle sind ein selbst ausgestelltes Armutszeugnis. Sie verkörpern die Globalisierung des Sitzens.

Darin hocken nun die Aurovillianer und ihre Gäste, und ebenso der Bauer in Syrien und der chilenische Grenzpolizist; darin sonnt sich der US-amerikanische Wanderarbeiter vor seinem Mobile Home und Willi aus Wanne-Eickel nach dem Grillen; man findet sie unter dem Hintern afghanischer Taliban, kenianischer Waisenkinder, Berliner Dönerbudenbesitzer, vietnamesischer Ramschhändler, und ich bin mir sicher, auch der Papst in Rom hat seinen ehrenwerten Po bereits dem dünnen Plastik anvertraut. Das Schlimmste an der Geschichte ist, dass alle Stühle, egal aus welchem Erdteil sie stammen, exakt ineinander passen würden.

Sie besitzen nur einen Vorteil: Man kann ihnen die Beine absägen und sie mit vier Rädern in einen Rollstuhl verwandeln. Das scheint unter Indern mit einem Handicap gerade trendy zu sein.

Krakenhaft breiten sie sich auf unserem Globus aus und haben es geschafft, selbst solche scheinresistenten Öko-Enklaven wie Auroville zu vergiften. Mira Alfassa würde sich im Grabe umdrehen.

Schönheitschirurgie in Stein gehauen oder Sex sells

Heute werde ich meinen Tagesrekord brechen. Mit einem Stock vom Straßenrand und meinem Pulli könnte ich mir ein Segel bauen, dann müsste ich überhaupt nicht mehr kurbeln, aber ich will es nicht übertreiben. Auch so überspringe ich die Neunzig-Kilometer-Marke. Als hätte der Priester am Strand von Rameshwaram immer noch seine Finger im Spiel, schiebt mich ein heißer Südwestwind voran. Sollte ich dem Alten etwa zu viel Geld gegeben haben? Nagender ist wahrscheinlich schon längst da, chillt auf der Dachterrasse vom Hotel, schmachtet Vandana am Telefon an oder knipst Touristen am Strand.

In Mamallapuram, so verspricht der Lonely Planet Guide, hängt die Traveller-Szene ab. Na, da bin ich aber mal gespannt. Wahrscheinlich treffen wir dann alle Gesichter aus Kerala wieder.

Ich habe die Gespräche beim Frühstück mit dem Mund voller Banana Pancake schon im Ohr. Die erste Frage lautet immer, wie lange du schon unterwegs bist. Damit wird ausgeforscht, ob man reisemäßig noch ein ahnungsloses Kind Gottes oder schon in die höheren Kasten der Globetrotter aufgestiegen ist. Bei der Antwort kann man viel falsch machen. Am besten noch ein paar Monate hinzulügen, denn sonst wird man zugetextet mit Geheimtipps, die spätestens nächstes Jahr » von Touristen versaut « sind, weil sie dann alle hinfahren. Wer dem entgehen will, muss nur dermaßen abgerissen auflaufen, dass ihm mindestens sechs indische Monate ins Gesicht geschrieben stehen. Das fällt mir nicht schwer mit meinem grauen Bart, den gut fünfzig Jahren und meinem Stigma als » uncle «.

Zu allem Unglück fange ich auch noch an zu riechen, so elendig, dass mir selbst übel wird. In Auroville gab es Probleme mit dem Wasser. Jetzt schwitze ich in das T-Shirt von gestern. Hoffentlich hat Nagender eine Bleibe mit » bucket water « gefunden. Es gibt nichts Schöneres, als sich zehn Liter Wasser in einem Schwall über den Kopf zu schütten.

Pling pling pling, empfängt mich Mamallapuram, das indische Worpswede, ein in ganz Indien und darüber hinaus berühmtes Künstlerdorf. Es sind Geräusche Tausender

Steinmetze, die Götter für Hindutempel in der ganzen Welt produzieren. Noch sind die Skulpturen nichts weiter als profane Figuren, die auf die Weihe des Priesters warten. Erst mit dem Segen des Brahmanen, mit aufwendigen rituellen Zeremonien, in denen ihnen sakrale Eigenschaften eingehaucht werden, entstehen aus ihnen Götter zum Anbeten.

Und manchmal, mit einer kreativen Legende und dem richtigen Gespür für einen profitablen Standort, lassen sich mit ihnen Millionen verdienen. Selbst Ganesh, Sri Kamadchi, Murgan und Lakshmi im Hindutempel von Hamm-Uentrop stammen aus Mamallapuram.

Und weil es so schön billig ist, werden jetzt auch Aufträge für Grabsteine in Deutschland zunehmend nach Indien outgesourct. Dass es oft Kinderhände sind, die die groben Vorarbeiten meißeln, ist einer der Gründe, warum es günstiger ist, zweihundert Kilogramm Granit um die halbe Welt zu schiffen, als den Stein vor Ort zu bearbeiten.

Über tausend Jahre alte Tempel, Skulpturen und Felsreliefs in Mamallapuram stehen heute unter dem Schutz der UNESCO. Vielleicht geben die Bewohner ihre künstlerische Ader inzwischen mit den Genen weiter. Eines ist jedenfalls gewiss: Was sie schöpfen, ist eine echte Augenweide. Auch wenn einige von ihnen gar nicht wissen, welchen Gott sie da gerade erschaffen – Namen sind letztlich doch nur Schall und Rauch –, werde ich das Gefühl nicht los, neuzeitliche Schönheitsideale hätten Pate gestanden. Da wird in so mancher Künstlerwerkstatt mit den femininen Proportionen schon mal gern übertrieben. Gebärfreudige Becken, Wespentaillen, runde Pobacken und Brüste, von denen selbst Dolly Buster beeindruckt wäre, zieren die lebensgroßen Skulpturen. Und alle sind sie nackt.

Nagender fotografiert sich die Finger wund und meint, dass er den falschen Beruf ergriffen habe, denn in seinem Studio dürfe er immer nur gucken, aber nicht anfassen. Im nächsten Leben will er hier in die Lehre gehen. Auch ich muss zugeben, dass Fotografieren in Mamallapuram einen ganz besonderen Reiz hat.

Es ist Schlankheitswahn, der hier in Stein gemeißelt wird. Eigentlich absurd, in einem Land, wo beleibte Körper Wohlstand symbolisieren. Auch Nagender ist verwundert über die Freizügigkeit der Darstellungen. Als wir uns erkundigen, erfahren wir, dass es sich hierbei ausschließlich um Bestellungen aus dem Ausland handelt. Ein Steinmetz beichtet uns sogar, dass seine Aphrodite die Galionsfigur im Foyer einer Praxis für Schönheitschirurgie in den USA werden soll. Na, wenn das nicht hilft ...

Mamallapuram hat sogar eine Heldin, der im Stadtpark ein Ehrenmal errichtet wurde. Und wieder einmal wird mir vor Augen geführt, wie nah in Indien Ernstgemeintes und ungewollte Komik beieinanderliegen.

Vor zwanzig Jahren, als es nachts vorkommen konnte, dass ein Tiger ins Dorf einfiel und seinen Tribut forderte, da war es eine mutige Hausfrau, die, nur mit ihrem Kehrblech bewaffnet, den Maneater verjagte. Diese dramatische Szene soll die Skulptur auf einem hohen Sockel wiedergeben. Schade nur, dass kein Künstler mit der Arbeit beauftragt wurde, sondern ein schlechter Betonbauer. So glaubt der Betrachter, die Frau würde Schafe hüten. Dass der gelb angepinselte Vierbeiner vor ihr ein Tiger sein soll, erklärt nur die Schrifttafel.

Der Frau bröckelt an Armen und Beinen der Beton weg und lässt die Stahlbewehrung sichtbar werden, als wäre es ihr Knochenbau. Das gibt der Szene, freilich ungewollt, wiederum eine ganz eigene Dramatik, ganz so, als hätte der Tiger bereits zugeschnappt. Nein, die Darstellung ist armselig, und Mamallapuram hätte es gut zu Gesichte gestanden, wenn die Heldin von einem der vielen echten Künstler aus dem Dorf geehrt worden wäre.

Mein Rollstuhl braucht Platz für drei: das Erlebnis Busreisen in Indien

»Let's hit the road!« Nagender will los. Es ist immer das Gleiche, jedes Mal, wenn ich den Namen aussprechen kann, verlassen wir den Ort. Das war in Thiruvananthapuram so, und nun ist es Mamallapuram, das ich zuvor mit Mahabalipuram verwechselt hatte, dem früheren Namen. Nun muss ich mir einen neuen Zungenbrecher einprägen: Tirukkalukkundram. Insider haben uns gesteckt, dass ein Besuch nicht lohnt. Also fahren wir hin.

Blöd nur, dass der Shiva-Tempel des Ortes auf einem Fels steht. Fünfhundert Stufen hinauf, fünfhundert wieder herunter. Nagender will nicht, seinem Knie geht es gerade etwas besser, und ich kann nicht, weil es hier keine Teilzeitsherpas gibt. Also essen wir nur ein Thali in diesem unaussprechlichen Ort und degradieren ihn hinunter auf ein Etappenziel, von wo aus wir nun stramm nach Norden abbiegen. Damit haben wir dem Verkehr der Metropole Chennai ein Schnäppchen geschlagen und ihn weiträumig umfahren. Auf unserer Landkarte sind nur die weißen und gelben Straßen die Guten. Auf orange und rot fahren die Berufskiller, wie Nagender die Trucker nennt.

Das wissen auch die Wandermönche und barfüßigen Pilger, die ebenfalls nicht scharf darauf sind, ihren letzten Atemzug am Straßenrand auszuhauchen. Kurz vor dem ersten Vollmond im Jahr gleicht Indien einem Ameisenhaufen. Millionen sind dann mal weg, um zu ihrem Gott zu pilgern. Bevor auch wir zum Pusam-Fest nach Palani fahren, wollen wir dem – dank der spendenfreudigen Pilger – reichsten Tempel Indiens einen Besuch abstatten. In Tirupati residiert Lord Venkateswara oder auch Sri Balaji genannt, eine

Inkarnation Vishnus. Er ist der indische Geist in Aladins Wunderlampe, denn man sagt ihm nach, er könne Wünsche in Erfüllung bringen.

Bis Arakkonam gelingt es uns, auf gutartigen Straßen den Verkehrsrowdys mit einem irren Zickzackkurs auszuweichen. Doch ab dann werden sie bösartig, hügelig, und die Schleichwege führen überallhin, nur nicht nach Tirupati. Noch einmal muss ich auf öffentliche Verkehrsmittel umsteigen.

Manche Busbahnhöfe gleichen in Indien einem Vorhof zur Hölle, und ich frage mich angesichts des altersschwachen Vehikels, ob meine Überlebenschancen im Zweikampf mit durchgeknallten LKW-Fahrern auf der Straße nicht größer sind. Zu spät, Nagender hat bereits mein Handbike auf den Dachgepäckträger gehievt. An der Bustür bietet sich ein Schauspiel gelebten Sozialdarwinismus. Im Kampf um den Sitzplatz für die nächsten Stunden sind die Passagiere sich nicht zu schade, sich gegenseitig gehörig in die Nieren zu knuffen. Als wollten sie einen Guinnessrekord aufstellen, möglichst viele Menschen gleichzeitig durch eine Tür zu quetschen. Ich amüsiere mich prächtig, bis mir auffällt, dass der Bus schon halb voll ist und niemals alle, die noch an der Tür drängeln, darin Platz finden werden, ich auch nicht.

Wenn ich mich jetzt nicht ins Gewühl stürze, wird der Bus gar ganz ohne mich abfahren. Auf Nagenders Hilfe kann ich nicht bauen, er ist auf dem Dach beschäftigt. Subtil, aber unerbittlich, wie es alle tun, arbeite ich mich in den Pulk, entschuldige mich unterwürfig, wenn ich jemandem zu nah getreten bin, erreiche wider Erwarten die Tür und blockiere sie. Manchmal muss man Hilfsbereitschaft erzwingen. Der Fluss stockt, es geht nicht weiter, die Leute werden sauer. Nur ältere Frauen, die skrupellos genug sind, mir auf den Beinen herumzuklettern und sich dabei an meinem Kopf festzuhalten, schaffen noch den Einstieg, um für ihre Familie ein paar Plätze zu okkupieren.

Bevor ich mich entschließe, in welcher Sprache ich um Hilfe bitte, schreite ich zur Tat und greife mir die Hände des Erstbesten, um sie an den Rollstuhl zu führen. Augenblicklich begreifen sie, und mit ein paar Handgriffen bin ich drin. Jetzt geht der Stress aber erst richtig los, denn der Busfahrer will mich gleich wieder rausschmeißen. Weil alle Sitze inzwischen belegt sind, bleibt für mich nur ein Stehplatz im Gang, und statt meiner könnte er an der Stelle locker drei Passagiere unterbringen. Wenn ich also nicht den dreifachen Preis zahle, und das will ich nicht, soll ich wieder verschwinden. So jedenfalls deute ich sein Gezeter. Manchmal können Inder richtig fies sein. Aber zum Glück, die meisten haben ein gutes Herz. Ein solches scheint der Mann neben mir zu besitzen.

Der erhebt sich und drischt verbal auf den Busfahrer ein, dass er mir schon wieder leidtut. Alle übrigen Passagiere freuen sich über den Tumult, der ihnen ein wenig Gesprächsstoff verschafft. Der Busfahrer schleicht sich auf seinen Thron, wo er sein verlorenes Gesicht sogleich zurückgewinnt.

Ich frage meinen Beschützer auf Englisch, wie er das denn hinbekommen hat. Indien hat einen Ruf zu verlieren, meint er. Was sollen denn die Menschen in der Welt über die Inder denken, wenn ich solche Erlebnisse überall ausplaudere. Ich stimme ihm zu. Nicht, dass es vielleicht ungerecht sein könnte, mir den dreifachen Preis abzuverlangen, das kommt ihm nicht in den Sinn. Nagender ruft mir noch durchs Fenster zu, dass alles vertäut sei und er hinterherfahren werde.

Der Bus ist so gepackt voll, dass die stehenden Passagiere zu einem einzigen Körper verschweißt sind. Wie ein Wackelpudding bewegt sich die wabernde Masse in den

Kurven, beim Gasgeben oder Bremsen hin und her. Jeder bildet für seinen Nächsten die Knautschzone. Für die kommenden Stunden könnte Frieden einkehren, wäre da nicht der Schaffner, der jeden abkassieren muss. Das Wechselgeld hat er sich im Zickzack um die Finger gewickelt, die Münzen drückt er aus einem Apparat, den er um den Bauch trägt. Er schafft das Unmögliche und komprimiert den Pudding dort, wo er sich aufhält, jeweils um die Masse seines Körpers. Die Verdrängung scheint ihm sogar Auftrieb zu verleihen. Als würden ihn tausend Hände tragen, bewegt er sich bis zum Heck und vollbringt dabei das Kunststück, jedem ein Ticket zu verkaufen.

Hin und wieder gelingt mir zwischen den Leibern hindurch ein Blick auf das Cockpit des Fahrers. Das ist bestückt mit allerlei Tand, vor allem aber dominiert ein elektronischer Bilderrahmen die Frontscheibe. Darin zeigen Leuchtdioden in einem wilden Stakkato, was sie können. Weil der Bilderrahmen mit Blumenkränzen behängt ist und der Qualm eines Bündels Räucherstäbchen keinen klaren Blick erlaubt, kann ich nur vermuten, dass es sich um eine wichtige Gottheit handelt. Ich stelle meinem Nachbarn die wohl dümmste Frage, die jemals an ihn gerichtet wurde. Aber er verzeiht dem unwissenden Nichthindu an seiner Seite den Fauxpas.

Das ist Lord Venkateswara, wir fahren gerade zu ihm. Auch als die Räucherstäbchen erloschen sind, kann ich nicht klarer sehen. Ein schwarzes Gesicht mit dem Tilak Vishnus auf der Stirn erkenne ich. Das ist alles. Der Rest des Bildes besteht aus verwirrenden Mustern und goldenen Verzierungen. Etwas Heiliges darin zu entdecken gelingt mir nicht. Aber das liegt wohl mehr an meiner fehlenden Antenne und vielleicht daran, dass Kannnicht in der Willnicht-Straße wohnt. Ich gelobe, mir diesbezüglich mehr Mühe zu geben. Schließlich ist Lord Venkateswara nicht irgendwer. Jeden Tag, so erfahre ich, spenden ihm die Pilger durchschnittlich eine halbe Million Euro, per Überweisung, mit allen gängigen Kreditkarten oder cash. Jeden Tag, dreihundertfünfundsechzigmal im Jahr. Auch Weihnachten und Ostern. Der Papst würde sich über eine solche Opferbereitschaft die Hände reiben. Sie schleppen Gold und Silber an, und selbst wer gar nichts hat, opfert immerhin noch sein Sitzfleisch in diesem Rüttler auf Rädern oder rammt sich darin die Beine in den Bauch.

An normalen Tagen tun dies um die einhunderttausend Pilger. Millionen werden es zu besonderen Anlässen. Jeder Hindu kennt ihn, und das ist immerhin jeder sechste Erdbewohner. Hier zu fragen, wer Lord Venkateswara ist, wäre ebenso töricht, wie sich bei einer Papstaudienz nach Jesus zu erkundigen. Besser, ich lasse es und mache im Tempel ein Darshan, das Schauen des Gottes, mit. Vielleicht geht mir dann ein Licht auf.

All die Pilger zieht es natürlich nicht nur nach Tirupati, damit sie vor dem Gott ihre Taschen leeren können, jeder hat ein Anliegen. Es ist ein Geben und Nehmen. Der Mann an meiner Seite, der so sehr um Indiens Ansehen in der Welt besorgt ist, erklärt mir, dass niemand unter dem Himmel Indiens so effektiv Wünsche erfüllen kann wie Lord Venkateswara.

Ich will ihn nicht vor den Kopf stoßen und von der Ratte, Ganeshs Begleiter in Ganpatipule, erzählen, auch nicht von der wunderbaren Maria in Vailankanni oder von meiner Vermutung, dass all die barfüßigen Pilger Murgans auf ihrem Weg nach Palani den gleichen Hintergedanken hegen. Er sagt es mit einer solchen Überzeugung, dass ich es ihm wirklich glaube, wie all den anderen auch.

Für die schlappen hundert Kilometer nach Tirupati braucht der Bus gute vier Stunden. Mit etwas Rückenwind und gutem Willen wäre ich in Handarbeit mit meinem Rolli schneller da gewesen. Aber wer hätte mir dann all die Geschichten von Venkateswara erzählt. Nun stehen wir am Fuße des Hochplateaus von Tirumala. Dort oben residiert also der Superstar. Der Milliardär, der Gott, der alle glücklich macht. Aber wer Geld hat, hat auch Angst darum, Angst, es könnte ihm jemand wegnehmen. Da geht es Venkateswara und seinen Priestern nicht besser als mir. Noch mehr Angst hat man hier vor Terroristen, die dem Gott eine Bombe vor die Füße werfen könnten. Weil das so ist, werden wir gefilzt. Mich erinnert die Prozedur an die Schikanen an den DDR-Grenzen Marienborn und Dreilinden, wenn mein Gesicht den Vopos nicht gefiel. Schlimmer noch, Nagender muss sein Motorrad stehen lassen, und alle Passagiere sollen in den tempeleigenen Bus umsteigen.

Wer auf seiner Reise durch Indien über klapprige Busse klagt, hat noch nicht in einer der fahrenden Blechkäfige gesessen, die zum Tempelberg nach Tirumala hinaufzockeln. Der Krach vom offenen Motorblock neben dem Fahrer, von klappernden Metallteilen und den letzten Schiebefenstern ist ohrenbetäubend. Nagender schüttelt sprachlos den Kopf. Würde er etwas sagen, ich könnte es ohnehin nicht verstehen. Nun, wer es bis hierher geschafft hat, wird auch die Tortur der letzten Stunde noch überstehen. Mein Bericht über diese Fahrt wäre unvollständig, würde ich nicht den Konvoi entgegenkommender Busse erwähnen, in denen nur kahl geschorene Pilger sitzen. Ich bin gespannt, in welchem Zustand wir herunterkommen.

Audienz bei Lord Venkateswara, dem Spendablen

In der Dharamsala, einer Pilgerherberge, entspricht das Zweibettzimmer, das uns zugewiesen wird, exakt dem Komfort der Anreise. So haben wir wenigstens keine Probleme mit der Umstellung.

Am Zufahrtsweg zum Tempel sitzt ein vollständig ergrauter Mann am Zaun. Überall in Europa hätte man ihn als Landstreicher identifiziert, hier ist es ein ehrenwerter Baba. So jedenfalls spricht Nagender ihn an und erfährt, dass der Tempel vor fünfzig Jahren noch weitgehend unbekannt war. Doch dann sprach es sich herum, dass Venkateswara magische Fähigkeiten besitzt. Geld wurde gespendet, mit dem heute überall im Land Krankenhäuser und Schulen finanziert werden. Nur er sei noch so arm wie zuvor.

Bevor wir uns in den Tempel stürzen, beschnuppern wir zunächst das Objekt der Begierde: Wo wird die Sonne untergehen, welches Licht ist dabei auf dem Tempel zu erwarten, gibt es bestimmte Zeremonien in den kommenden Tagen, dürfen Nichthindus und Rollstuhlfahrer auch zum Darshan?

Eine innere Stimme will mich noch warnen, aber der Fotograf in mir wischt die Unkenrufe beiseite: Für ein gutes Foto muss man auch mal ausgetretene Pfade verlassen. Die außergewöhnliche Perspektive von der verwilderten Parkanlage aus auf die Gopurams des Tempels ist zu verlockend. Ein fataler Fehler. Ungepflegte Grünflächen sollte man in Indien nicht betreten. Mit dem Rollstuhl schon gar nicht. Die Strafe folgt auf dem Fuße. Im hohen Gras verstecken sich haufenweise Tretminen, hier haben Menschen groß hingemacht.

Wie es die Eigenart dieser fiesen Hinterlassenschaften ist, machen sie sich erst bemerkbar, wenn man eine von ihnen erwischt hat. Fängt es an zu riechen, ist es längst zu spät. Der Kot hängt an meinem Rad, und ich habe voll hineingegriffen, dieses Mal in Menschenscheiße. Ganz oben auf der Rangliste ekelhafter Substanzen. Selbst jetzt beim Schreiben steigt mir der Geruch noch in die Nase.

Ich lasse Stativ und Kamera stehen und rufe Nagender um Hilfe. Meine kontaminierte Hand strecke ich so weit wie möglich von mir. Ich kann nicht selbst rollen und fühle mich behindert. Unter flehentlichen Entschuldigungen für die Untaten seines Volkes schiebt Nagender mich zum Versorgungstrakt des Tempels wo Wasserschläuche im Hof herumliegen. Aber sosehr ich auch schrubbe und putze, der Gestank klebt an mir wie der Tod an einem Pestkranken. Oder steckt er schon so tief in meiner Nase, dass ich nichts anderes mehr riechen kann? Den Rest des Tages verbringe ich mit Händewaschen, ohne nennenswerten Erfolg. Das Übel muss wohl erst nach und nach herauswachsen.

Ich erinnere mich an mein ehemaliges Leben auf zwei Beinen, in dem ich zeitweise mein tägliches Brot als Sargtischler verdiente. Unangenehm wurde es, wenn ich mit meinem Kollegen erst am Morgen nach dem Exitus gerufen wurde. Dann war den Verstorbenen bereits die Leichenstarre in die Glieder gekrochen, und ich musste beherzt Hand anlegen, um sie für den Sarg passend zu machen, oder die Finger brechen, wenn der Ehepartner den Ring behalten wollte. Auch damals konnte ich durch Waschen das Gefühl, etwas Abscheuliches an den Händen zu haben, nicht loswerden.

Am Wasserhahn der Indian Style Toilet unseres Zimmers ersetzt Nagender mir mitleidsvoll den Seifenhalter, aber meine Nase ist nicht zu besänftigen.

»Ich werde Lord Venkateswara um saubere Hände bitten müssen«, sage ich zu ihm, »nur er kann das Böse bekämpfen.« Nagender, froh, dass der größte Ärger verflogen ist, setzt tröstend hinzu: »Das macht er bestimmt. Und solltest du ihn damit überfordern, bittest du wenigstens darum, den Geruch aus deiner Nase zu holen, das wird er wohl hinkriegen.«

Ein wichtiges Element nonverbaler Kommunikation des Menschen ist seine Haartracht. Wer sein Haar stylt, will damit Charaktereigenschaften unterstreichen, politische Botschaften senden oder seine Eltern ärgern. Der lange Bart des Moslem, die Tonsur des christlichen Mönchs und Büßers, die Schläfenlocken orthodoxer Juden, das Haar unter dem Turban indischer Sikhs oder die verfilzten Haare der Sadhus sind allesamt Zeichen besonderer Religiosität. Meine ergrauten Resthaare senden in Indien nur die eine Botschaft: Ich bin ein »uncle«. Ich könnte sie hier opfern, es den Pilgern gleichtun, die damit versuchen, sich von ihrem Ego zu befreien, ohne dass es ein großer Verlust wäre. Aber ich bringe es nicht übers Herz. Mit meinen Haaren verhält es sich wie in der Marktwirtschaft, die Verknappung erhöht den Wert. Von meinem Ego will ich mich schon gar nicht trennen.

So betreten wir das Haus der Barbiere als unbeteiligte Beobachter in der Hoffnung, dass uns kein Haar gekrümmt wird. Auf vier Stockwerken arbeiten Hunderte Friseure rund um die Uhr, und keiner besitzt eine Schere, nur das Rasiermesser und Wasser kommen zum Einsatz. Die Szenerie könnte archaischer nicht sein. Ein Geruch steht in der Luft, der mich an das jährliche Schlachtfest auf unserem Bauernhof erinnert, wenn den toten Schweinen die Borsten abgezogen wurden. Und ähnlich rabiat geht es zu. Vor einer breiten Abflussrinne müssen sich die Opfer in Reih und Glied auf den nassen Boden setzen.

Unter ihnen suche ich mir die Frau aus mit den schönsten und längsten Haaren. Die Fotos sollen schließlich etwas hermachen. Ich spekuliere auf den Narzissmus von Frau Patel und den Stolz auf ihr Haaropfer. Mit dem Einverständnis ihres Mannes erlaubt sie mir, den Vorgang ihrer Schur fotografisch festzuhalten. Der Vollstrecker schüttet ihr einen Topf Wasser über den Kopf, verknotet das Haar und greift zum Rasiermesser. Jetzt wird es dramatisch. Frau Patels Augen verraten jeden ihrer Gedanken. Flehend schaut sie zu ihrem Mann hinauf, ich sehe Angst beim Blick auf das Rasiermesser, und als wolle sie sich selbst Mut machen, wendet sie ihren Blick couragiert ins Objektiv meiner Kamera. Mit demütiger Ergebenheit in ihr Schicksal senkt sie den Kopf, als das Rasiermesser des Friseurs auf sie herabfährt. Zwei Minuten später ist ihr Jahrzehnte gewachsenes Haar weg. Als würde sie fragen, ob das schon alles war, schaut Frau Patel ihren Gatten verwundert an.

Aber sie ist nicht mehr die Gleiche, äußerlich jedenfalls. Glatzköpfigen Frauen fehlt etwas, ist mein erster Gedanke. Anmut, Sanftheit, oder sind es gar nur die Haare, die die Schönheit einer Frau ausmachen? Assoziationen von Auschwitz über Leukämie bis zu Kopfläusen drängen sich auf. Nein, im Gegenteil, jetzt tritt ihr wahres Gesicht hervor, ohne die beeinflussende Wirkung der Haare. Als auch ihr Mann unter das Messér kommt, kann ich das Ehepaar kaum noch voneinander unterscheiden, als wären sie Zwillinge. Die Frau schreit nach einem Spiegel, aber in diesem Frisiersalon der Superlative gibt es ihn nicht. Wozu auch, dachten sich wohl die Erbauer, alle Kunden, die ihn verlassen, sehen gleich aus. In ihrer Verzweiflung sucht sie ihr Spiegelbild im Wassereimer und stößt einen quietschenden Ton der Überraschung aus. Mit großen glücklichen Augen, eine Hand vor Sprachlosigkeit den Mund haltend, die andere auf der Glatze, weil sie es immer noch nicht glauben will, verlässt Frau Patel an der Seite ihres Mannes den Ort des Geschehens.

Vor der Weltzentrale der Nassrasur, da, wo die Scherenschleifer pausenlos Rasiermesser schärfen, wollen wir von dem Pärchen noch wissen, was sie sich davon erhoffen. Die junge Frau ist noch immer nicht ansprechbar, als ginge es um Leben und Tod, bettelt sie alles, was einen Sari trägt, um einen Spiegel an.

Ihr Mann dagegen hat die Verwandlung zum Skinhead leichter weggesteckt und beantwortet unsere Fragen, als wären wir bedeutende Journalisten. Vermutlich hat uns Nagender wieder mit seiner National Geographic Story wichtig gemacht. Auf Hindi, was Nagender mir übersetzt, spricht Herr Patel vom Haaropfer als Zeichen der Gottergebenheit und als vorauseilende Gegenleistung für den dringenden Kinderwunsch der beiden. Das Paar hat also ganz handfeste Vorstellungen, was bei der Wallfahrt herauskommen soll.

Unsere Neugierde ist nicht zu bremsen. Nagender und ich schleichen uns auf die Rückseite des Gebäudes, um zu erfahren, was mit der Haarernte passiert. Da werden sie sortiert, um Besen und Kopfkissen, Fußmatten und Matratzen aus ihnen zu fertigen. Die besseren Haare werden zu Theaterperücken verarbeitet. Aber der ganz große Reibach wird mit den jungen und geschmeidigen Locken unserer Protagonistin gemacht. Ihr Opfer steckt hinter dem Geheimnis des beneidenswerten Haarwuchses vieler Schauspielerinnen, denen gleichsam über Nacht eine Löwenmähne gedeiht. Ob sie weiß, dass ihr Haar als Extension die Reichen und Schönen in der Welt noch ein bisschen schöner macht? Es wird ihr egal sein, denn für sie zählt nur das Opfer.

Wer übrigens den folgenschweren Entschluss zu einer Komplettrasur vielleicht doch bereut, kann sich aus seinen eigenen Haaren eine Perücke fertigen lassen und geht fast unversehrt wieder nach Hause. Das kostet natürlich extra. Nur die grauen Haare will keiner.

Nun kommt der Höhepunkt der Wallfahrt, das Vorgelassenwerden, das »Gott sehen«. Nagender verweigert sich dem Tempel, er glaubt nicht an magische Kräfte. Ich glaube auch nicht wirklich daran, aber ich will ihn sehen, einmal Darshan machen. Und wer weiß, vielleicht eröffnen sich mir neue Perspektiven. Daher gebe ich ihm meine Kamera, denn Gott zu fotografieren ist nicht erlaubt. Am Schalter für ein »Special Darshan« kann ich mich für umgerechnet zwei Euro an acht Stunden Schlangestehen vorbeikaufen. Das ist zwar ungerecht, aber ich finde es enorm praktisch. Mit zehn anderen, die sich diesen Luxus leisten, husche ich, geplagt vom schlechten Gewissen, an den Wartenden vorbei.

Dann aber überholen uns Leute, die noch mehr Geld und weniger Zeit haben. Die dürfen sich vor uns drängeln. Das finde ich auch ungerecht und nicht mehr praktisch. Und dann gibt es noch den separaten Eingang für VVVIPs, die mit ihrem Geld den ganzen Tempelbetrieb lahmlegen können. Das ist nur noch ungerecht.

Tempeldiener scheuchen uns mit der Höflichkeit von Viehtreibern durch ein Labyrinth von Gängen, vorbei an Absperrungen bis an ein Gatter. Und nun kommt das Unerwartete: »Special Darshan for the physically handicapped« steht in großen Lettern über dem Eingang. Indien hat seine Rollstuhlfahrer doch nicht vergessen. Es gibt noch Hoffnung. Ich werde herausselektiert und bekomme eine Einzelbetreuung. Ob ich denn nicht meine Haare opfern wolle, das sei gut gegen ein zu ausgeprägtes Ego, meint der Priesteranwärter. Ich lehne ab und erkläre, dass ich kein Problem damit hätte. Und wie es denn mit einer Spende aussehe, will er wissen, ich könne mit allen gängigen Kreditkarten zahlen. Später vielleicht.

» No problem «, sagt er, auf der Webseite lassen sich per Mausklick jederzeit Spenden überweisen. Mir wird ein Fragebogen in die Hand gedrückt, auf dem ich meinen Glauben an Venkateswara zu bestätigen habe. Jetzt nur nichts anmerken lassen. Ohne Zögern unterschreibe ich mein Glaubensbekenntnis und wundere mich für einen Moment, dass kein Blitzstrahl auf mich herniederfährt.

Kurz vor dem Schrein werde ich wieder in die Warteschlange eingeschleust. Die Stimmung ist aufgeladen, kein Wunder, seit acht Stunden fiebern die Menschen diesem Moment entgegen. Und jetzt ist es so weit, ja, ich stehe vor dem Schrein. Aber wo ist der Gott? Ich sehe Gold, Kerzen, Öllampen, Blumen, massenhaft Blumen, aber Venkateswara – ich werde weitergeschoben – hat sich mir nicht gezeigt. Einen Lidschlag lang hatte ich Zeit, und ich habe ihn nicht genutzt, vor Aufregung sogar noch vergessen, mir etwas zu wünschen. Wie beim Abendmahl wird mir vom Priester ein Kügelchen Süßes in den Mund geschoben und ein Schluck gesegnetes Wasser gereicht, mit dem am Morgen Venkateswara die Füße gewaschen wurden. Zu guter Letzt malt er mir noch ein Tilak zwischen die Augen. So abgespeist, steigt jeder in den Himmel der Glückseligen auf. Nur mir bleibt die Erleuchtung verwehrt.

» Und wie war es «, fragt Nagender, » hast du ihm dein Anliegen vorgetragen? «

» Hab's vergessen. «

Er legt tröstend seine Hand auf meine Schulter und meint: » No problem. «

Weil Venkateswara geliebt wird und Liebe durch den Magen geht und weil das in Indien nicht anders ist als im Rest der Welt, gibt es nach getaner Arbeit Prasad, gesegnete Götterspeise. Ein langes Spalier von hungrigen Mäulern muss gestopft werden. Wir reihen uns ein. Nagender hat mir versichert, dass die Gefahr, sich unselige Darmparasiten einzufangen, in Indien nirgends so gering ist wie hier. Nein, einen Ort gebe es noch, der sicherer sei, korrigiert er sich mit erhobenem Zeigefinger: die Küche seiner Mutter.

Die Szene hat etwas von der Essensausteilung im Gefängnis. Ein Wagen mit zwei großen Kübeln fährt vor. In einem ist Reis, im anderen Dhal – nicht schon wieder Linsen –, das jedem mit maximaler Lieblosigkeit auf die polierte Schale gematscht wird. Für ein kostenloses Mahl darf man nicht noch erwarten, freundlich behandelt zu werden.

Nagenders Nachbar, ein pensionierter Staatsbeamter, der jedes Jahr hier sitzt, erzählt, dass es immer mehr Pilger werden. Ich bitte Nagender, ihn zu fragen, was das Darshan für ihn bedeutet. Als lüfte er ein streng gehütetes Geheimnis, spricht er in gedämpftem Ton und gibt mir damit für einen Moment das Gefühl, begriffen zu haben, was buddhistische Kailash-Pilger dazu treibt, den Berg zu umrunden, indem sie sich Tausende Male zu Boden werfen. Warum Hindu-Gläubige sich in die toxischen Fluten des Ganges stürzen, was sie sich erhoffen, wenn sie ihr halbes Vermögen in den Tempel tragen, und weshalb sie glückselig größte körperliche Strapazen erleiden können. » Beim Schauen des Gottes wird mein Herz mit sakraler Kraft gefüllt, mit Liebe, Zuneigung und Hoffnung. Es ist ein Energiestrom, den er auf mich richtet, von dem ich bis zum nächsten Mal zehren kann. Sieh mich an, ich bin wie neugeboren. « Darshan sei ein Teil der Bhakti-Lehre, die liebevolle Hingabe und Zuneigung zu Venkateswara.

Postwendend kommt die Retourkutsche, und wir müssen seine Neugier stillen. Was denn mit meinen Beinen los sei, will er wissen. Seine Offenheit hätte eine ehrliche Antwort verdient, aber Nagender sieht das anders. Die Wahrheit ist ihm zu abgegriffen. Das Märchen, das er ihm präsentiert, toppt alles bisher Dagewesene. Nagender macht aus mir einen selbstlosen Retter, der ein Kind davor bewahrt hat, von einem Auto überfahren zu werden, und dabei selbst erfasst wurde. Sprunghaft steigt mein Prestige an. Der Rentner beugt sich vor, um einem echten Helden in die Augen zu sehen.

Leitungswasser, Schmeißfliegen, Hühnerbeine und andere Übeltäter

Der verdammte Gegenwind zwingt mich zu kursiver Fahrweise. Richte ich mich auf, ist es, als würde mir Shiva persönlich eine Watschen geben. Seit gestern bin ich allein, so allein, wie man in einem Milliardenvolk nur sein kann. Nagender habe ich vorausgeschickt, um in Palani eine Bleibe für uns zu besorgen. Denn wenn in Indien mehrere Millionen Pilger ein Kuhkaff belagern, werden Unterkünfte knapp. »Wir sehen uns in Palani, ruf an, wenn etwas ist«, habe ich ihm noch gesagt.

Mit dem Ende des Januars ist hier auch der Winter vorbei, was nicht bedeutet, dass die kalte Zeit von der warmen abgelöst wird, sondern die warme Zeit von der heißen. Ich kämpfe wie ein Berserker und schwitze auch so. Gleichzeitig beneide ich den mühelosen Galopp der Kinder, ihre flinke Art, mir auf den riesigen Fahrrädern zu folgen. Der Pulk, den ich mit mir herumschleppe, weist eine hohe Fluktuationsrate auf. Als Staffelläufer geben sie mich an die Knirpse des nächsten Dorfes weiter. Sie lachen mich an, sie lachen mich aus, sie feixen, gackern und machen Witze, die ich nicht verstehe. Ich verstehe nur eines, dass jetzt der harte Teil der Reise beginnt, meine Buße für das Lotterleben in den letzten Wochen. Kein Faden an mir ist noch trocken, meine Hände gleichen denen von Waschfrauen, eingeweicht in Schweiß und bereit, sich jeden Moment aufzublasen. Sie protestieren gegen Schinderei und Misshandlung, schließlich sind sie zu Höherem geschaffen als zur Fortbewegung. Für feines Handwerk oder zärtliche Liebkosungen, aber nicht dafür, den Job der Füße zu übernehmen.

Auch die Landschaft verspricht nichts Gutes. Es ist eine topfebene Fläche, in der sich meine Straße immer häufiger um Höhenzüge winden muss. Wie eine Warnung an meine Naivität stehen sie im Weg, die Yelagiri Hills und Javadi Hills: Glaube bloß nicht an das Märchen von der ewig flachen Straße. Die nächste Steigung kommt bestimmt.

Seit gestern, seit ich Chittor verlassen habe, hat nichts von bedeutendem Brennwert meinen Magen erreicht. In Pallikonda gab es Biskuits aus dem Einmachglas mit Banane, in Agaram Chapatis mit Banane, und eben verkauft man mir Mandarinen mit Banane. Mit der Energiezufuhr eines Asketen kurbele ich mich gegen den Wind. Das geht an die Substanz und nicht mehr lange gut.

Meine Straße heißt SH 122. Zum Glück ist sie weiß und für mich unschädlich, weil jeglicher Schwerlastverkehr auf der roten Hauptverkehrsader, dreißig Kilometer entfernt, entlangdonnert. Aber die Abwesenheit von Krieg bedeutet nicht gleichzeitig Frieden. Beidseitig bedrängen mich blöde Hills und quetschen meine Straße in ein Tal, das immer enger wird. Bis das Grauen unabwendbar ist: Ich stehe vor Serpentinen. Habe ich wirklich geglaubt, für unwichtige Nebenstraßen werden Furchen in die Berge gesprengt? Und die Kinder, wo sind sie geblieben? Immer verfolgen sie mich, aber jetzt, wo ich sie einmal gebrauchen könnte, sind sie nicht da. Okay, dann muss ich wohl selbst zugreifen.

Ich kontrolliere meinen mageren Treibstoff, Wasser mit Chapatis, schalte in den ersten Berggang herunter und trenne den Geist vom Körper, denn allein der Anblick dieser Kehren zehrt an meinen Kräften. Es funktioniert, meine

Arme kurbeln mich den Berg hoch, während mein Kopf an die schönen Dinge des Lebens denkt, und schwupp, liegt die erste Etappe hinter mir. Auf dem Weg zur zweiten Kehre gebe ich mich meinem Heimweh hin und entwickle ungeahnte Kräfte bei der Vorstellung, dass meine Familie oben auf mich wartet. Die Energie für den Rest der Strecke bis zur Kuppe entnehme ich der Tatsache, dass die erste Hälfte bereits hinter mir liegt. Oben am Ziel finden wir wieder zueinander. Bei der Schussfahrt ins Tal frohlocken meine Hände. Sich untätig den kühlenden Fahrtwind durch die Finger wehen lassen – was kann es Schöneres geben. Jeder Fußgänger müsste auch bergab einen Schritt vor den anderen setzen – gut, dass ich im Rollstuhl sitze.

Zehn Kilometer weiter liegt Alangayam, und dort, das verspreche ich meinem Magen, wird er nicht mit Bananen abgespeist. Die erste Fressbude am Ortseingang, an der Stelle, wo sich in Deutschland Wurstbratereien mit Autohäusern ein Stelldichein geben, nennt sich wenig hoffnungsvoll »Food Stall«. Eine Garküche, in der, der Name sagt es, das Essen bereits gar ist. Fragt sich nur, wie lange schon. Bei den Samosas kann ich nicht viel falsch machen. Dreieckige Teigtaschen, gefüllt mit Erbsen und Kartoffeln, in Fett gebraten, dürfen auch von gestern sein. Die kalten Hühnerbeine eine Vitrine weiter sind von ganz anderem Kaliber. Der Budenbesitzer hat keinen Stromanschluss und damit keinen funktionierenden Kühlschrank. Das erhöht die Gefahr erheblich, sich Salmonellen, Amöben oder Flagellaten einzufangen, die einzigen Tiere, vor denen ich in Indien wirklich Angst habe und die meiner Reise ein abruptes Ende machen können.

Die Schmeißfliegen, die auf dem Fleisch ihren Eiertanz machen, geben mir den Rest. Davon abgesehen, ist der Ort sympathisch, allein schon, weil er hinter den Bergen liegt und nicht davor. Aber zum Übernachten reicht es dann doch nicht. Kein Dak-Bungalow, kein Tourist home, nicht einmal eine Herberge für Pilger hat Alangayam zu bieten.

Wenn ich meinen Kopf heute noch weich betten will, muss ich es bis Tiruppattur schaffen. Das sind fünfundzwanzig Kilometer, und zwar vor dem Dunkelwerden, ich habe nämlich kein Licht am Rad. Das sollte man nicht auf die leichte Schulter nehmen, denn in diesem Teil der Welt gewährt die Sonne kaum Karenzzeit. Um achtzehn Uhr geht sie unter, eine halbe Stunde später ist das Licht aus.

Von rechts bedrohen mich die Yelagiri Hills, die sich sechshundert Meter hoch wie eine Blase aus der Pizza erheben. Aber ich werde von ihnen verschont, meine Straße nimmt den Weg des geringsten Widerstands und leitet mich darum herum. Als Flachlandbewohner aus der Lüneburger Heide habe ich ein ambivalentes Verhältnis zu Bergen. Solange sie mir nicht im Wege stehen, kann ich mich an ihrem Anblick erfreuen. Erst ab einer gewissen Höhe beginnen sie mich zu reizen. Dann erwacht in mir der kleine Reinhold und nervt so lange, bis er mich hoch getrieben hat. Oder aber er verschwindet einsichtig wieder in seiner Versenkung, wenn die Grenzen, die der Rolli mir setzt, unüberwindlich sind. Die Yelagiri Hills sind weder Fisch noch Fleisch. Sie bieten bestenfalls ein ausgetrocknetes Flussbett an, das sich aus ihnen in die Ebene windet. Und eine Straße, mit der sich meine SH 122 vereint.

An der Kreuzung gesellt sich ein alter Sadhu zu mir, der aus den Bergen kommt. Würde er behaupten, zweihundert Jahre alt zu sein, hätte ich keinen Grund, daran zu zweifeln. Und würde er noch eins draufsetzen und erklären, diese Zeit in einem Erdloch verbracht zu haben, auch das glaubte ich ihm. Der Greis, nicht größer als ich im Sitzen, scheint nur aus Haut, Knochen und verfilzten Haaren zu bestehen. Selbst sein Brusthaar beginnt zu verklumpen. Um den Hals trägt er eine Kette der Tränen Shivas. Sein Gesicht wird von einer extrem hohen Stirn dominiert, die er mit Gottessymbolen bemalt hat und tempelartig vor sich herträgt. Aus tiefen Höhlen mustern mich zwei wache Augen. Schätzt er jetzt ab, wie viel Geld er mir aus der Tasche ziehen kann, oder ist seine Neugier ohne jegliche Hintergedanken?

Welten, die uns trennen, zwingen zu einer rudimentären Tarzan-Jane-Konversation. Immerhin erfahre ich, dass er mit seinen bloßen Füßen auf Gott Murgans Spuren wandelt und nach Palani geht. Der Alte ist ein glühender Fan des Gottes, denn alle ihm geweihten Tempel hat er schon abgeschritten. Mit seinem Wanderstock weist er auf die Berge. Gerade kommt er vom letzten Heiligtum.

Er schleicht dahin, mit aller Zeit der Welt im Säckel. Wenn er nicht einen Schritt zulegt, wird er das Pusam-Fest verpassen. Aber vielleicht ist es ihm egal. Oder er hat das Fest im nächsten Jahr ins Auge gefasst.

Obligatorisch streckt er mir am Ende die hohle Hand entgegen. Ich biete ihm mein letztes Fladenbrot, eine Banane oder zwanzig Rupien an. Er nimmt alles.

Pünktlich um 18 Uhr fahre ich in Tiruppattur ein mit Rückenschmerzen, einem Stechen im Ellenbogen, mit Händen, die mich nur noch anklagen, einer ungeheueren Sehnsucht nach einem Bett und achtzig zurückgelegten Kilometern. Meine Kollegen von der Marathonfraktion bei den Paralympics werden sich fragen, was mich aufgehalten hat. Sie wären hier bereits nach zwei Stunden eingetroffen. Die Rekorde bei den Sportwettkämpfen werden für mich immer ein Rätsel bleiben. Vielleicht liegt es an meinem spartanischen Input, den schweren Packtaschen, den Schlaglöchern oder den Begegnungen an der Straße. Vielleicht hat sich mir auch nur noch nicht der tiefere Sinn hinter dem Bedürfnis eröffnet, eine zweiundvierzig Kilometer lange Strecke um die Radlänge meines Konkurrenten schneller zu sein.

Der Lohn meiner Strapazen funkelt nicht in Ruhm, Geld

und Pokalen, sondern schlägt sich in einem prall gefüllten Tagebuch nieder. Unvergessliche Erlebnisse sind mein höchstes Gut.

Aber im Moment denke ich nur ans Essen, und danach will ich schlafen.

Der Imbiss neben meiner Herberge ist beileibe kein Gourmettempel, aber er liegt um die Ecke, und das ist praktisch. Das Thali sieht gut aus und riecht auch so. Dass die kleinen Gemeinheiten des Lebens sich einem nicht auf den ersten Blick offenbaren, lerne ich unmittelbar danach. Was drin ist, ist drin. Jetzt wälzt sich lautstark ein Tsunami durch meine Eingeweide, und nur Ganesh kann dafür sorgen, dass er so schnell geht, wie er gekommen ist.

Mein einziger Trost, Hermann Hesse hatte vor hundert Jahren auf seiner Indienreise ähnliche Probleme: » Mein Darm muss eine rasende Lebenskraft oder einen verzweifelten Todesmut besitzen, dass er trotz allem noch nicht Ruhe gibt. «

Es ist müßig, darüber nachzudenken, ob Salmonellen von den toten Hühnerbeinen auf meine Teigtaschen gehüpft sind, ob das Glas Wasser nicht wie versprochen aus einer versiegelten Flasche stammte oder ob die linke Hand des Kochs beim Thali mitgemischt hat. Was auch immer der Grund ist, Schlaf bekomme ich in dieser Nacht erst, als alle Windungen sinnentleert zur Ruhe kommen.

Paraplegie, gepaart mit Durchfall und einer Indian Style Toilet, gehört zu meinen niederträchtigsten Heimsuchungen.

Ganesh hat mich erhört, am Morgen ist der Appetit wieder voll da. Als hätte das Böse mich in dieser Nacht verlassen, starte ich, getrieben von Enthusiasmus und freudiger Erwartung auf einen ungewissen Tag. Kann es etwas Spannenderes geben, als mit einem hart gekochten Ei und drei Chapatis in der Tasche einfach draufloszufahren, ohne die geringste Ahnung, was der Tag bringt? Wer wird mir Obdach geben, wer zu essen, wer wird mir den Weg zeigen, und welchem Unwissenden werde ich dabei auf den Leim gehen? Werde ich interessante Menschen kennenlernen, die mich mit ihren Geschichten beschenken? Werden Berge mir heute den Garaus machen oder flaches Land Glückseligkeit verschaffen? Alles ist offen, die Voraussetzung für einen aufregenden Tag und das Salz in der Suppe der Reise.

Mit Familie Prakash auf Bittgang

Meine Straße heißt jetzt SH 18, aber sonst ist sie mir genauso gewogen wie die SH 122, alles flach, alles gut, keine Trucks. Die suchen mich sonst wo. Was bedeutet wohl SH? Vielleicht Semi Highway, State Highway oder Secundary Highway. Am besten würde Safe Highway passen. Aber ein Highway ist es bestimmt, alle Straßen nennen sich so in Indien, auch wenn es lausige Schlaglochpisten sind. Den nächsten Passanten werde ich fragen.

Jenseits von Uttangarai läuft vor mir eine zehnköpfige Pilgergruppe. Strammen Schrittes gehen sie, als hätten sie heute noch eine wichtige Verabredung.

Traditionelle Kleidung, nackte Füße und nur ein kleines Beutelchen mit Habseligkeiten identifizieren sie als Murgan-Anhänger. Dafür ist mein Blick inzwischen geschult. Ich müsste ihnen nur folgen und könnte mich nicht mehr verlaufen. Beim Überholen schaue ich in ihre Gesichter, und ich weiß nicht, warum, aber etwas sagt mir, dass sie Englisch sprechen. Ich habe recht. Es entsteht eine angeregte Fragestunde. Mister Prakash entlockt mir auf zehn Kilometern meine ganze Lebensgeschichte plus eine phantasievolle Schilderung meines Unfalls als Bonusmaterial. Dafür wird er bezahlen. Meine Story gegen seine.

Was Mister Prakash mir erzählt, ist nicht von schlechten Eltern und könnte als Steilvorlage für einen guten Bollywood-Schinken herhalten.

Die ganze Familie ist auf Bittgang nach Palani samt zukünftiger Schwiegerfamilie. Nur eine fehlt, Sanjana, die achtzehnjährige zukünftige Schwiegertochter von Herrn Prakash. Sie hat sich kurz vor ihrer Hochzeit mit ihrem heimlichen Freund nach Bangalore abgeseilt und ist nicht mehr aufzufinden. Beim Anblick des gehörnten Zukünftigen, der pikiert und leicht gereizt voranschreitet, kann ich die Flucht der Tochter verstehen. Das war das einzig Vernünftige, was sie hatte tun können. Der nicht mehr ganz junge Mann, geplagt von einem unkontrollierten Bartwuchs, muss in den Augen der Achtzehnjährigen so attraktiv wie Quasimodo sein. Er soll nun in Palani alle Macht Murgans mobilisieren, die Unkeusche erstens zur Vernunft und zweitens zurück in den Schoß der Familie zu bringen. Aber bitte schön unangetastet. Und es eilt, betont Mister Prakash noch, denn die Astrologen hätten bereits den optimalen Termin festgelegt. Der nächste wäre erst in zwei Jahren.

Warum er für seinen Sohn denn nicht eine andere Braut suchen würde, die weniger aufsässig ist, will ich wissen. Es kann doch nicht gut sein, einer Frau hinterherzulaufen, die nicht heiraten will. Das hatte er auch schon erwogen, aber das Problem sei die Mitgift, meint er, die hätte er nämlich bereits ausgegeben. Und wenn es nicht zur Hochzeit käme, müsste er einen Kredit aufnehmen, um das Geld zurückzuzahlen. Ich spreche dem armen Mann mein Bedauern aus, eine wirklich prekäre Situation.

Wie es denn praktisch aussehe, Murgan von dem großen Unglück zu überzeugen und ihn zum Handeln zu bewegen, frage ich ihn.

Das sei doch offensichtlich, meint er, ob ich denn nicht die Füße gesehen hätte und das Leid, welches die Eltern und Geschwister auf sich nehmen. Das beweist doch die Aufrichtigkeit der Bittsteller. Zusätzlich wird der Sohn dann in Palani bei einer großen Opferzeremonie seinen Schmerz nach außen kehren, um Murgan für sich zu gewinnen. Und wenn sie nach dem Pusam-Fest zurückkehren, wird Sanjana wieder auf der Matte stehen, das ist für Herrn Prakash so sicher wie das Om im Tempel. Ich wünsche ihm und seiner Familie viel Erfolg. Vielleicht sehen wir uns in Palani.

Was bin ich froh, dass ich meine Frau aus Liebe heiraten durfte.

Die herzzerreißende Story von Herrn Prakash lenkt mich für die nächste Stunde von den Verdrießlichkeiten meiner Kurbelei ab. Solange der Kopf Arbeit hat, vergehen die Kilometer wie im Flug. Dann, wie nicht anders zu erwarten, melden sich wieder die Glieder, Gelenke, die Hände und der Rücken. Allesamt tragen sie ihre Zipperlein vor, um Anerkennung der Leistung heischend, hinter dem das immer gleiche Lamento steht: Wann sind wir endlich da? Ich höre einfach nicht hin und lasse mich von meinem Kometenschweif ablenken, der mich verfolgt. Die kleinen Krümel besitzen einen entwaffnenden Optimismus. Mit Feuereifer bringen sie mir auf zwei Kilometern das tamilische Alphabet bei. Jenseits des nächsten Dorfes kann ich sogar schon bis zehn zählen. Immer wieder muss ich meine Lektion wiederholen, als wüssten sie, dass der »uncle« viel Übung braucht, um nicht gleich alles wieder zu vergessen.

Auf den kommenden achtzig Kilometern löst ein Kuhdorf das andere ab, und keines besitzt genug Charme, dem Reisenden eine Nacht abzugewinnen. Folglich wird es für meine geschundenen Glieder kein Hotelbett geben. Getreu meiner Vorsätze und dem Versprechen an meine Frau, niemals in der Dunkelheit zu fahren, werde ich jetzt unterbrechen.

Ich spiele Schicksal, sollen doch die Kinder entscheiden, wo ich übernachte. Mit erhobenem Zeigefinger bitte ich um Aufmerksamkeit (noch mehr geht eigentlich nicht) und lege den Kopf auf meine Schulter, die flache Hand dazwischen und schließe die Augen. Ein Schnarchen erübrigt sich. Fieberhaft beginnt es in den kleinen Hirnen zu arbeiten. Die Ersten melden sich, als wäre ich ihr Lehrer, und fordern mich auf zu folgen. Jetzt entscheidet sich, wie komfortabel meine Bleibe für die Nacht sein wird. Ich habe die große Wahl. Soll ich mich dem Kleinsten anschließen, der zwar niedlich schaut, aber die meisten Fliegen anzieht. Oder dem Jungen, der einen Bienentanz aufführt, um mir den Weg zu seinem Heim zu weisen. Ich könnte auch die Eltern des Stillsten oder Lautesten unter ihnen mit meiner Anwesenheit beglücken. Nein, ich werde dem folgen, dessen Kleidung darauf schließen lässt, dass seine Familie sich die Gastfreundschaft auch leisten kann. Das große Los hat Salim, ein Moslemjunge, gezogen. Welches Los ich mit ihm gezogen habe, wird sich gleich herausstellen.

Mit dem Namen hat er mich zugleich über den Glauben seiner Familie in Kenntnis gesetzt. Wir biegen in eine Seitenstraße ab und erreichen unmittelbar danach sein Zuhause. Das Haus atmet ländliche Idylle. Frisch gesetzte Reisfelder säumen es, ein sauber gefegter Hof liegt davor, und überall blüht es in rot, gelb und orange. Salims Vater, ein breitschultriger Tamile in Lungi und Lacoste-T-Shirt, der aussieht, als sei er es gewohnt zuzupacken, begrüße ich mit einem freundlichen Salam aleikum. Sein Wohlwollen ist mir damit sicher.

Aber eine Unterhaltung krankt an meinen schlechten Sprachkenntnissen. Das Alphabet allein ist zu wenig. Ein Stöckchen, mit dem ich den Staub mit Symbolen bemale, meine Pantomime und Geräusche ersetzen die verbale Kommunikation. Mit seiner Frau und den Eltern beackert er das Land vor der Haustür. Mich macht es stutzig, dass sie keine Kuh besitzen und nirgends Ackergerät herumsteht. Der solide, aber einfache Lebensstandard, den das Haus von außen vermittelt, zerfällt beim Blick ins Innere. Ein weißer Stapelstuhl aus Plastik ist ihr einziges Möbelstück. Sie sind bettelarm und schlafen auf dem nackten Boden. So sind sie es ein Leben lang gewohnt, und so werde auch ich diese Nacht verbringen.

Aber in keinem Hotelbett hätte ich besser schlafen können als unter dem Dach dieser einfachen Leute. Zum Frühstück gibt es den aufgewärmten Reis von gestern und dünne Linsensoße. Angesichts des Elends ein Festmahl. Mein größter Fehler wäre es, Salims Vater die Bezahlung für die Gastfreundschaft vor allen Augen anzubieten. Er müsste sie schweren Herzens ablehnen. Auch wenn es nicht üblich ist, drücken wir uns die Hände, in denen ohne Gesichtsverlust fünfhundert Rupien den Besitzer wechseln.

Am Nachmittag werde ich wieder von zwei Bergen in die Zange genommen, und dieses Mal meinen die Kinder es gut mit mir. Mit beneidenswerter Ausdauer schieben die kleinen Kerle mich über die Kuppe.

Am Ortseingang von Salem klingelt mein Telefon. Nagender teilt mir mit, dass es in Palani keine Chance auf ein Hotelbett gibt. Die Stadt platzt aus allen Nähten. Er selbst habe schon zwei wenig komfortable Nächte hinter sich, ich solle mich auf das Schlimmste gefasst machen.

In Anbetracht dieser düsteren Aussichten und des dringenden Verlangens meines Körpers nach Grundreinigung lasse ich mich dazu breitschlagen, koste es, was es wolle, das teuerste Zimmer im teuersten Hotel der Stadt zu beziehen. Dass es das gibt, ist bei einer Million Einwohnern und einem nahe gelegenen Resort durchaus denkbar.

Im Hotel Windsor Castle, immerhin mit vier Sternen behaftet, wird mir von dem Schlipsträger hinter der Rezeption gesagt, das Haus sei voll. Kein Blick auf den Computer war dafür nötig. Er hätte auch sagen können: Wasch dich erst mal. Aber genau deswegen bin ich doch hier. Ich entspreche wohl nicht den Erwartungen an einen Vier-Sterne-Gast. Stattdessen werde ich an das Hotel Raj Castle (Raj bedeutet königlich) vermittelt, nur zwei Straßen weiter. Damit sind sie mich los und haben gleichzeitig der Konkurrenz eins ausgewischt. Denn dort versetzt mein Anblick das Personal zunächst in betretenes Schweigen und dann in Angst ums Hotelimage. Aufrecht bedauern sie, dass nichts mehr frei sei, gerade hätten sie das letzte Zimmer vergeben. Manchen Menschen stünde ein Fünkchen der Gastfreundschaft von Salims Eltern gut zu Gesichte.

Erst bei der dritten Wahl, im Hotel Salem Castle, ist man verständnisvoller und sieht ein, dass eine Dusche bei mir keinen Aufschub mehr erlaubt.

Der lange Marsch auf nackten Sohlen zu Gott Murgan

Der National Highway ist der einzige Ausweg aus Salem. Und verdammt noch mal, selten habe ich so gefährlich gelebt. Zehn Kilometer muss ich dem Todesstreifen bis zum Abzweig folgen, und zehnmal hätten mir die LKW-Fahrer um ein paar Zentimeter den rechten Arm weggeblasen und es obendrein wohl nicht einmal bemerkt. Der Versuch, dem Killerverkehr auf der rechten Straßenseite entgegenzufahren, um mich notfalls mit einem Schlenker ins Buschwerk zu retten, endet fast in einer Katastrophe. Geradezu panisch reißen sie am Lenkrad herum, wenn sie mich erblicken. Einer macht sich sogar die Mühe umzudrehen, um mir zu sagen, dass in Indien Linksverkehr herrsche und ich drüben sicherer sei.

Dann, auf der Nebenstraße, kehrt wieder Ruhe ein, ich kann links, rechts oder in Schlangenlinien fahren, niemand wird mir gefährlich.

Am Nachmittag bekomme ich viel Gesellschaft. Nach Überquerung des Cauvery bei Erode stoßen von den Zufahrtsstraßen aus West und Ost Pilger hinzu. Alle sind grün oder orange gekleidet, alle tragen nur leichtes Handgepäck, alle sind barfuß und laufen, als sei der Asphalt heiß, und alle wollen mit mir nach Palani. Sie bieten mir ein Füllhorn an Informationen, die letztendlich auf das hinauslaufen, was der Tenor der ganzen letzten Monate war: Wer pilgert, erwartet etwas dafür.

Die Bandbreite erstreckt sich von Wünschen mit dürftigem spirituellen Bezug wie etwa den richtigen Lottozahlen bis zur höchsten Erleuchtung, dem Moksha, der Erlösung von den Wiedergeburten. Doch die meisten bleiben auf dem Teppich. Eine fruchtbare Ernte, Potenz für den Ehepartner und dass die Kuh bald kalben möge, sind die Favoriten. Manche wollen aus Furcht vor negativen Einflüssen auch nicht darüber sprechen.

Dafür wird geopfert. Wie auf dem Basar glaubt jeder, viel geben zu müssen, wenn die Erwartungen hoch sind. Mir wird erzählt, Murgan liebt Tieropfer. Daher tragen manche Pilger Hennen und Hähne nach Palani. Andere wollen den Gott mit lebenden Kobras beeindrucken. In versiegelten Töpfen bringen sie ihm zerstückelte Fische, die, wie mir versichert wird, Murgan wieder zusammenflickt. Und jede Menge Bargeld. Diese Vielzahl gottgefälliger Transferleistungen vermittelt den Eindruck, Murgan sei nur auf Gewinnmaximierung aus. Doch so materiell eingestellt, wie es den Anschein macht, ist er dann doch nicht. Des Pilgers körperliche Leistung und das Ertragen von Strapazen werden auch als Opfer akzeptiert. Daher haben sie ihre Schuhe zu Hause gelassen.

Sich dem Gott mit bloßen Füßen nähern, ohne dabei Schwielen, Blasen oder andere Spuren eines scheinbar zermürbenden Marsches davonzutragen, gehört zum Dogma der Pilger. Für sie ist jeder Schritt gleichsam ein Beweis der Macht Murgans und für die Kraft ihres Glaubens an ihn. In der Tat, sie kommen aus Chennai und Bangalore oder viele hundert Kilometer entfernt von den Dörfern in Karnataka, mit makellosen Fußsohlen. Stolz halten sie ihre Treter in die Kamera, und fast alle sehen aus wie neu, fast unbenutzt, fast wie meine Füße.

Die Übrigen schleichen dahin, als hätte sie Murgans Zorn getroffen. An ihren Füßen ballen sich alle nur erdenklichen Kränkungen: Eiterblasen, Furunkel, Schwielen und aufgeplatzte Hornhäute. Jeder Schritt spiegelt sich in ihren Gesichtern als schmerzerfüllter Schrei, und keine ätherische Wirkung Murgans hilft. Mitleidig muss ich einem Mann zusehen, der wie auf glühenden Kohlen den nächsten Alleebaum ansteuert. Seine Treter sind notdürftig mit Jutesäcken verarztet, und ich bin sicher, das waren seine letzten Schritte. Niemand ist da, der ihm auf die Sprünge hilft. Fehlt es ihm etwa am nötigen Quäntchen Glauben?

Zwei Frauen mittleren Alters sitzen an einer Bushaltestelle und scheinen am Ende ihrer Kräfte. Ihre gesenkten Köpfe stützen sie auf die Hände, aus den verdreckten Bandagen an ihren Füßen quillt gelbes Sekret. Schmeißfliegen umschwirren sie. Ein unendlich deprimierender Anblick, vor allem weil sie noch fast hundert Kilometer laufen müssen. Am liebsten würde ich sie auf dem Schoß mitnehmen.

Dann die erste Krankenstation. Ein Jeep, zwei geöffnete

Hecktüren, drei Stapelstühle und ein Arzt, der darauf wartet, dass sich ihm jemand anvertraut.

Wanderer, des Schmerzes überdrüssig, können sich von dem Podologen die Haxen massieren lassen oder mit indischem Terpentinöl darauf hoffen, dass sich die tiefen Risse in der Hornhaut schließen. Aber wer nicht gerade auf dem Zahnfleisch kriecht, ignoriert dieses Hilfsangebot, schließlich liegt der Sinn des Opfergangs darin, als Leidtragender vor Murgan zu erscheinen und nicht als gut versorgter Flaneur. Der Diensthabende sagt zu mir, er könne die Leute nicht verstehen, aber das seien halt Pilger, eine besondere Art Mensch.

Ob denn mir wenigstens zu helfen sei, will er noch wissen. Mit dem Terpentinöl in der Hand stürzt er sich auf mich und meint, meine Schwielen dringend behandeln zu müssen. Mit Händen kenne er sich auch aus. Fluchtartig verlasse ich den Ort des Geschehens und lasse den Weißkittel arbeitslos zurück.

Jede Einmündung spült neues Fußvolk auf meine Straße, es wird voller, bunter und lebendiger. Eine volksfestartige Stimmung kommt auf.

Lokale Bauern haben das Potenzial in den hungrigen und durstigen Bäuchen der Pilger entdeckt, für deren leibliches Wohl sie nun mit dem Verkauf von Kokosnüssen und gefüllten Teigtaschen sorgen. In der nächsten Ortschaft kommt es dann plötzlich zu einem Menschenstau, weil weit voraus eine Gruppe spontan stehen bleibt. » Weitergehen «, ruft die Menge von hinten. Überholen geht nicht. Mit einem Affenzahn brettern Versorgungsfahrzeuge an den Menschen vorbei. Es ist nur noch eine Frage der Zeit, wann der erste Pilger von den Zwillingsreifen zerquetscht wird oder eine Stoßstange ins Kreuz bekommt. Erst wenn die Masse der Fußgänger groß genug ist, das Zepter auf der Straße zu übernehmen, werden die LKWs ins Schritttempo gezwungen.

Sie laufen Tag und Nacht. Wer müde ist, legt sich schlafen. Zehn Minuten, eine Viertelstunde, das reicht. Jeder wäre ein hoffnungsvoller Kandidat für die Olympischen Spiele der Geher. Mit dem Unterschied, dass man dort nicht Hühner und Schlangen mitschleppen muss, Schuhe tragen darf und am Ende sogar noch eine Medaille winkt. Ich bin kein Geher und werde es in diesem Leben auch nicht mehr werden. Ebenso wenig werde ich mich zum Schlafen an den Straßenrand legen. Mein Po und mein Rücken brauchen ein Bett, das wenigstens den Hauch einer Matratze vorweist. Wenn es um die gute Nacht geht, ist es bei mir vorbei mit Askese und Opferbereitschaft. Da habe ich es gerne kuschelig.

Eine Stunde vor Sonnenuntergang muss ich meine Sinne umpolen und sie von den pittoresken Pilgern weg auf mögliche Schlafstätten eichen. Der Berg Reisstroh, drüben auf dem Feld, würde mich adäquat betten. Aber nicht im neugierigen Indien. Mein Schlaf, wenn ich ihn denn irgendwo in dem Haufen fände, wäre für die Menschen eine spektakuläre Sensation. Ich trete die Flucht nach vorn an, nicht weg von den Menschen, sondern hinein ins Gewühl, und falle in das nächste Dorf ein. Hier wird doch jemand eine Liege für mich haben. Von außen gesehen, könnten die Idylle und der Frieden, den die zwanzig bis dreißig Lehmhäuser ausstrahlen, nicht einladender sein. Am Ortsrand, dort, wo der Brunnen steht, treffen sich die Dorfältesten unter einem riesigen Banyanbaum und schauen dem irren Treiben auf der Straße zu. Ich rolle an ihren verdutzten Gesichtern vorbei, geradewegs hinein in die schmalen Gassen.

Dieses Mal will ich mein Glück nicht den Kindern überlassen. An einer der Hauswände lehnt ein Charpoi, vielleicht könnte ich dieses Bettgestell mieten. Und schon schreit mein Rücken Pause. Aber auf alles Klopfen und Rufen an der Tür kommt keine Reaktion. Die Kinder bestätigen, hier ist niemand zu Hause. Trotzdem bleibt mein Tun nicht ohne Wirkung.

Die Nachbarin stürzt herbei und lädt mich ein, ihre Currysoße zu probieren. Sie ist für indische Verhältnisse eine Spur zu unverfroren. Für Frauen ist es in diesem Teil der Welt einfach nicht üblich, einen fremden Mann von der Straße weg zum Curryessen ins Haus zu holen. Aber mir kann es recht sein. Gleichzeitig habe ich das seichte Klingen meiner Alarmglocken durchaus wahrgenommen. Stolz baut sie sich neben mir auf und wartet auf das Urteil über ihre feurige Kreation. Meine Augen stehen unter Wasser, als wäre ein Silvesterknaller in meinem Mund hochgegangen, der alle Tränensäcke hat platzen lassen. Während ich ihre Kochkünste in den Himmel lobe – schließlich will ich hier übernachten –, flüstert mir mein Schutzengel etwas von Vergiften, Erdrosseln, Raubmord und Verscharren ins Ohr.

Ihr Sohn übersetzt mir mit seinem » little inglis «, dass der Vater nur am Wochenende nach Hause kommt und ich gern das Bett benutzen könne.

Oh Gott, die Frau hat sturmfreie Bude. Jetzt brausen in mir alle Sturmglocken los. Der gesunde Menschenverstand ruft, tu es nicht. Mein Instinkt rebelliert, und alle guten Geister warnen vor einer falschen Entscheidung. Aber weil mein Rücken am lautesten brüllt, höre ich mich sagen: » Oh gerne, das ist sehr freundlich von Ihnen. « Ja, hast du noch alle Tassen im Schrank, muss ich mich aus meinem Innern fragen lassen, wenn ihr Gemahl unverhofft nach Hause kommt, endest du in einem blutigen Eifersuchtsdrama. Ein fremder Mann im Bett ist eines der ältesten Mordmotive und doch nichts weiter als ein Kavaliersdelikt.

Aber mit ihren Lobpreisungen an die kühle Schlafstatt exekutiert sie alle Unkenrufe. Was sie meint, begreife ich beim Betreten des Schlafzimmers. Das Bett wiegt mindestens eine Tonne, weil es aus einer Stahlplatte besteht. Man berichtet mir, es sei die Ladefläche eines verunglückten LKW. Na, wenigstens einer weniger. Ein wahrhaft kaltes Bett.

Drei Probleme rauben mir in dieser Nacht den Schlaf: negative Schwingungen der Currysoße in meinem Magen, eine eisige Unterlage, die mir alle Körperwärme entzieht, und die Angst vor einem meuchelnden Gatten. Weiß ich doch, dass Ehemänner die unglückliche Gabe besitzen, immer zum falschen Zeitpunkt nach Hause zu kommen.

Am Morgen lebe ich noch und mache mich schleunigst vom Acker.

Über Nacht ist der Menschenschwall zu einem reißenden Strom angewachsen. Alles geht, nichts fährt mehr, außer den Poliokranken in ihren vorsintflutlichen Kisten und ich, der bunte Hund. Unter all den Verrückten bin ich mit meinem Rolli noch immer eine Attraktion. Einmal stoppt mich ein Polizist, dem wohl langweilig ist. Er sagt mir, dass mein » crazy cycle « eine tolle Idee sei, so etwas könnten einige hier gebrauchen, ob ich den nicht verkaufen wolle. Der Mann hat Humor.

Ein paar Kilometer vor dem Ortseingang von Palani, dort, wo die Quälerei ihr Maximum erreicht, wo immer mehr Füße aus ihren Nähten platzen und Bandagen die Eiterbeulen nicht mehr halten können, dort ist das Leid der Pilger des Quacksalbers Freud. Der verkauft nämlich das ultimative Heilmittel. Da hockt er am Straßenrand und zieht die Kunden an wie die Motten das Licht. Ihm und seinem wunderbaren Elixier aus destillierten Reptilien wird vertraut. Den Schlangen und Echsen in seinem Topf hat der Scharlatan jegliche Geschmeidigkeit genommen und stattdessen in das Wässerchen gezaubert, das nun für wenig Geld den geschundenen Füßen der Pilger zugutekommen soll. Diese Logik ist für ein paar Abergläubige offenbar einleuchtender als jeder ärztliche Rat. Den meisten jedoch imponiert allenfalls die abstruse Geschäftsidee. Gibt es hier keinen Polizisten, der diesem Tierquäler das Handwerk legt?

Dem anderen das Geld aus der Tasche ziehen, bevor er es in Murgans Tresor steckt, scheint hier Volkssport zu sein. Bettler, die allen ihre abgehackten Gliedmaßen in den Weg halten, lassen die Pilger kalt. Mit so etwas braucht man ihnen nicht zu kommen. Kreativität ist gefragt. Die kann man den Eltern eines Schuljungen indes nicht absprechen. Sie haben ihrem Sprössling einen Angelhaken durch den Rücken gebohrt, mit dem er ein Abbild Gott Murgans auf vier Rädern durch die Straßen zieht. Eine Leistung, die beeindruckt und das Geld in rauen Mengen den Besitzer wechseln lässt. Ich fresse einen Besen, wenn der Vater nicht die Hälfte der Beute im nächsten Liquor Shop versäuft. Sein vom Alkohol gezeichnetes Gesicht lässt keinen anderen Schluss zu. Für die Kindesmisshandlung verdient er eine gehörige Tracht Prügel. Stattdessen wird er reich beschenkt.

Aber wer mit dem Finger auf andere zeigt, klagt mit drei Fingern sich selbst an. Schaue ich auf die Mord- und Totschlagseite unserer Lokalpresse, treffend mit »Weltspiegel« betitelt, lese ich täglich von deutschen Eltern, die mehr als Prügel bräuchten. Einige der Kinder wären da froh gewesen, hätte man sie nur mit einem Angelhaken im Rücken davonkommen lassen.

Übrigens, für alle, die dem indischen Staat Untätigkeit vorwerfen: Von Gesetzes wegen ist Kinderarbeit längst abgeschafft wie auch das Kastensystem und ruinöse Mitgiftzahlungen bei Hochzeiten … aber … …

Angriff der Killerelefanten
und ein Guru in den Kinderschuhen

Am Ortsschild von Palani erwartet mich Nagender auf seinem Chopper. Wir fallen uns in die Arme und spüren einmal mehr die stimmige Chemie zwischen uns. Nach sechs Tagen verbalen Fastens werden meine linguistischen Lebensgeister von Nagender reanimiert. Endlich wieder ganze Sätze sprechen, die ich nicht nur mit mir selbst austauschen muss.

Was Nagender mir erzählt, stimmt mich allerdings wenig hoffnungsvoll: » Andreas, in diesem Kaff gibt es nicht ein freies Hotelbett mehr. Die vermieten ihre Zimmer für fünf Stunden, dann muss der Gast wieder raus, und der Nächste legt sich in das Bett. Es gibt keine Pritsche in der Pilgerherberge, nicht einmal ein paar Quadratmeter auf dem Bürgersteig sind frei, nichts. Die Einwohnerzahl hat sich innerhalb von ein paar Tagen um fünftausend Prozent erhöht. «

Ich schmunzle Nagender an: » Typisch Indien, immer für einen Rekord gut. « Unsere aussichtslose Lage, jetzt kurz vor Sonnenuntergang ohne die geringste Aussicht auf eine Bleibe, gibt eigentlich keinen Grund zu Scherzen, wüsste ich nicht, dass Nagender etwas im Schilde führt.

» Sag, was hast du mir anzubieten? «

» Pass auf, zehn Kilometer entfernt steht ein Ashram, in dem Guru Vishva lebt. Er hat sich einen Heiligenschein zugelegt und glaubt, dass er mit seinen transzendentalen Fähigkeiten bald groß rauskommt. Im Moment feilt er noch an seinem Charisma. Aber Guru Vishva besitzt außer übermenschlicher Energie noch einen – und jetzt halte dich fest – Bungalow mit Dusche, Toilette und zwei Betten. Was sagst du dazu? «

»Mein Gott, er muss wirklich Talent haben«, sage ich ergriffen und hebe die Hände zum Himmel, »fiel dir das Schleimen schwer?«

»Ja«, antwortet Nagender knapp und schaut mich düster an, »aber für dich tue ich fast alles.«

Mit einem Pick-up fahren wir durch die stockdunkle Nacht in Richtung der Nilgiriberge. Der Fahrer hat Nagenders Motorrad und mein Handbike auf die Ladefläche gelegt. So viel gibt es zu berichten.

»Ich glaube, der Guru ist Alkoholiker«, erzählt Nagender, »er trinkt zwar nur aus Wasserflaschen, aber abends lallt er dummes Zeug.«

»Der hat das Wasser mit Sprit angereichert, daher bezieht er seine Energie«, vermute ich.

»Ja, aber man darf nichts sagen. Du musst ihn immer reden lassen und ihm das Gefühl geben, er sei der King.«

Während Nagenders Briefing stößt der Fahrer plötzlich einen lauten Schrei aus und geht voll in die Bremsen. Er löscht das Licht, schließt alle Fenster und Türen und flüstert: »Elefanten, eine ganze Horde, direkt vor uns.« Ungläubig sage ich dem Fahrer, dass es schön wäre, wenn man in Indien noch auf wilde Elefanten stoßen würde. Aber diese Zeiten seien doch schon lange vorbei. Er habe sich bestimmt getäuscht: »Wir sind hier in einem Dorf. Der nächste Nationalpark ist Hunderte von Kilometern entfernt, wo sollen die denn herkommen?«

Sein Blick lässt mich schaudern. »Glaub mir, vor uns stehen mindestens zehn Elefanten, die gerade darüber nachdenken, ob sie uns zertrampeln sollen.« Ich sehe Nagender ins Gesicht, und erst jetzt wird mir der Ernst der Lage bewusst.

Hatte ich der Vorstellung, wilden Elefanten zu begegnen, gerade noch etwas Positives abgewinnen können, so überfällt mich jäh blankes Entsetzen. Um uns ist stockdunkle

Nacht, vom Mond noch nichts zu sehen, das Dorf wie ausgestorben. Die Menschen haben sich verkrochen und verhalten sich ruhig, denn in ihren Strohhütten sind sie der Gewalt einer Elefantenherde wehrlos ausgesetzt. Der Fahrer sagt, dass sie jetzt regelmäßig in die Dörfer einfallen, um sich an den Menschen zu rächen, die ihren Lebensraum bedrohen. Dann trampeln sie ein oder zwei Häuser nieder und verschwinden wieder. Es geht um die Kokospalmplantagen, die von Guru Vishvas Leuten immer weiter in die Berge gepflanzt werden.

Unter diesem Gesichtspunkt freilich gefällt mir das Aufbegehren der Dickhäuter schon wieder. Weil aber zu vermuten ist, dass Elefanten keinen Unterschied machen zwischen bösen Plantagenarbeitern und guten Ökotouristen, die auf ihrer Seite sind, halten wir uns besser bedeckt und hoffen, dass die Herde uns verschont. Auf keinen Fall dürfen wir den Motor starten, das würde sie nur reizen.

Selbst nach einer Stunde prustet und schnauft es aus der Dunkelheit, und es riecht deutlich nach Zoo. Zwei Stunden später klopft es plötzlich an der Scheibe. Allen rutscht uns das Herz in die Hose, auch wenn es der Fahrer später vehement abstreitet. Ein Dorfbewohner gibt uns Entwarnung. Die Dickhäuter haben sich dieses Mal über den Tempel von Guru Vishva hergemacht und ihm die Mauer eingedrückt. Da hätte es endlich mal den Richtigen getroffen, denn er okkupiert das meiste Land für seine Palmen. Im Schritttempo schleichen wir durch das Tor ins Tempelgelände. In meinen Augen ist es vielmehr ein Schrein mit einer überdachten Terrasse. Gemäß indischer Gemütlichkeit mit Neonröhren beleuchtet, die regelrecht anheimelnd in den Bäumen verteilt hängen. Die Aufregung über die von den Elefanten zerstörte Mauer hat sich inzwischen gelegt.

Was nun geschieht, kann man nur in Indien erleben, in

diesem verrückten Land, in dem Gurus es gewohnt sind, vom Volk hingebungsvoll die Füße geküsst zu bekommen, und niemand etwas dabei findet. Auf der Terrasse vor dem Schrein steht nichts weiter als ein Stapeltisch aus Plastik, zwei passende Stapelstühle und ein übergroßer Korbsessel mit hohem Rückenteil und breiten Armlehnen. Darin sitzt – nein, er sitzt nicht, er thront – Guru Vishva, durch und durch Narzisst.

Der lange Bart und die wirren Haare sollen in das verdächtig junge Gesicht die fehlende Lebensweisheit zaubern. Gekleidet ist er in eine orangefarbene Kutte, die bis zum Boden fällt. Und gleichsam zufällig lässt er seinen rechten Fuß, an dem eine Badelatsche klebt, sichtbar werden. So sitzt er da, grübelnd über Gott und die Welt, das Kinn auf die Hand gestützt. Julius Cäsar lässt grüßen.

Dieser Anblick hat bei aller Komik durchaus etwas Pompös-Schwülstiges. Er gibt sein Bestes, ohne den Möchtegernguru unterdrücken zu können. Vielleicht ist er der Herr der Fliegen.

Wenigstens in seiner Sitzgelegenheit beweist er Stil. Die Gäste des großen Gurus dürfen sich auf dem Plastik den Hintern nass schwitzen. Als wären wir Bittsteller bei einer Audienz, weist er uns mit raumgreifenden Handbewegungen wortlos die Plätze zu. Und er kann sogar schon zwei Lakaien sein Eigen nennen. Wieselflink huschen sie auf seinen Fingerzeig in jeden Winkel des Geländes, holen Wasserflaschen, Gläser, Aschenbecher (wer raucht denn hier?) und Salzgebäck. Devot zünden sie ihm seinen Glimmstängel an oder warten Gewehr bei Fuß im Hintergrund auf seine Anweisungen. Die ganze Situation ist so unglaublich grotesk.

Zehn Kilometer entfernt belagern mehr als zwei Millionen Pilger, die auf den Vollmond warten, ein Dorf, eben noch wäre fast eine Herde wilder Elefanten über uns hinweggestiefelt, und nun sind wir Gast bei einem selbst ernannten König, der noch auf der Suche nach seinem Volk und sich selbst ist. Ich liebe Indien, es wird nie langweilig.

Nagender geht das Gehabe unseres Gastgebers auf die Nerven, das sehe ich ihm an. Seine Mimik spricht deutliche Worte: »Shut up.« Ich kann ihm da nur zustimmen. Aber ich sehe den Abend auch als interessantes Studium der Blüten, die die indische Bhakti-Lehre treiben kann. Und wenn es dafür nicht reichen sollte, für eine abstruse Story ist unser Guru allemal gut genug. Ich bin vor allem gespannt, was er uns zu sagen hat – viel aber erwarte ich nicht.

Herrscher stellen keine Fragen, sie wissen ja schon alles. Deshalb geht er mit keinem Wort auf uns ein, will nicht meinen Namen wissen und nichts über meine Herkunft. Nicht einmal mein Rollstuhl erregt seine Aufmerksamkeit, und das will schon etwas heißen.

Stattdessen blubbern aus seinem Mund abgedroschene Lebensweisheiten, Plattitüden und Kalendersprüche. So wird er nie ein berühmter Guru. Meine Frage, wie er denn seinen Lebensunterhalt bestreite, ignoriert er einfach, gerade so, als hätte er sie gar nicht gehört. Überhaupt habe ich das Gefühl, dass er nichts gefragt werden will, sondern nur spricht. Da verliert man schnell die Lust, vor allem weil seine »Wasserflasche« bereits halb leer ist und die Treibladung darin, was immer das ist, ihre Wirkung tut. Und plötzlich beginnt der Alleswisser zu stammeln. Wir ersparen ihm den drohenden Gesichtsverlust und bedanken uns für die lehrreiche Konversation. Seine anmaßende Handbewegung sagt: Das war mein Geschenk an euch, und nun geht.

Angefüllt mit Sülze, schleichen wir über den Hof. In unserem Zimmer fällt Nagender mir theatralisch um den Hals und fleht mich an: »Andreas, kannst du mir noch einmal verzeihen?« Ich biete Paroli und stoße ihn angewidert weg: »Niemals, hinfort, böser Bube.« Unser Gelächter sprengt den Bungalow.

Noch zweimal kommen in dieser Nacht die Elefanten, um der Mauer des Imperialisten einen Tritt zu verpassen, ihre Botschaft an den Guru lautet: Du bist nicht allmächtig.

Aufgespießt und angestachelt – Leidenschaft für Murgan

Das Frühstück, serviert von den Untertanen, können wir gefahrlos ohne die rhetorische Brause des Gurus genießen, er schläft seinen Rausch aus und wird uns nie wiedersehen.

Zwei Stunden später sind wir Galaxien davon entfernt. Doch es wäre naiv zu glauben, damit dem Wahnsinn entflohen zu sein. Der kommt hier erst richtig zur Blüte. Palani besteht an normalen Tagen aus zwei knapp hundert Meter hohen Felsen, einem Dorfteich, dem Fluss Sharmuka und etwa sechzigtausend Einwohnern. Wenn dann zum ersten Mal im Jahr der Vollmond hinter dem Felsen hervorkriecht, löst er eine menschliche Springflut aus, die das Dorf an den Rand des Ertrinkens bringt. Die Astrologen sind schuld, glauben sie doch festgestellt zu haben, dass Gott Murgan in seinem Tempel auf dem Fels bei dieser Konstellation gigantische magische Kräfte freisetzt. Dann – wie kann es anders sein – wollen sich ihm zwei Millionen Menschen gleichzeitig zu Füßen werfen. Weil das enge Zeitfenster die Sache aber unpraktisch macht und es daher nur den wenigsten gelingt, haben die Sterndeuter noch mal nachgeschaut und entdeckt, dass die Magie des Gottes auch am Tag vor Vollmond und danach wirkt. So haben alle etwas davon, die Food Stalls, die Herbergen, die Scharlatane und Wucherer, die Priester und nicht zuletzt die Pilger.

Höchstes Gebot ist es, frisch gebadet und mit gewaschenen Füßen vor dem Gott aufzutauchen. Daher stürzen sich alle eintreffenden Pilger in den heiligen Sharmuka. Dass der Fluss bereits mit sämtlichen Abwässern Palanis gesättigt ist und allenfalls noch spirituelle Reinigung verspricht, stört niemanden. In Indien verliert nichts seinen sakralen Charakter, nur weil es toxisch geworden ist. Das wurde mir bereits 2001 von Priestern hoch und heilig versichert, bevor ich ein Bad im Ganges nahm, und das ist am Sharmuka heute nicht anders.

Im Hof eines Fünf-Stunden-Hotels deponieren wir unsere Fahrzeuge und dürfen sogar in der kommenden Nacht zwei Betten von ein Uhr bis morgens um sechs beschlafen.

Pilger, die es sich leisten können, lassen sich hier am Ufer von Handwerkern Kavadis anfertigen, das sind Holzgestelle, die sie auf den Schultern tragen, um alle Opfergaben dem Gott wie auf einem Silbertablett zu kredenzen. Nach mehreren hundert barfüßigen Kilometern eine weitere Bürde, die sie auf sich nehmen. Aber wir wären nicht in Indien, ließe sich die Spirale der Qual nicht noch steigern.

Tanzend, singend und betend umrunden die Pilger nun den Fels auf einer zwei Kilometer langen Straße. Dabei stoßen sie auf Gruppen von Trommlern, die nach willigen Pilgern Ausschau halten, um sie mit ihrer Kunst zuerst in Trance und dann direkt in den Schoß Murgans zu katapultieren. Haben sie sich einen ausgeguckt, der bereit ist, sich unter einem Höllenlärm die Fahrt in höhere Sphären anzutun, beginnt ein Schauspiel, an deren Ende der Tänzer nicht mehr der Gleiche ist.

Wir kommen zu einer Combo, die lauter, schneller und wilder trommelt als alle anderen. Neugierig dringen wir durch den Kreis der Schaulustigen, und augenblicklich weiß ich, wo ich bin. Alle Gesichter sind mir vertraut. Familie Prakash feuert mit Schreien und Klatschen den sitzen gelassenen Sohn in ihrer Mitte an, der gerade darin vertieft ist, seine Sanjana an den heimischen Herd zu holen. Er dreht und schleudert das Kavadigestell auf den Schultern wie ein Besessener. Sein Tanz wirkt auf mich durchaus realistisch. Nur seine Augen sind noch eine Spur zu wach, vor allem wenn ich meine Kamera in Position bringe. Dann dreht er ganz besonders fotogene Pirouetten, als wolle er mir einen Gefallen tun. Ich weiß nicht mehr, zu welchem Zeitpunkt er uns verließ und ins Jenseits abdrehte.

Jedenfalls glauben die Trommler nach einer halben Stunde plötzlich, dass wir jetzt alle taub sein müssten und es nun gut sei. Sie packen ein, wenden sich anderen Pilgern zu und lassen den armen Jungen mit seiner Ekstase allein. Nagender und ich verlieren den Überblick, wissen nicht mehr, was echt ist und was gespielt, wer hier Akteur und wer Zuschauer ist und ob das nicht alles eine narzisstische Selbstdarstellung des Heiratswilligen war.

In der Tat wird der fassungslose und außer sich taumelnde Sohn nun abgeführt, gestützt von seiner Familie. Alle singen unablässig die Litanei » Vel vel Murugan, vel Murugan « (Vel ist die Waffe Murgans, mit der er das Böse bekämpft), als wollten sie ihn so daran hindern, aus seinem Zustand der Entrückung zurückzukommen. Sie laufen und laufen, bis zum Fluss Sharmuka, Nagender und ich hinterher, wie aufgeregte Kinder beim Schützenfestumzug.

Dort warten an einer Bretterbude bereits andere Männer und Frauen, die mithilfe der Trommler ihren Körper verlassen haben. Es wird gesungen, was die Kehlen hergeben, denn für die in Trance Versetzten heißt es jetzt, bloß nicht aufwachen.

Eine Gruppe von Schamanen macht sich über jeden Einzelnen her. Zwei halten das Opfer fest für den Fall, dass es bei der Tortur einen Rückzieher machen sollte. Einer greift dem wehrlosen Träumer schamlos in den Mund, um die Zunge herauszuziehen, während der nächste Priester ihm einen Pfeil hindurchrammt. Zwei Pfeile kosten das Doppelte, und bei drei und mehr gibt es Rabatt. Es geht durch die Wangen und Lippen, durch die Ohren und die Stirn, durch Brust, Bauch und Arme. Hier bekommt jeder sein Hardcorepiercing, zack, zack, der Nächste bitte. Es fließen keine Tränen und kein Blut, jedenfalls nicht viel, und niemandem wird schlecht, nur mir dreht sich der Magen um.

Die Exzentriker unter den Exzentrikern werden an die nächste Bude verwiesen. Dort quälen sie einem Methusalem gerade vierzig Angelhaken durch die Lederhaut am Rücken. Daran baumelnd, lässt er sich hinforttragen.

Zimperlich ist hier niemand. Einer lässt sich mit großen Fleischerhaken löchern. Als sei das nicht genug der Geißelung, wird er mit Gewichten behängt, die ihm – ich muss den Blick abwenden – jeden Moment die Haut von den Schultern reißen. Er verlässt den Platz, behängt wie ein Weihnachtsbaum.

Einem anderen Mann bohren sie eine fingerdicke Eisenstange, drei Meter lang, durch die Wange. Aber den Trick durchschaue ich. Der Typ kommt öfter, die Löcher in seinen Wangen stammen noch vom letzten Jahr. Sein Bruder bestätigt mir, dass er sie vor dem Teetrinken immer überkleben muss. Der Abgang mit der sperrigen Querstange erfordert Feingefühl. Bei der Überbreite kann es fatal enden, wenn ihm in der aufgeheizten Menge jemand dagegenrennt. Ein aus den Fugen gerissener Beißapparat wäre wohl nur der geringste Schaden.

Jetzt ist unser armer Heiratsanwärter dran, dumm für ihn, dass seine Narkose inzwischen nachgelassen hat. Ihm irren die Augen nicht mehr unbeteiligt durchs Universum, er sieht den Dreckpfoten der Priester voller Bewusstsein und Panik entgegen. Wie sie ihm in den Mund fahren, um seiner Zunge eine Penetration zu verpassen. Schnell und schmerzvoll. Ein Zucken durchfährt seinen Körper. Wenn Sanjana das nicht überzeugt ...

Mein finales Darshan

Nagender ist über diesen Ritus ebenso verblüfft wie ich. Er wendet sich ab und meint: »Das Einzige, was mich mit diesen Leuten verbindet, ist unsere Nationalität. Selbst die steht nur auf dem Papier. Ich spüre hier nichts von einer gemeinsamen Identität.«

»Was denkst du über diese Leute?«, frage ich nach.

Er windet sich ein wenig bei der Antwort. »Versteh mich nicht falsch, aber achtzig Prozent der Leute hier entstammen aus der ungebildeten Unterschicht. Zu denen habe ich keinen Bezug. Die legen ihr Schicksal in die Hand eines Gottes, glauben an Okkultes, an Wunderheiler, an Gurus, lesen Prophezeiungen in den Gestirnen oder im Fladen ihrer Kuh. Ich bin hier nur ein Zuschauer und kann ihre Handlungen nicht nachvollziehen. Das ist wie eine Dokumentation auf Discovery Channel. Am Ende staune ich über die Wunder der Erde. Meine Seelenverwandtschaft mit den Gästen auf deiner Party im letzten Sommer ist größer.«

Ein Satz, der mir zu denken gibt.

Reich gespickt und bestückt, geht's für die Büßer und Bittsteller zurück zu Murgans Felsen, den es nun dreimal im Uhrzeigersinn zu umrunden gilt. Dann wird er bestiegen. Den Varianten, dem Gott zu zeigen, wie leidensfähig man nach vierhundert Kilometer Fußmarsch noch sein kann, sind keine Grenzen gesetzt. Da werden sich Nagelbretter unter die verhunzten Füße geschnallt, um ihnen den Rest zu geben, man wirft sich in den Dreck oder lässt seinen Körper wie ein Bierfass um den Felsen rollen. Wer der Meinung ist, vor dem Besuch bei Murgan dem eigenen Ego noch einen Dämpfer verpassen zu müssen, kann das am Aufgang durch das Zerschlagen von Kokosnüssen erledigen.

Eine aufwendige Logistik ist nötig, um allein Millionen Kokosnüsse bereitzuhalten und ebenso am Ende das symbolisch zerbrochene Selbst eines jeden wieder zu entsorgen.

Murgan hat aber auch ein Herz für Fußlahme und schmerzempfindliche Angsthasen, für alle, denen ein Gewaltmarsch zu anstrengend ist und die ihre Religiosität nicht mit dem Perforieren ihres Körpers unter Beweis stellen müssen. Menschen wie Nagender und mich. Denen winkt eine Drahtseilbahn, der komfortable Lift zum Gott. Unauffällig mischen wir uns unter die Gruppe der Warmduscher und besteigen den Waggon.

Mich plagt seit meiner Ausbildung zum technischen Zeichner im Bereich Maschinenbau eine unheilbare Krankheit. Das Leiden bricht immer aus, wenn ich mein Leben in die Hände zweifelhafter Konstrukteure legen muss, und es äußert sich in Symptomen wie krampfhaftem Umklammern von Geländern, Angstzuständen und allgemeiner Nervosität. In der Cable Car geht es wieder los. Das Rückhaltesystem hält nicht einmal einem scharfen Blick stand.

Bei einem Seilriss hätte die viel zu dünn dimensionierte Ratsche dem Drang des überladenen Waggons in die Tiefe nichts entgegenzusetzen. Welche Mängel sonst noch meinem Leben den Garaus machen können, will ich lieber nicht wissen. Mit etwas weniger technischem Verständnis oder besser noch dem indischen Hang zum Fatalismus wäre mein Leben sorgenfreier. Unkritisch bin ich nur gegen die Kreationen aus meiner eigenen Hand, obgleich genau die manchmal einer sorgfältigeren Prüfung bedürften. Beim Unfall aufgrund der unterbelichteten Bremse am Handbike hatte ich einfach nur unverschämtes Glück. Nagender, der immer irgendwo zwischen den Stühlen sitzt, versteht nichts von meiner Erregung und genießt die Fahrt auf den Fels in vollen Zügen.

Für die Pilger bedeutet die Ankunft auf dem Plateau der Doppelklick in ihr ganz persönliches Glück. Die Euphorie wird von Priestern mit aller Kraft angeheizt. Sie schreiten mit qualmenden Kandelabern durch die aufgebrachte Menge, um sie in einem Nebel von Weihrauch zu reinigen, zu segnen und gleichsam die Absolution für den Besuch bei Murgan zu erteilen.

Bereits hier werden den Gläubigen die Geschenke an Murgan abgenommen. Im Tempel ist das Chaos ohnedies schon unvorstellbar. Jeweils Gruppen von einhundert werden schubweise am Gott vorbeigescheucht. Ich ahne, was auf mich zukommt. Schon habe ich Nagender verloren und gerate willenlos in den Strom. Abermals ertönt von irgendwoher die Tempelglocke, die grüne Ampel zur Glückseligkeit. Und wieder blüht einer Hundertschaft die Schicksalsstunde. Die Masse kommt in Fahrt und schiebt mich mit.

Mir fällt der schlaue Satz eines aufrechten Zeitgenossen ein: Nur wer gegen den Strom schwimmt, gelangt zur Quelle. So ein Blödsinn, den Teufel werde ich tun. Ich werde schön unauffällig alles mitmachen, nicht aufmucken oder straucheln und mich bemühen, meinen Hals ohne großen Schaden aus dieser ekstatischen Schlinge zu retten. Leicht gesagt.

Der Boden ist uneben, überall lauern Vertiefungen, manchmal schaut sogar noch der schroffe Fels aus dem Beton. Jetzt bloß nicht hinknallen. Dort unten auf dem Boden lauert die wohl unangenehmste Art zu sterben. Füße

voller aufgeplatzter Hornhäute, Schwielen, Blasen und ein-
gewachsener Zehennägel würden mich hundertfach in den
Staub treten.

Ich passiere das obligatorische Schild » Only Hindus
allowed «, aber im Gewühl bleibe ich vom wachhabenden
Priester unbehelligt. Kleine Leute übersieht man schnell.
Die krakeelende Meute verursacht einen höllisch-himm-
lischen Radau. Unsere Pastoren wissen gar nicht, wie gut
sie es in ihren stillen, andächtigen Kirchen haben.

Der Tempel ist ein gigantischer Fleischwolf und schreit
nach Futter. Leiber verdampfen in ihm zu einem müffeln-
den Brei, der sich im Zickzack voranschiebt. Nach meteo-
rologischen Grundsätzen müsste kondensierter Schweiß
von der Decke tropfen. Jeder Atemzug fordert Überwin-
dung, denn der transpirierte Nebel aus benachbarten Ach-
selhöhlen wabert in meine Nase.

Einen Moment frage ich mich, warum der liebe Gott die
aktivsten Duftdrüsen des Menschen ausgerechnet auf meiner Kopfhöhe platziert hat. Mein Handy klingelt. Nagender will wissen, ob ich noch lebe. » Schwer zu sagen «, antworte ich und lege wieder auf. Ich habe keine Zeit zum
Reden.

Mein Universum besteht hier aus weiblichen Taillen. Die
widerspenstigen Saris schenken mir immer wieder freie
Sicht auf schöne Rücken, leichte Bauchwölbungen und
interessante Nabel. Wo soll ich auch hingucken. Die Skrupel eines Voyeurs habe ich mir längst abgewöhnt. Bei diesen
Aussichten kann ich nicht den Blick senken.

Es kommt, was kommen musste, die Euphorie steigert
sich am Schrein zu seinem Höhepunkt. Kein Zentimeter
wird mir überlassen, kein noch so kurzer Sichtkontakt auf
Murgan gewährt. Rücken an Rücken schiebe ich vorbei,
erhalte vom Priester mein Tilak, werde mit gesegneten
Zuckerbällchen gefüttert und aus dem Wust entlassen. Am

Ausgang lösen sich die verschweißten Körper voneinander und taumeln glückselig in alle Richtungen davon.

Hier im Fünf-Stunden-Hotel trennen sich unsere Wege. Nagender wird für die zweitausendachthundert Kilometer nach Delhi eine Woche benötigen. Ich bin übermorgen zu Hause. Ein schmerzhafter Abschied folgt, der kein Auge trocken lässt. Während ich auf mein Taxi warte, das mich zum Flughafen Chennai bringen soll, komme ich unverhofft zu meinem ganz persönlichen Darshan. Neben der Rezeption hängt ein Porträt Murgans, dargestellt als Jüngling, in übertrieben weichgespülten Farben. Wahrlich ein Geschöpf zum Liebhaben, dem das gute Herz ins Gesicht geschrieben steht. Aber sosehr ich auch suche, das Göttliche an ihm bleibt mir verschlossen.

Wie gerufen, fällt mir der Satz des Philosophen Swami Vivekananda ein, der sagte, dass jeder Mensch seinen eigenen Weg zu Gott finden muss. Wer und was das ist, hat er nicht gesagt. Vielleicht suche ich einfach nur an der falschen Stelle.

Auf der Fahrt zum Flughafen lasse ich mich von den Halmen samtener Reisfelder davontragen. Und schon mischt sich in mein Heimweh die Melancholie des Abschieds. Inder sind besondere Menschen in einem besonderen Land, ein wirklich sympathisches Volk. Sie haben es fertiggebracht, mich tausendmal übers Ohr zu hauen, ohne mich einmal zu beklauen. Sie stürzten mich im Straßenverkehr täglich in Lebensgefahr und waren immer um meine Sicherheit bemüht. Beim Drängeln stießen sie mich rücksichtslos weg, um mir, wenn es darauf ankam, aufopfernde Hilfsbereitschaft angedeihen zu lassen. Und immer gab es jemanden, der mir zurief: » You are welcome to India. «

Ihrer Offenheit, ihrer Toleranz und der Bereitschaft, häufig ganz persönliche Fragen zu beantworten, verdanke ich einen tiefen Einblick in ihre Denkweise.

Und dann fällt mir noch einmal meine Begegnung ein mit dem alten Sadhu auf dem Stein am Ganges, vor mittlerweile dreißig Jahren.

Damals hat er dem jungen hergelaufenen Touristen die Auskunft verweigert und ihn mit seinem Schweigen auf den Weg geschickt, selbst nach einer Antwort zu suchen. Heute weiß ich, Indien ist ein Fass ohne Boden. Mit jeder Reise wuchsen Faszination und Neugier, Hassliebe und eine Leidenschaft, die immer intensiver wurde. Dabei entstand die kritische Distanz zu den Religionen, die aus mir einen unbeteiligten Beobachter in den Gotteshäusern machte.

Vielleicht werde ich eines Tages begreifen, wie Milliarden Menschen in einer Statue mehr sehen können als eine Statue. Auch die Motivation, seinen Körper für einen Gott zu kasteien, verschließt sich noch meinem Verständnis. Was bleibt also, als weiter nach Antworten zu suchen?

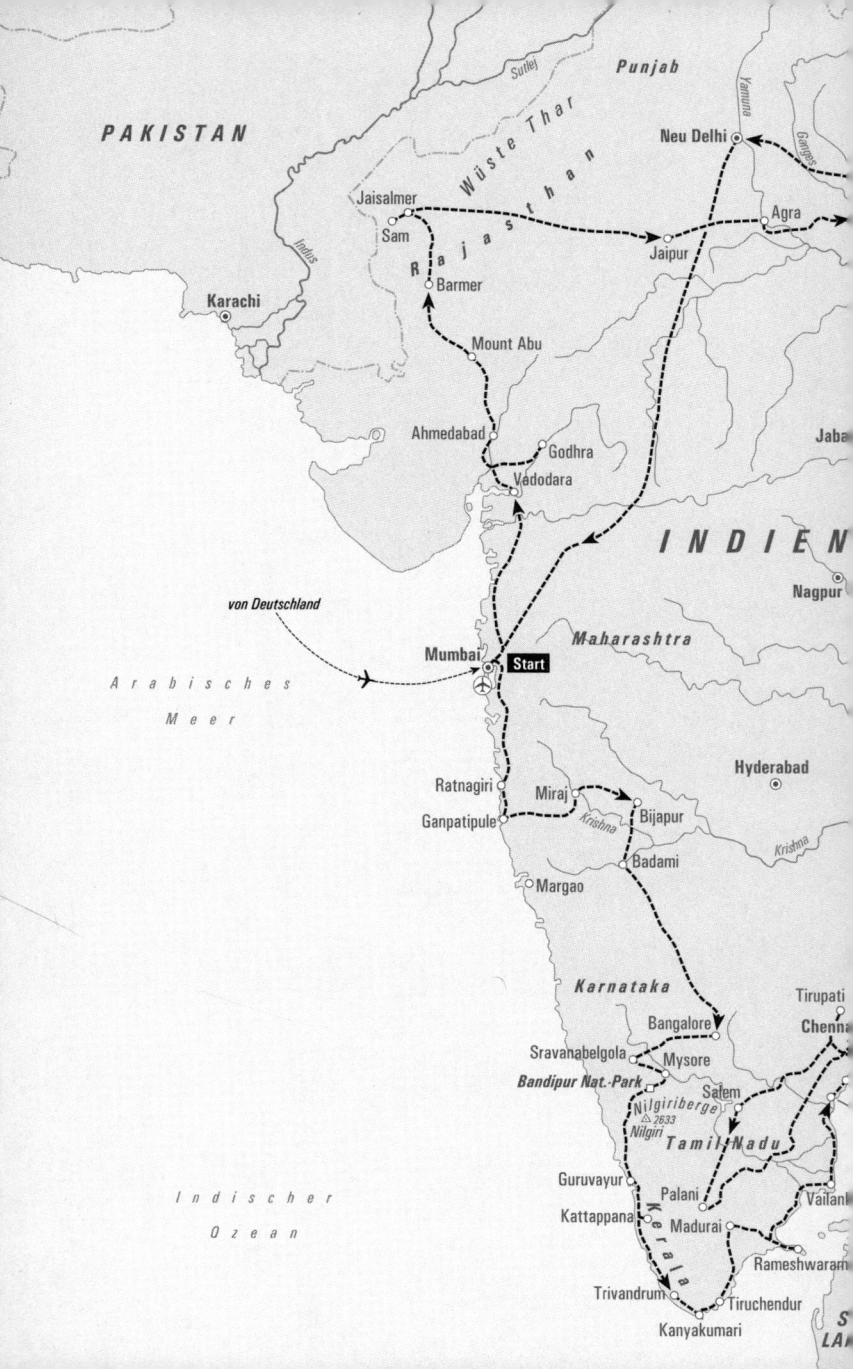

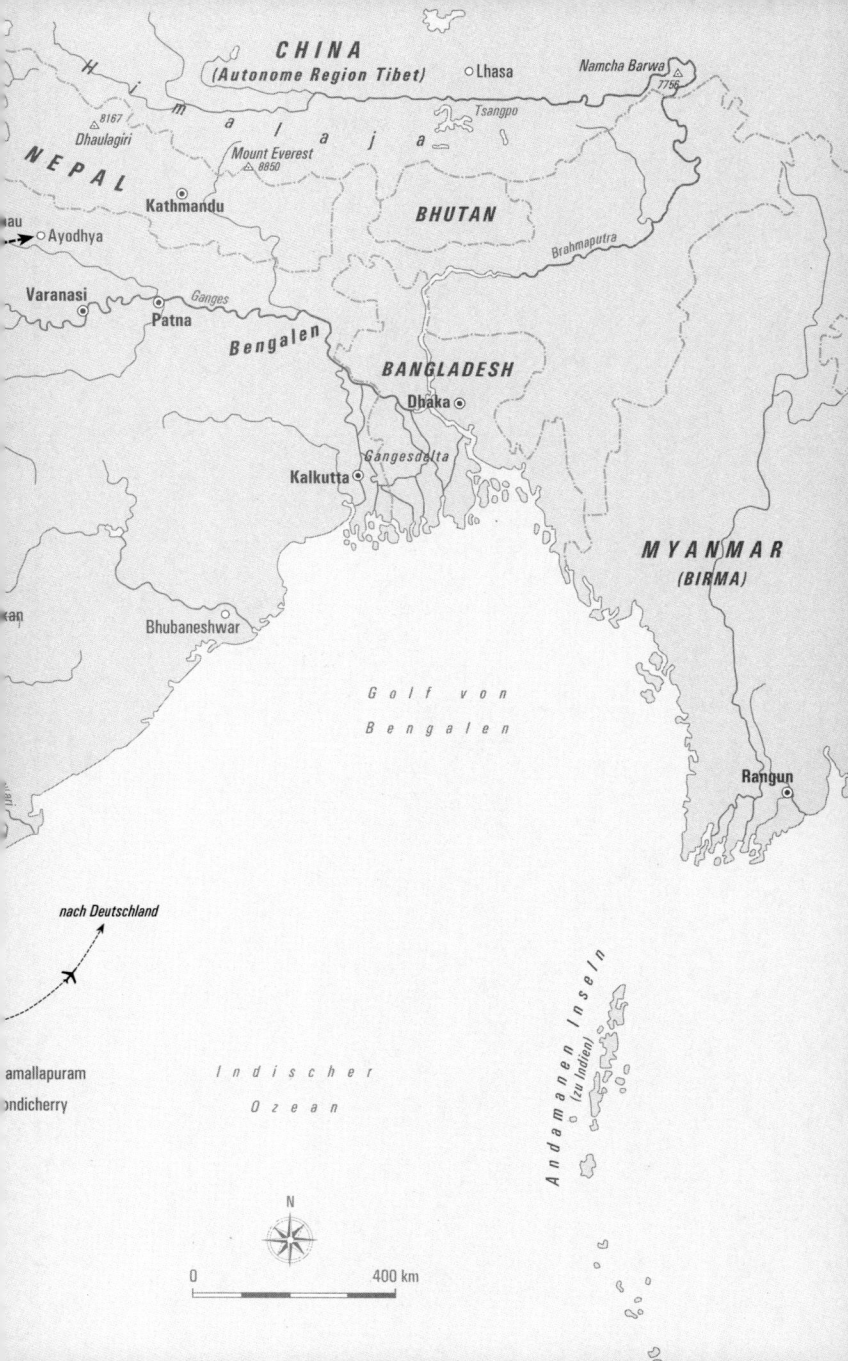

Magisches Indien

Tahir Shah
Der Zauberlehrling von Kalkutta
Reise durch das magische Indien

Je weiter der Zauberlehrling Tahir Shah auf seiner Reise durch Indien voranschreitet, umso deutlicher wird, dass der Subkontinent mit westlichem Wissen nicht zu verstehen ist.

Tor Farovik
Indien und seine tausend Gesichter
Menschen, Mythen, Landschaften

Ein schillerndes Indienporträt, »das vom Lesegefühl an einen guten Roman herankommt« (FAS) – geprägt von Erzählfreude, echtem Respekt und Liebe zur indischen Gesellschaft.

Ilija Trojanow
Der Sadhu an der Teufelswand
Reportagen aus einem anderen Indien

In farbigen Reportagen führt uns Ilija Trojanow die Vielfalt Indiens vor Augen, lädt uns ein zu ungewöhnlichen Festen und Riten und erkundet die brodelnde Metropole Bombay.

MALIK ■ NATIONAL GEOGRAPHIC

10/1010/03/3s

Willkommen in Asien!

Milda Drüke
Die Gabe der Seenomaden
Bei den Wassermenschen in Südostasien

Der Traum vom Aussteigen –
Milda Drüke sucht in Südostasien
nach dem merkwürdigsten Volk der
Welt: Die Bajos kennen keinen
Reichtum und keinen Neid, und
ihre Heimat ist das offene Meer.

Rob Gifford
Chinas großes Herz
Von Shanghai bis ins tibetische Hochland
auf der Route 312

Der britische Pekingkorrespondent
Rob Gifford folgt Chinas knapp
5000 Kilometer langem National Highway
und zeichnet ein lebensnahes, über-
raschendes Bild des »Reichs der Mitte«.

Louisa Waugh
**Hohe Berge, tiefe Täler,
weites Land**
Mein Jahr mit Nomaden in der Mongolei

Der preisgekrönte Bericht der
englischen Journalistin Louisa
Waugh über ihr Jahr im entlegenen
Dorf Tsengel im äußersten
Westen der Mongolei.

MALIK ⬛ NATIONAL GEOGRAPHIC

Asien entdecken

Carmen Rohrbach
Mongolei
Zu Pferd durch das Land der Winde

»Carmen Rohrbach lässt einen lebendig daran teilhaben, eine ganz stark am harten Alltag orientierte Kultur zu entschlüsseln und zu begreifen ...«.
Süddeutsche Zeitung

Claire Scobie
Wiedersehen in Lhasa
Die Geschichte einer außergewöhnlichen Freundschaft zweier Frauen

»Eine Reisebuch, das in äußere und innere Welten entführt und dennoch den ausgetretenen Pfaden der Klischees nahezu traumwandlerisch ausweicht«.   DIE WELT

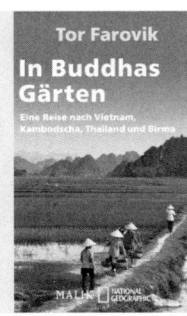

Tor Farovik
In Buddhas Gärten
Eine Reise nach Vietnam, Kambodscha, Thailand und Birma

Tor Farovik erzählt die Geschichte und Gegenwart der Länder Südostasiens so sinnlich und atmosphärisch, als »habe er sie gerade frisch geträumt«.   Süddeutsche Zeitung

MALIK ⬛ NATIONAL GEOGRAPHIC

Wie die wilden Kerle reisen.

10/1037/03/3s